Renate Braun

Das große Buch der

Stimme

Cover: OZ, Essen (Katrin und Christian Brackmann), Foto: Markus Gauß
Satz & Layout: B&O
Fotos: Markus Gauß
                Roland Germany GmbH (S. 131, 136, 140, 145, 148, 154)
Illustrationen: Wolfgang Looskyll

© 2015 Voggenreiter Verlag OHG
Wittfelder Stich 1, 53343 Bonn/Germany
www.voggenreiter.de
Telefon: 0228.93 575-0

Auflage 2025

ISBN: 978-3-8024-1034-5

Vorwort

Ein herzliches Willkommen zu „Das große Buch der Stimme", deinem Begleiter in allen Stimm-Lagen, deinem Helfer für alle Fälle, einem Arbeitsbuch für Alle – vom Hobbysänger bis zum Profi –, die ihre Stimme perfektionieren oder neue Gesangsstile und -techniken erlernen wollen. Hier findest du alles, was du über deine Stimme wissen willst!

Mit Hilfe zahlreicher Übungen, die du mit den Audiotracks sofort ausprobieren kannst, lernst du, wie du deinen Tonumfang und deine Power erweiterst und was gut und gesund für deine Stimme ist. Songs und Playbacks aus verschiedenen Stilistiken der Popmusik helfen dir herauszufinden, welche Tonarten und Grooves am besten zu deiner Stimme passen, und wie du deinen unverwechselbaren Stimmsound entwickelst.

Du möchtest wissen, welche Mikrofone und welche Verstärkung für dich geeignet sind und mit welchen technischen Hilfsmitteln du am effektivsten üben oder dich aufnehmen kannst? Hier bekommst du wertvolle Tipps. Du findest Wissenswertes über Bühnen- und Studioarbeit, über Theorie und Technik, Gesundheit und Arbeitsmethoden, sowie Grundlegendes über die musiktheoretischen Zusammenhänge deiner Lieblingssongs, über eigene Interpretationen und Kompositionen.

Seit ich selbst begonnen hatte, mich intensiver mit meinem Instrument, der Stimme, auseinanderzusetzen und mich vom rein intuitiven zum bewussten, geschulten Singen hin zu bewegen, hatte ich das Gefühl, dass ich genau solch ein Buch für alle Fälle brauchte. Es war mir einfach zu wenig und zu einseitig, was ich im Gesangsunterricht erfuhr. Ich wollte auch nicht nur die klassische Gesangsliteratur, die allseits bekannten Lieder und Arien singen, sondern mehr darüber erfahren, was dabei in meinem Körper, in meinem Kehlkopf und Rachenraum passiert, wollte wissenschaftlich fundierte Beweise für das, was ich fühlte.

Vor allem wollte ich, sehr zum Leidwesen meines belcanto-geschulten Gesangslehrers, nicht auf die klassische Stimme festgelegt sein, sondern entdecken, erspüren, was mit diesem wunderbaren Instrument alles möglich ist. Durch meine sangesfreudige und Musik liebende Großfamilie war ich sehr früh mit traditionellem Jazz und Blues in Kontakt gekommen – und so zu singen wie Billie Holliday oder Bessie Smith, ja sogar wie Louis Armstrong, war schon bald mein Traum. Aber wie sollte das jemals funktionieren mit einer klassisch ausgebildeten, klassisch timbrierenden Sopranstimme? Wie nahe sich die Schule des Belcanto und moderner Pop- und Rockgesang eigentlich sind und wie viele wichtige Erkenntnisse auch schon in der klassischen Gesangspädagogik stecken, erkannte ich erst viel später.

Nach vielen Jahren harter Stimmarbeit und durchaus lustvoller Stimmexperimente, nach unzähligen guten Ratschlägen und gut gemeinten Warnungen, nach Irrungen und Wirrungen und zahlreichen „Ups and Downs" – immer begleitet von dem Bedürfnis, noch mehr wissen zu wollen über das Phänomen Stimme, noch tiefer zu graben nach dem Wissen über Körperfunktionen und die Wechselwirkung zwischen Psyche und Stimme, wurde mir schließlich klar:

> Du kannst alles singen, was du möchtest –
> mit deiner eigenen, einzigartigen Stimme!

Und mir wurde ebenso klar, dass ich das Buch über die ganzheitliche Ausbildung der Stimme, das ich all die Jahre gesucht hatte, wohl selbst schreiben musste.

Es freut mich deshalb sehr, dass du begonnen hast, dieses Buch zu lesen, und ich hoffe, dass dir die Erfahrungen, die ich in vierzig Jahren als Sängerin und in über zwanzig Jahren als Gesangspädagogin und Vocal Coach machen konnte, helfen, deinen Weg ein wenig leichter zu gehen und das eine oder andere Hindernis schneller beiseite zu räumen.

Ich würde dir empfehlen, dich einigermaßen chronologisch durch das Buch zu arbeiten, da die Reihenfolge in etwa auch dem Aufbau meiner Workshops und Unterrichtsstunden entspricht. Beginne also mit deinem Instrument, der Stimme, und gehe dann zu den Besonderheiten der Pop- und Rock-Stimme über. Die Übungen im Kapitel „Instrument", der „Baukasten für die Pop-Stimme" und „Die vier Stufen zur Pop-Power" geben dir die perfekte Basis für die anschließend folgenden Songs. Viel Spaß mit den Liedern, die ich extra für dieses Buch geschrieben und aufgenommen habe!

Wie du die passenden Songs für dein persönliches Repertoire findest, oder sogar selbst schreiben kannst, erfährst du im Kapitel über die „Kunst". Die wichtigsten Tipps für eine effektive Stimmarbeit in der Probe, auf der Bühne und bei Castings und Aufnahmesessions bekommst du im Kapitel „Technik". Hier und im Kapitel über die „Gesundheit" wirst du wahrscheinlich dann nachschlagen, wenn es die Situation erfordert.

Zum dauerhaften Begleiter auf deinem stimmlichen Weg solltest du unbedingt das Kapitel „Vocal Workout" machen, das dir alle wichtigen Warmup-Übungen für deine tägliche Stimmroutine vermittelt und wertvolle Hinweise für die Pflege deiner Stimme gibt.

Da nicht allein die gute Stimme wichtig für die musikalische Entwicklung ist, versorgt dich das Kapitel „Theorie" mit grundlegendem theoretischen und praktischen musikalischen Handwerkszeug, das dir hilft, die Musik besser zu verstehen, dich besser mit anderen Musiker/innen zu verständigen und so in der Probe, im Studio oder auf der Bühne deine musikalischen Bedürfnisse besser artikulieren zu können. Eine „Transponiertabelle" für das Finden der optimalen Tonart für deine Stimme und deinen Song vervollständigt das Ganze.

Für deine Arbeit mit der Stimme und den Gebrauch des Buches wünsche ich dir, offen zu sein dafür, jeden Tag und aus allem und von jedem zu lernen, aber dich nicht beirren und von vermeintlich gängigen Lehrmeinungen beeinflussen zu lassen.

Folge einfach konsequent dem Weg, den dein Herz dir zeigt. Dann wirst du dich immer mehr auf deine Stimme einlassen können und schließlich den „Flow" erreichen, bei dem Körper, Geist und Seele eine musikalische Einheit bilden.

Mit musikalischen Grüßen
Renate Braun

Grußwort Prof. Seifert

Die Stimme ist nicht nur unser Instrument für die alltägliche Kommunikation, sondern auch Ausdruck unserer Persönlichkeit und unserer Befindlichkeit: unserer Emotion. Dieses trifft in besonderem Maße für all diejenigen zu, die durch ihr Instrument „Singstimme" Emotionen wecken möchten.
Wie mit diesem Instrument umgegangen werden kann, wie es eingesetzt werden kann und wie es gepflegt werden kann, erfährt der Leser/die Leserin in diesem Arbeitsbuch von Renate Braun in anschaulichen Erklärungen und Beispielen. Ein hilfreiches Buch für alle, die sich genauer mit ihrem Instrument Stimme beschäftigen möchten.

Prof. Dr. Eberhard Seifert
Leitender Arzt Phoniatrie
Universitäts-HNO-Klinik
Inselspital
CH-3010 Bern

Inhalt

Einleitung

Singen für Körper und Seele

Alle Menschen mit gesundem Stimmapparat und funktionierendem Gehör können singen.

Singen entspricht einem elementaren menschlichen Bedürfnis, transportiert Emotionen und sorgt für Wohlbefinden. Es steigert das Selbstbewusstsein, stärkt die Abwehrkräfte, befreit von Spannungen, lindert Schmerzen und Trauer, drückt Freude aus und begleitet seit Urzeiten die Menschen durch gute wie schlechte Zeiten.

Die Stimme war neben Holz- oder Knochen-Trommeln das erste Instrument, das den Menschen zur Verfügung stand und sie hat auch in der heutigen Zeit nicht an Bedeutung verloren. Gute und interessante Stimmen sind ein wesentlicher Bestandteil der modernen Musik und außergewöhnliche Sängerinnen und Sänger, die im Rampenlicht der Bühnen dieser Welt stehen, werden heute mehr denn je als Idole bejubelt und vom Publikum verehrt.

Leider gehört das Singen in unserer Zeit längst nicht mehr zum täglichen Leben, weder im Familienleben, in Kindergarten und Schule, noch bei der Arbeit oder in der Freizeit. Viele Menschen haben dadurch regelrecht verlernt zu singen, oder haben Hemmungen, in der Öffentlichkeit zu singen. Die Hemmschwelle ist für viele singbegeisterte Menschen durch die modernen Medien und die dadurch mögliche technische Perfektion viel höher geworden, weil sie befürchten, dieses vermeintliche Qualitätslevel nicht erreichen zu können. Andere wiederum sind sich, geblendet durch den Hype um Casting-Shows und den damit verbundenen schnellen, aber oft sehr kurzen Ruhm, nicht bewusst, wie viel Arbeit und Konsequenz in eine gut ausgebildete Stimme gesteckt werden muss.

VIDEO 1 - Intro

Singen für Babies und im Kindesalter

Bereits im frühen Kindesalter wird der Grundstein gelegt für eine belastbare, gesunde Stimme und vor allem für die meist lebenslange Freude am Singen. Eltern, die bereits früh mit ihren Babies singen, helfen diesen, sich im späteren Leben besser zurechtzufinden.

Kinder, die schon früh mit Begeisterung singen, werden redegewandter, aufgeschlossener und selbstbewusster im Umgang mit anderen Menschen. Wird in Kindergarten und Schule kindgerecht und in der angemessenen Tonlage gesungen, so können Probleme und Aggressionen in der Gruppe und bei einzelnen Kindern unmittelbarer und besser bewältigt werden.

Singen in der Jugend

Wenn diese Liebe zum Singen und zur Musik nicht bereits sehr früh, im Elternhaus und in der frühkindlichen Erziehung, geweckt wird, fehlt sie in jungen Jahren oft vollkommen. Leider schaffen es die Institutionen Kindergarten und Schule häufig sogar durch Zwang und Verordnung Kindern das Singen zu vergällen, und eher Aggressionen zu wecken, als sie zu bewältigen. Wer bei Familienfeiern oder vor Klasse und Chor vorsingen muss und sich dabei „blamiert" und gehänselt wird, für den wird Singen oft zum traumatischen Erlebnis, das sich bis ins Erwachsenenalter auswirkt. Auch unter Jugendlichen gilt Singen oft als „uncool", was die Singbegeisterung bereits im Keim ersticken kann. „Liebe und Singen lässt sich nicht zwingen", heißt es nicht von ungefähr in einem Sprichwort.

Singen als Therapie

Doch glücklicherweise ist es auch im schwierigen Umfeld und im Erwachsenenalter durchaus noch möglich, Zugang zur eigenen Stimme und zum Singen zu bekommen. Projekte engagierter Musiker mit Ghettokindern und Rauschgiftabhängigen oder therapeutisches Singen mit Krebs- oder Depressionspatienten dienen nicht nur der Entspannung, sondern mindern Entzugserscheinungen, helfen bei der Bewältigung von Angst, Schmerz, Trauer und Wut oder unterstützen bei verschiedenen Therapieansätzen, unter anderem sogar bei der Tinnitusbehandlung.

Singen im Alter

Für Menschen im höheren und hohen Alter kann das Singen ebenso heilsam und entspannend sein wie für Kinder und Jugendliche. Die schwächer und manchmal brüchiger werdende Stimme alter Menschen wird durch den häufigeren Gebrauch geschmeidig gehalten. Durch den verstärkten Sauerstoffumsatz und die Körperresonanz beim Singen wird sicherlich auch der Stoffwechsel und die Durchblutung des Gehirns entsprechend angeregt. Zudem hat das Singen in der Gruppe natürlich auch im Alter einen sozialen Aspekt. Das zeigen die gern besuchten Singgruppen in Altersheimen, die über die alten Lieder sogar bei Alzheimer- und Demenzpatienten manchmal den einzigen Zugang zu verschüttet geglaubten Erinnerungen ermöglichen.

Die Geschichte des Singens

Natürlich kann niemand im Rückblick der Jahrtausende mit Sicherheit sagen, wann die Menschen begonnen haben zu singen. Außerdem ist wissenschaftlich nicht beweisbar, ob der Mensch zuerst fähig war, zu sprechen oder zu singen.
Allerdings weiß man inzwischen, dass ansatzweise bereits die Neandertaler, auf jeden Fall aber die Ur-Menschen, Laute produzieren konnten, die sich von denen der Tiere unterschieden. Durch die menschliche Fähigkeit zum aufrechten Gang und den tiefer gerutschten Kehlkopf entstand ein vergrößerter Resonanzraum im hinteren Rachenbereich, der Klänge ermöglichte, die zur Kommunikation dienten und sich allmählich zu einer Art Sprache weiterentwickelten.
Säuglinge machen diese Entwicklung gewissermaßen im Zeitraffer noch einmal durch. Durch den Kehlkopf, der im Hals noch sehr weit oben steht, sind sie fähig, gleichzeitig zu trinken und zu atmen, ohne sich zu verschlucken. Erst wenn der Kehlkopf etwa ab dem sechsten Lebensmonat durch das allmähliche Aufrichten des Babys tieferwandert, entsteht der nötige Freiraum für die Beweglichkeit der Zunge und der größer werdende Resonanzraum.

Zunächst wurde die Stimme wahrscheinlich zum Rufen über weitere Distanzen eingesetzt, so wie es heute noch bei Berg- und Hirtenvölkern der Fall ist. Das Jodeln und Juchzen, das auch heute noch in fast allen Teilen der Welt existiert, ist so entstanden. Die Rufe und Schreie dienten wohl auch zur Abwehr von wilden Tieren oder zum Anlocken der Jagdbeute, zur Demonstration von Stärke im Kampf und zur Unterstützung bei der Arbeit.

Hört man sich die verschiedensten Gesänge der Naturvölker der Welt an, so ist immer noch viel von der ursprünglichen Bedeutung des Singens für die frühen Menschen übriggeblieben. Begleitet von Klatschen, Stampfen und Rhythmusinstrumenten entwickelten sich zuerst einstimmige, später mehrstimmige Tonfolgen, die unterschiedlich komplex, aber nicht unbedingt harmonisch geordnet waren.

Später wurden die Stimmen von den verschiedensten Instrumenten begleitet – Malereien aus dem alten Ägypten und aus Griechenland zeugen heute noch davon. Eine Notenschrift gab es aber auch nach der Entwicklung der Schrift zunächst wahrscheinlich nicht. Alle Musiker konnten ihre Lieder auswendig, gaben sie mündlich weiter und auch heute noch beherrschen die Leiter afrikanischer Chöre oft mehrere tausend Lieder und Rhythmen, ohne sie jemals aufgeschrieben zu haben.

Doch schon im alten Griechenland hatte man das Bedürfnis, die Stimmen der Schauspieler und Sänger zu schulen und sie fit und durchsetzungsfähig zu machen für das Amphitheater und die Erfordernisse des Berufs. Bereits 500 v. Chr. wurde die erste Gesangsschule gegründet und auch im alten Rom wurde sehr viel Wert auf eine gute Ausbildung der Sänger und Redner gelegt.

Im Mittelalter konzentrierte sich die Ausbildung der Sänger, oft musikalisch begabte Waisenknaben, hauptsächlich auf den liturgischen Kirchengesang. Melodien und Gesangstechniken wurden auch hier mündlich überliefert und von den Absolventen der Gesangsschulen in neu gegründeten Sängerschulen in ganz Europa verbreitet.

Papst Gregor der Große sammelte und verarbeitete um etwa 600 n. Chr. weitaus ältere Melodien und versah sie mit Psalmen und genauen Anweisungen für einen einheitlichen Gesang. Der Begriff „gregorianischer" Gesang oder Choral, jahrhundertelang die offizielle liturgische Musik der katholischen Kirche, zeugt von seinen Bemühungen.

Aus seinen Notizen entwickelte sich zu Beginn des 9. Jahrhunderts die sogenannte Neumenschrift, die aus speziellen Handzeichen hervorging. Die Neumen sollten als Gedächtnisstütze für Tonabstände und Phrasierung dienen, gaben aber noch keine genaue Tonhöhen an.

Erst um 1000 n. Chr. entwickelte Guido von Arezzo ein System, das die Noten auf Linien darstellt. Daraus entstand im 12. Jahrhundert eine Notation in Quadratnoten, die für liturgische Gesänge bis in die Jetztzeit erhalten blieb.

Zu dieser Zeit setzte sich allmählich auch der mehrstimmige polyphone Gesang durch, die hohen Stimmen waren aber durch das Verbot der Frauenstimmen in der Kirche weiterhin den Knaben und später den Kastraten vorbehalten. Eine große Ausnahme dürften die ebenfalls in Neumen aufgeschriebenen, zahlreichen Gesänge der Äbtissin Hildegard von Bingen sein, die von ihr und ihren Nonnen durchaus auch im Gottesdienst gesungen wurden.

Zeitgleich entwickelte sich zwischen dem 13. und 16. Jahrhundert die weltliche Tradition der hochangesehenen Minnesänger, Troubadoure und späteren Meistersänger. Sängerwettstreite wurden veranstaltet und bürgerliche Gesangsschulen gegründet. Auch hier waren die Komponisten und Dichter durchweg Männer.

In dieser Zeit machte man sich auch erstmals Gedanken um die Tonerzeugung und den Stimmklang der menschlichen Gesangsstimme. Leonardo da Vinci untersuchte erstmals die Funktionsweise des Kehlkopfs und Camillo Maffei veröffentliche 1562 eine erste Schrift über die Stimme, in der Körperhaltung, Atmung, Mundöffnung und Zunge behandelt werden. Aus diesen Grundzügen entstanden schließlich zu Beginn des 17. Jahrhunderts die berühmten italienischen Gesangsschulen des „Belcanto", aus denen bis Mitte des 19. Jahrhunderts legendäre Gesangsvirtuosen hervorgingen. Darunter waren zahlreiche Kastraten, im Kindesalter manchmal auf natürliche, meist aber auf unnatürliche Weise entmannte Männer mit bis heute unerreichten stimmlichen Fähigkeiten. Ihr Stimmumfang und ihre Stimmkraft überstieg die Möglichkeiten der weiblichen Stimmen in Sopran und Alt bei weitem und ist heute auch von Countertenören oder männlichen Altusstimmen, also Männern mit einer natürlichen hohen Stimme, nicht mehr wiederzugeben. Der letzte Kastrat aus der päpstlichen Kapelle, von dem auch noch alte Tonaufnahmen existieren, starb 1922.

Die überragende Gesangstechnik des Belcanto verlor mit wachsender Orchestergröße und sich verändernden Anforderungen der dramatischen Opernbühnen allmählich an Bedeutung. Die Stimmen mussten sich nun sowohl lautstärkemäßig als auch ausdauernd über einen großen Orchesterapparat hinweg durchsetzen, was eine völlig neue gesangstechnische Ausrichtung und Ausbildung erforderte.

Mitte des 19. Jahrhunderts setzte der Gesangspädagoge Manuel Patricio Rodriguez Garcia erstmals einen Kehlkopf-Spiegel ein, um die Funktionsweise der Stimmlippen zu untersuchen und Stimmschädigungen vermeiden zu können.

Um 1900 begann die Sängerin, Musikerin und Pädagogin Clara Schlaffhorst zusammen mit Hedwig Andersen eine ganzheitliche Atem-, Stimm- und Sprachtherapie zu entwickeln, die auch heute noch nichts von ihrer Bedeutung verloren hat. Schlaffhorst hatte durch ihre Arbeit mit dem Gesangslehrer und Musikpädagogen Julius Hey, dem Autor der Werke *Deutscher Gesangsunterricht* und *Der kleine Hey. Die Kunst der Sprache* herausgefunden, dass das damals übliche Einschnüren der weiblichen Taille durch Korsetts eine natürliche Ausdehnung der Lunge verhinderte und Frauen in ihrer Stimmentfaltung einschränkte. Nach ihren Vorträgen sollen die Frauen reihenweise ihre Korsetts weggeworfen und sogenannte Reformkleider getragen haben.

Ein weiteres wegweisendes Buch über die Kunst des Singens entstand etwa zur gleichen Zeit. Die deutsche Sopranistin und Gesangspädagogin Lilli Lehmann, die in den USA, in Paris und London als Sängerin und als Gesangspädagogin arbeitete, war einer der ersten Superstars der Oper, eine der bedeutendsten Wagner- und Mozartinterpretinnen ihrer Zeit. Ihr Buch *Meine Gesangskunst* erschien unter dem Titel *How To Sing* zeitgleich 1902 in Deutschland und den USA.

Seit dieser Zeit ist die Erforschung der Stimme glücklicherweise sehr viel weiter gekommen, nicht zuletzt etwa durch die bahnbrechenden Untersuchungen von Johan Sundberg, der in seinem 1987 erschienenen Buch *Die Wissenschaft von der Singstimme* wichtige Erkenntnisse zu den Funktionen des Stimmapparats, zu Atmung, Wahrnehmung und Resonanz der Singstimme vermittelt.

Über weitere moderne Lehrmethoden und pädagogische Störmungen kannst du dich im Anhang ab Seite 202 noch intensiver informieren.

Kapitel 1
Das Instrument

1. Der Körper

Die Stimme ist nicht nur das erste, sondern auch das unmittelbarste Instrument mit dem du „spielen" kannst, sie steht uns zu jeder Zeit und an jedem Ort zur Verfügung. Dein Körper IST dein Instrument und du kannst lernen und üben, ihn für deine Bedürfnisse einzusetzen, genauso wie du lernen solltest, auf die Bedürfnisse deines Körpers zu achten.

Die Stimme und die damit verbundene Ausdrucksmöglichkeit ist das Kapital eines Sängers oder einer Sängerin und ein Geschenk, das niemand leichtfertig aufs Spiel setzen sollte. Die Beschäftigung mit deiner eigenen Stimme ist auch immer eine Reise zu dir selbst. Bei keinem anderen Instrument liegt die Bedeutung von Stimme und Stimmung so nah beieinander – ist man verkrampft oder angeschlagen, geht es dem Körper oder der Seele nicht gut, wird sich das auch bei geübten und professionellen Sängerinnen und Sängern immer auf den Klang der Stimme auswirken.

Wer dann eine gute Gesangstechnik zur Verfügung hat und um die Zusammenhänge und Körperfunktionen weiß, kann in jedem Fall oft noch ein akzeptables Ergebnis erzielen, ohne der Stimme und dem Körper zu schaden. Am schönsten und befriedigendsten ist es natürlich, wenn du alle Stimmfunktionen und erarbeiteten Techniken dazu verwenden kannst, deiner Persönlichkeit und deinen musikalischen Ideen unbeschwert Ausdruck zu verleihen.

Der erste Schritt zu einer gesunden und belastbaren Stimme ist deshalb immer die Vorbereitung des Körpers auf die von ihm geforderte Höchstleistung beim Singen. Kein Sportler würde ein Training oder einen Wettkampf ohne körperliches oder mentales Aufwärmen antreten und so sollte es auch bei singenden Menschen zur Gewohnheit werden, vor den eigentlichen Stimmübungen und der Arbeit an Techniken und Songs, erst recht vor Konzerten oder Aufnahmen, den Körper zu lockern und die für das Singen wichtigen Bereiche auf ihre Aufgabe vorzubereiten. Diese Vorbereitung bezieht sich auf den ganzen Menschen und sollte immer mit der nötigen Konzentration und Achtsamkeit durchgeführt werden.

Nicht immer werden Bandkollegen, Chormitglieder (leider manchmal auch Chorleiter) oder Tontechniker dafür genügend Verständnis aufbringen, aber für Sängerinnen und Sänger sollte diese Aufwärmzeit ebenso selbstverständlich sein, wie die Aufwärmübungen der Instrumentalisten, das sorgfältige Stimmen ihrer Instrumente oder das Aufziehen frischer Saiten.

Unsere ersten Trainingsbausteine werden daher Lockerungsübungen für alle mittelbar und unmittelbar am Singen beteiligten Körperteile sein.

Alles beginnt mit dem richtigen Stehen:

VIDEO 2

- Stelle deine Füße etwa hüftbreit parallel auseinander, die Knie sind dabei locker und entspannt.
  Nie die Kniegelenke steif machen!

- Richte dich auf, so dass deine Wirbelsäule in ihrer idealen S-Linie verlaufen kann.
  Nie stocksteif und verkrampft stehen!

- Das Becken ist flexibel und kann beliebig nach vorne oder hinten gekippt werden.
  Nie ins Hohlkreuz gehen!

- Die Schultern liegen locker und entspannt auf einer Ebene.
  Beim Einatmen und Singen die Schultern nie nach oben ziehen!

- Der Kopf ruht auf der Halswirbelsäule, die die natürliche Biegung der Wirbelsäule fortführt. Er kann sich flexibel bewegen.
  Nie den Kopf wie eine Schildkröte nach vorn strecken!

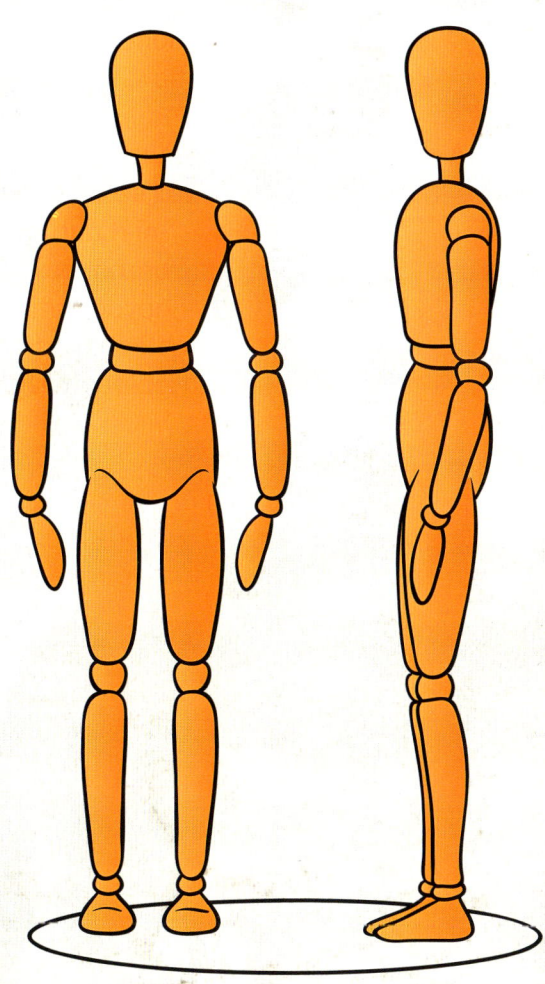

Lockerungsübungen für den Körper

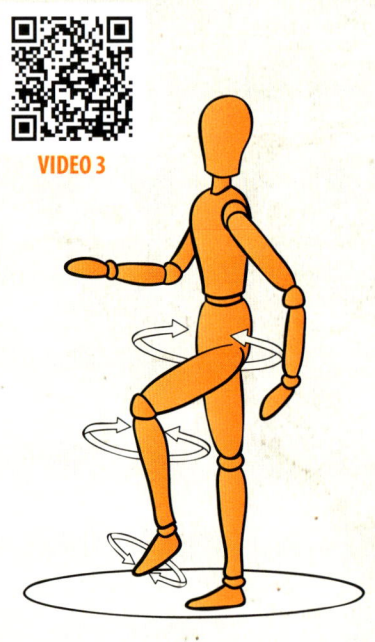

VIDEO 3

1. Wippe mit beiden Füßen gleichzeitig, dann abwechselnd und laufe locker ein paar Schritte auf der Stelle.
   Hebe abwechselnd einen Fuß und kreise nach rechts und links.
   Beschreibe auf einem Bein stehend mit dem anderen Bein Kniekreise.
   Wer das auch noch vom Hüftgelenk aus schafft, ist schon sehr gut in der Balance.

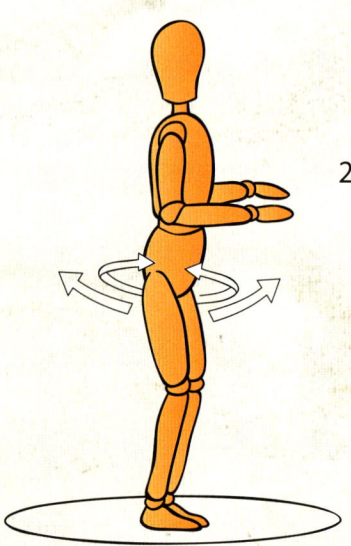

2. Kippe zuerst das Becken vor und zurück, dann kreise das Becken in beide Richtungen.
   Spanne mehrmals den Nabelbereich, Beckenboden und Po gleichzeitig kräftig an und lasse wieder los.

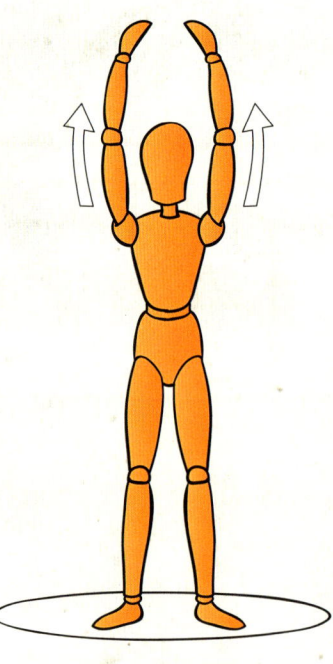

3. Ziehe deinen Oberkörper Stück für Stück aus dem Becken heraus, indem du dich mit hochgereckten Armen nach oben streckst, als wolltest Du mit beiden Händen abwechselnd etwas von der Decke pflücken.

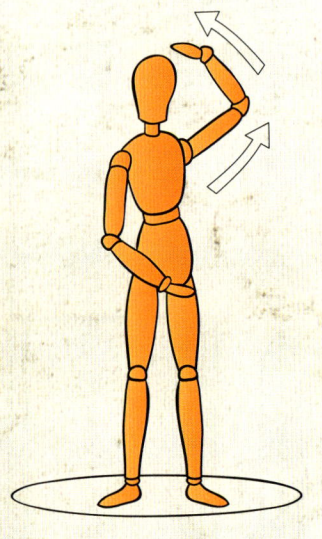

4. Ziehe deinen Arm über den Kopf hinweg und ziehe dabei die Rippen fächerförmig auseinander. Atme bewusst in die geöffnete Seite. Dehne auf die gleiche Weise auch die andere Körperseite.
   Dann lasse die Arme wieder locker baumeln.

5. Stehe locker aufrecht und lasse deine Schultern zuerst abwechselnd und dann gleichzeitig rückwärts kreisen.
Beginne mit kleinen Kreisen und öffne dann zunehmend weiter kreisend den Brustkorb.
Atme dabei gleichmäßig tief ein und aus.

6. Drehe den Kopf langsam von einer Schulter zur anderen – mit Vorsicht auch ein wenig über den Anschlag hinaus.
Der Kopf soll dabei immer waagerecht auf einer gedachten horizontalen Linie entlang gleiten.

7. Führe den Kopf langsam nickend von einer Schulter zur anderen.
Achte darauf, nicht ins Hohlkreuz zu fallen und die Schultern nicht hochzuziehen.

Lockerungsübungen für die Gesichtsmuskulatur

VIDEO 3

8. Zur Lockerung der Gesichtsmuskulatur eignen sich ganz hervorragend zwei bekannte Yogaübungen:

   a) Schließe die Augen und atme ein. Halte die Luft an, ziehe deine gesamte Gesichtsmuskulatur fest zur Nasenspitze hin zusammen und mache ein „Trockenpflaumen"- oder „Saure-Zitronen"-Gesicht. Halte die Muskeln einige Sekunden lang angespannt. Dann atme aus und lasse dabei alle Muskeln entspannen.

   b) Bei der „gähnender Löwe" genannten Übung atmest du tief ein und reißt beim Ausatmen den Mund und die Augen auf, gleichzeitig streckst du deine Zunge weit heraus.

9. Anschließend kannst du noch mit beiden Händen deine Wangen kneten und in Richtung Kinn und Unterkiefer sorgfältig ausstreichen. Dabei locker den Mund nach vorne unten zu einer ovalen Öffnung auseinanderschieben. Diese Öffnung wird dir im Laufe des weiteren Stimmtrainings in diesem Buch immer wieder begegnen.

10. Zuletzt lässt du kräftig wie ein schnaubendes Pferd die Lippen vibrieren – einmal mit, einmal ohne Anspannung der Mundwinkel und wenn du willst, auch mit herausgestreckter Zunge. Das sieht zwar nicht eben fein aus, lockert aber die Muskulatur des Mundes und der Wangen ganz hervorragend.

11. Kombinationsübung:

* Stehe entspannt, die Füße etwa hüftbreit voneinander entfernt, lockere die Kniegelenke und lasse Schultern und Arme hängen.
* Nabel und Po werden angespannt und wie zum Hinsetzen leicht gekippt, der Kopf sinkt nach unten, Richtung Brustkorb.
* Die Gesichtsmuskulatur ist völlig gelöst, der Kiefer hängt mit leicht geöffnetem Mund und lockerer Zunge. Atme dabei gleichmäßig ein und aus und halte die Beckenspannung eine Weile. Dann löse sie.
* Wenn du willst, kannst du dich anschließend langsam nach vorn fallen lassen und eine Weile völlig entspannt im „Hängen" verweilen.
  Dabei bitte nie den Kopf heben oder die Knie steif machen!
* Richte dich langsam Wirbel für Wirbel wieder auf und komme in die Ausgangsposition zurück.

Tipp! Stell dir dabei vor, du wärst wie eine Marionette an Fäden aufgehängt – auch das Brustbein und der untere Teil des Hinterkopfs werden durch imaginäre Fäden leicht angehoben.

12. Kombinationsübung:

- Nachdem du eine Weile gleichmäßig und ruhig in der Grundposition geatmet hast, hebst du langsam den Kopf, bis er leicht nach hinten gebeugt im Nacken liegt.

- Jetzt breitest du die Arme zur Seite oder leicht nach hinten aus, gehst ein wenig ins Hohlkreuz und öffnest den Brustkorb beim Einatmen so weit wie Kate Winslet in der berühmten Filmszene am Bug der Titanic. Deine Knie sind dabei völlig entspannt.

- Dann lässt du wieder alles locker, schüttelst dich einmal kräftig durch und kommst in die Grundposition zurück.

- Nun spüre in dich hinein und merke dir das Körpergefühl der letzten beiden Standpositionen. Sie sind für unser nächstes Kapitel von großer Wichtigkeit.

2. Der Atem

Der Atemvorgang

Atem ist Leben und ohne Atem könnten wir Menschen nicht existieren.

Unser Blut- und Lymphkreislaufsystem und der Zellstoffwechsel hängen davon ab, dass der Körper ständig und gleichmäßig mit Sauerstoff versorgt wird. Wir schöpfen durch den Atem unsere Lebensenergie aus der Luft. Tiefes, gleichmäßiges Atmen trägt zur Entspannung bei, baut Stress und Aggressionen ab, stärkt Willenskraft, Immunabwehr und Lebensfreude und ist gut für die Verdauung.

Atmen ist ein ganz natürlicher und selbstverständlicher Mechanismus, über den wir uns im täglichen Leben kaum Gedanken machen. Bei jedem Atemzug atmet ein erwachsener Mensch in Ruhe etwa einen halben Liter Luft ein und aus, und das mit 12–15 Atemzügen pro Minute etwa 22.000-mal täglich. Babys und Kleinkinder haben sogar noch eine weitaus schnellere Atemfrequenz.

Der Brustkorb, die Flanken, das Zwerchfell und der Bauch unterstützen das Ein- und Ausatmen. Sie weiten oder verengen sich und schieben die Luft so entweder nach außen oder machen den Weg frei für frische Atemluft. Du kannst sie beim Singen bewusst nutzen, um der Lunge die Atemarbeit zu ermöglichen und zu erleichtern.

Beim Einatmen füllt sich die Lunge, so weit sie sich ausdehnen kann, mit Luft.

Beim Ausatmen strömt die Luft wieder aus, und die Lungenbläschen schrumpfen wie ein schlapper Luftballon.

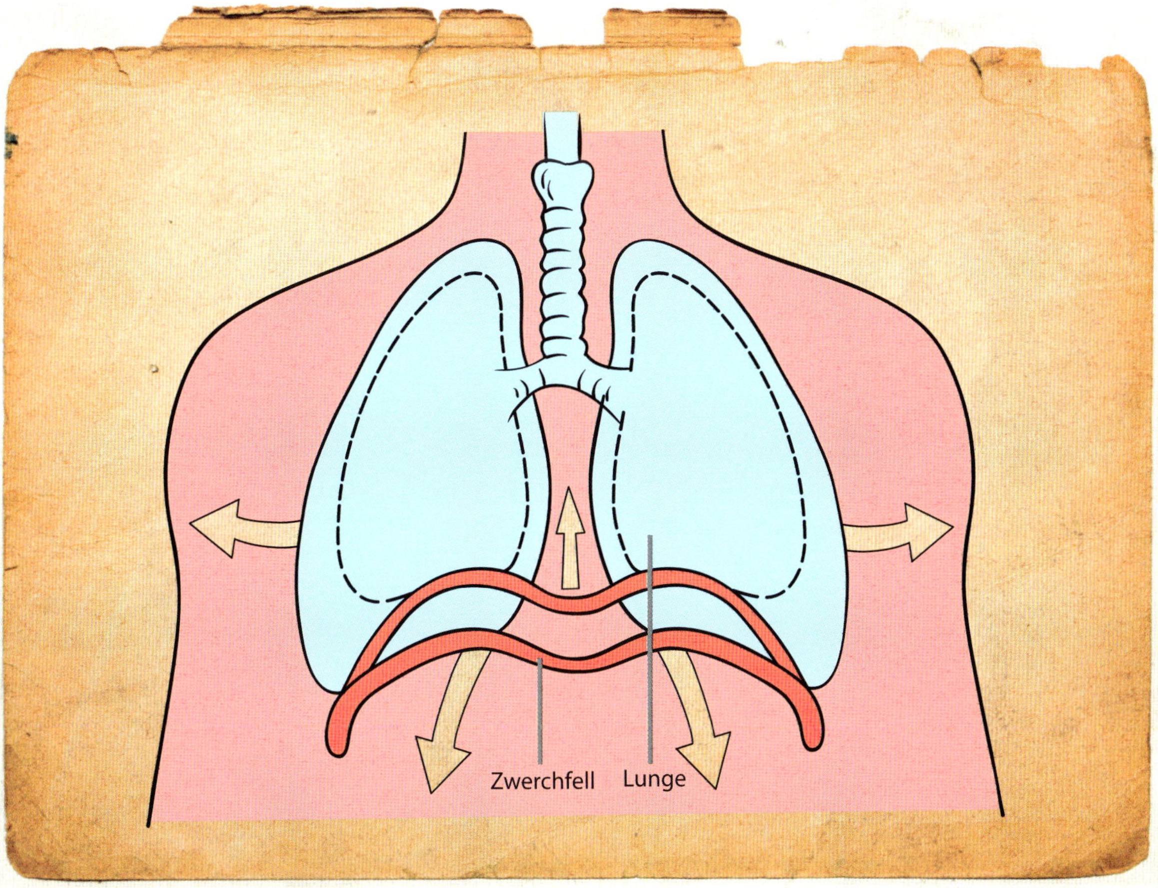

Zwerchfell   Lunge

Die Zwerchfellarbeit

Ohne Zwerchfell funktioniert beim Atmen nichts.

Das **Zwerchfell** (zwerch = quer) mit zwei ungleich großen Kuppeln ist die größte Muskelplatte unseres Körpers und gewissermaßen unser „Atemmotor", ohne den die Lunge nicht mit Luft versorgt werden kann. Am unteren Rand des Brustkorbs und an der Wirbelsäule aufgehängt, trennt es die Organe der Brusthöhle, also Lunge und Herz, von den Organen der Bauchhöhle wie Magen, Darm oder Leber.

Wird vom Gehirn die Meldung „Sauerstoffmangel" über die Nerven an die zuständige Muskulatur gesendet, spannt sich beim Einatmen das Zwerchfell an und sinkt etwas ab. Dabei schiebt es die Organe im Bauchraum nach unten und nach vorne – **es entsteht ein leicht vorgewölbter Bauch**.

Gleichzeitig heben die Zwischenrippenmuskeln die Rippen an und der gesamte Brustkorb, (besonders aber auch der untere Rippenbereich) weitet sich. In dieser um etwa 60 bis 80% vergrößerten Brusthöhle können sich nun auch die beiden Lungenflügel perfekt ausdehnen.

Dabei entsteht ein Unterdruck, der die Atemluft ganz von selbst geräuschlos bis in die Lungenbläschen strömen lässt.

Das Einatmen

Das Einatmen erfolgt durch Mund oder/und Nase. Durch die Nase einzuatmen ist zwar beim Singen nicht immer möglich, aber durchaus empfehlenswert, denn so wird die Atemluft befeuchtet, angewärmt und durch die feinen Härchen der Nase von eventuellen Schadstoffen gereinigt.

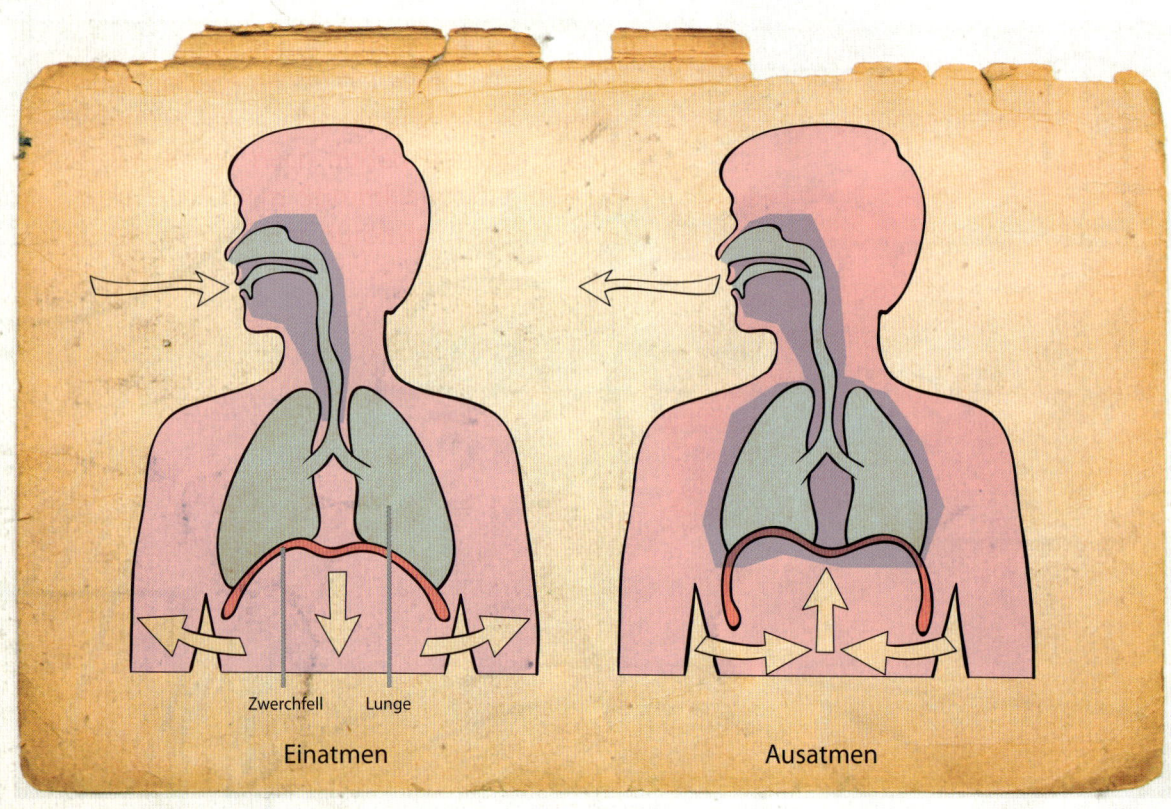

Zwerchfell   Lunge

Einatmen   Ausatmen

Vom Mund- und Rachenraum strömt die Luft durch das Ventilsystem des Kehlkopfes, der sich dafür reflexartig öffnet und schließt, in die Luftröhre, wo sie noch einmal durch Flimmerhärchen gereinigt wird.

Die Luftröhre spaltet sich auf in die beiden Hauptbronchien. Diese verzweigen sich immer weiter und führen die Luft in die beiden Lungenflügel, die sich durch das Einströmen des Atems erweitern.

Das gesamte Lungenvolumen eines Erwachsenen beträgt zwischen 5 und 6 Liter Luft, wovon aber normalerweise nur eine geringe Menge zum Atmen benötigt wird.

Im Lungengewebe enden die luftführenden Bronchien in den Lungenbläschen (Alveolen), durch deren dünne Membran schließlich der Gasaustausch stattfindet. Kohlendioxid wird dabei aus dem Blut an die Lunge abgegeben und die Blutgefäße werden mit frischem Sauerstoff versorgt.

Beachte! Die Lunge selbst besitzt keine Muskulatur, mit der sie den Atem holen oder abgeben kann. Sie benötigt dazu die Hilfe verschiedener Körperbereiche.

Das Ausatmen

Mit der Ausatmung wird anschließend die ausgetauschte, verbrauchte Atemluft wieder auf umgekehrtem Weg nach außen befördert. Die ruhige Ausatmung beim unbewussten Atmen oder beim Sprechen ist ein eher passiver, reflexartiger Vorgang.

Das Zwerchfell möchte sich möglichst sofort nach Beenden des Einatemvorgangs automatisch wieder in seinen ursprünglichen, gewölbten Zustand zurückbewegen, und auch Bauchdecke, Brustkorb und Lunge werden durch elastische Rückstellkräfte in ihre Ausgangsstellung zurückgeführt.

Die Lungenbläschen ziehen sich während der Ausatmungsphase wieder zusammen.

Der Bauch wird flach.

Um den Brustkorb vor einem zu schnellen Zusammensinken zu bewahren, sind auch hierbei verschiedene Schichten der Flanken- und Zwischenrippenmuskulatur beteiligt, die für die Stabilisierung zuständig sind.

Die Beckenboden-Muskulatur spielt als ausgleichendes Element zum Zwerchfell ebenfalls eine stabilisierende Rolle bei der Ausatmung und damit auch beim Singen.

Das Wahrnehmen von Atem und Atemräumen

VIDEO 5

Auf den ersten Blick hat das alles vielleicht noch nicht so viel mit unserem Thema Stimme zu tun und erscheint dir möglicherweise ein wenig theoretisch. Dennoch gäbe es ohne den Atmungsvorgang, und vor allem ohne eine bewusste und geführte Ausatmung, keine Möglichkeit, die Stimme überhaupt zum Klingen zu bringen.

Da beim Atmen, Sprechen und Singen zwar die gleichen Körperfunktionen und Körperbereiche genutzt werden, jedoch mit ganz unterschiedlichen Zielen und Bedürfnissen, lohnt es sich in jedem Fall, auf diese komplexen Zusammenhänge noch näher einzugehen.

In den nun folgenden Übungen geht es deshalb zuerst einmal darum, ein Gefühl für die beim Singen benötigten Körperbereiche zu entwickeln und die Atemräume und dazugehörigen Körperfunktionen zu entdecken. Der Brustkorb, die Flanken, das Zwerchfell und der Bauch sind dabei die Weitungs- und Verengungsbereiche, die wir beachten und bewusst nutzen können und müssen, um der Lunge die Atemarbeit zu ermöglichen und zu erleichtern.

Tipp! Atme immer ruhig und gleichmäßig durch die Nase ein und lasse die Luft entweder schwungvoll und schnell, oder ganz langsam und sparsam, aber immer deutlich hörbar durch den Mund wieder ausströmen.

Im Stehen:

1. Atme zuerst in den Bauch, der sich bei der Einatmung deutlich spürbar rundet und bei der Ausatmung wieder ganz flach wird. Mit aufgelegten Händen kannst du das am besten kontrollieren. (Bild 1)

   Nach dem Einatmen bitte nie das vollständige Ausatmen vergessen!

2. Dann lege die Hände einmal an die Flanken und die unteren Rippen und spüre, wie auch hier beim Einatmen die Hände nach außen geschoben werden und die Rippen sich anheben. (Bild 2)

   Auch hier: Ausatmen nicht vergessen!

3. Versuche einmal isoliert „in den Rücken" zu atmen. Du wirst das Auseinanderfächern der Rippenbögen und die Dehnung der Muskulatur auch dabei mehr oder weniger deutlich spüren. (Bild 3)

4. Nun kombiniere alle drei Atemräume. Atme genüsslich, aber nicht forciert, zuerst eine Portion Luft „in den Bauch" ein, dann weiter „in die Flanken" und schließlich noch „in den Rücken".
   Dabei wirst du merken, dass du auf diese Weise hervorragend mit ausreichend Atemluft versorgt wirst, und dein Körper gut aufgerichtet und optimal vorbereitet ist, um mit dem Singen zu beginnen.

1

2

3

Im Sitzen:

Die nächsten Übungen sind vor allem für Chorsänger/innen recht hilfreich, da leider viele Chöre immer noch sehr ausdauernd im Sitzen proben.

1. Setze dich entspannt, aber ohne dich anzulehnen, auf einen Stuhl (bitte nicht in einen bequemen Sessel lümmeln). Die Füße und Beine sind auch im Sitzen wieder hüftbreit nebeneinander gestellt.
   Achte darauf, dass deine Sitzhöcker – das sind die beiden Knochen, die du spürst, wenn du dich auf deine Handflächen setzt – sich ziemlich weit vorn an der Stuhlkante befinden. So ist dein Becken immer flexibel kippbar und kann sich den Bedürfnissen der Atmung gut anpassen. Lege die Hände locker auf den Oberschenkeln ab.
   Beobachte, wie sich Brustkorb, Flanken, Rücken und Bauch beim Atmen bewegen und verhalten.

2. Sitze mit aufgerichteter Wirbelsäule und kippe dann langsam dein Becken in Richtung Steißbein nach hinten. Der Bereich des Hohlkreuzes wird dabei grade, der Nabelbereich zieht nach innen und baut eine gewisse Spannung im Bauch auf.

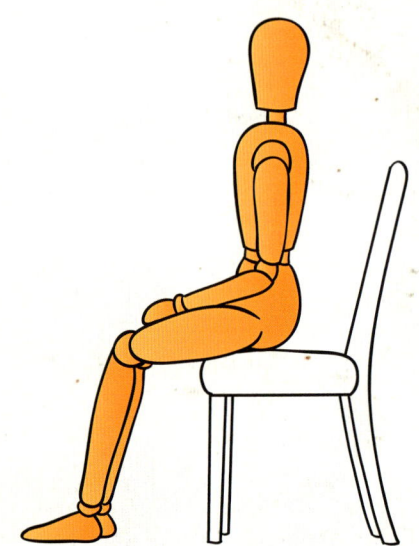

Fühlt sich das für dich beim Ein- und Ausatmen jeweils gleichermaßen gut an?

3. Nimm den sogenannten „Kutschersitz" ein.
   Beuge dich dazu locker nach vorn und lege die Unterarme kurz vor den Ellenbogen auf den Oberschenkeln ab, die Hände hängen zwischen den Knien leicht nach unten. Nacken und Kopf sind geneigt. Spüre die Weitung des Rückens beim Einatmen.

Im Liegen:

1. Lege dich auf eine flache Unterlage ohne Kissen auf den Rücken, die Arme rechts und links neben dem Körper oder auf dem Bauch abgelegt. Wenn du nun deinen Atem gleichmäßig strömen lässt, spürst du, dass sich deine Bauchdecke bei der Einatmung leicht anhebt, bei der Ausatmung wieder senkt.
   Hier kannst du die Bauch- oder Zwerchfell-Atmung am deutlichsten spüren.
   Solltest du das als wenig effektiv oder eher unangenehm empfinden, weite zusätzlich den Brustkorb bei der Einatmung, indem du die Schultern nach unten an die Unterlage bringst und dabei dein Brustbein ein wenig mehr nach oben (zur Decke hin) schiebst.
   Wenn du dich dabei nach einer Weile so richtig wohl fühlst oder vielleicht sogar Lust bekommst, fröhlich drauf los zu singen, dann merke dir das Körpergefühl. Es kann dich ab jetzt beim Singen begleiten und dich unterstützen.

2. Versuche das Gleiche auch einmal auf dem Bauch liegend. Der Kopf ist dabei bequem auf eine Seite gedreht, die Arme liegen in „U-Stellung" rechts und links neben dem Kopf. Atme langsam durch die Nase ein und lasse den Atem in deiner Vorstellung bis hinab zum Steißbein strömen.

   Wenn du dich dabei birnenförmig und rundum wohl fühlst, und genussvoll durchaus außergewöhnliche Töne singen oder jaulen möchtest, dann merke dir dieses Körpergefühl. Dieses Weitungsgefühl des Beckenraums kann dich ab jetzt beim bewussten Atmen und beim Singen begleiten und unterstützen.

Die Atmung beim Singen

Beim Singen musst du immer ausreichend Luft zur Verfügung zu haben.
Das Einatmen muss schnell und intensiv vor sich gehen, darf aber den Fluss der Melodie nicht stören und nicht auffallen.
Nutze deshalb den natürlichen Atemreflex dazu, die gleiche Luftmenge, die du beim Singen abgegeben hast, wieder in dich hineinfallen zu lassen.

Einatmen:

1. Atme langsam und gleichmäßig mit geschlossenem Mund durch die Nase ein, Kiefer und Zunge sind dabei völlig locker, die Zahnreihen nicht aufeinandergepresst.
Spüre, wie sich das Brustbein und der Brustkorb leicht anheben und die Rippen sich durch die einströmende Luft auseinanderziehen. Beobachte deine Bauchdecke, die sich leicht vorwölbt und deine Flanken, die sich nach beiden Seiten ausdehnen. Die Muskelgruppen des unteren Rückens ziehen sich auseinander und die Dehnung kann sogar bis ins Becken spürbar sein.
Lasse nur soviel Luft einströmen wie dir angenehm ist. Wenn du dabei ein gutes Gefühl hast, kannst du einen Moment lang eingeatmet bleiben. Dann atme entspannt durch den Mund wieder aus.

2. Stelle dir eine wohlriechende Blume vor und schnuppere die Luft in kleinen Portionen ein, zuerst mit geschlossenem Mund ausschließlich durch die Nase,
dann durch den Mund mit den beiden Staune-Vokalen
a und **o**. So kannst du deutlich zu spüren, wie du die
Luft beim Einatmen am besten dosieren kannst.

3. Wenn du während des Singens schnell deinen Atemluftvorrat auffüllen musst, geht das am besten mit der sogenannten „Staun-Atmung".

Öffne den Mund in die Stellung, die du für ein freudig erstauntes **a** brauchst und lasse die Luft durch Mund und Nase so schnell und unverkrampft wie möglich einströmen. Es sollte dabei kein Atemgeräusch hörbar sein.

Bei einem überraschten **o** mit ovalem Mund wirst du feststellen, dass der Atem zwar etwas langsamer, aber tiefer einströmt. Diese Öffnung ist für längere Passagen geeignet, oder wenn du etwas mehr Zeit zum Einatmen hast.

Tipp! Nimm dir Zeit, diese verschiedenen Möglichkeiten in Ruhe auszuprobieren und verankere sie durch häufiges Üben in deinem Unterbewusstsein.

Ausatmen:

1. Lasse die Ausatemluft nach dem tiefen Einatmen mit einem langen, stimmlosen **s** oder **f** wie durch einen Strohhalm ganz allmählich mit enger Mundöffnung ausströmen.

AUDIO 1

Du kannst diese Übung auch gern mit einem echten Strohhalm ausprobieren.

Die Bauch-, Rücken- und Flankenspannung wird dabei nur ganz langsam nachgelassen. Das Zwerchfell sollte so lange wie möglich in der Einatemposition gehalten werden – das merkt man daran, dass die leicht vorgewölbte Bauchdecke erst ganz allmählich flacher wird. Lege die Hände auf den Bauch, um die Wölbung zu spüren.

2. Stoße die Ausatemluft in kleinen Portionen langsam mehrmals hintereinander auf **f** aus. Mache das so lange, bis du dich „luftleer" fühlst und wiederhole diesen Vorgang mehrmals.

AUDIO 2

Achte dabei auf die Aktivität deines Zwerchfells – die Bauchdecke schiebt sich in mehreren Etappen deutlich unterbrochen nach innen. Nicht zwischenatmen.

Tipp! Die Bewegung des Zwerchfells spürst du am deutlichsten beim Hecheln, Lachen oder Husten.
Die Luft wird dabei schnell ausgestoßen und sofort wieder reflexartig mit der gleichen Luftmenge ersetzt.
Probiere das einmal aus und merke dir das Körpergefühl für die nächste Übung.

3. Stoße die Luft abwechselnd mit den Zischlauten **s** und **sch** kräftig nach außen, indem du Bauchdecke und Flanken deutlich spürbar kurz nach innen schiebst und dann wieder ganz locker lässt, so dass wie von selbst die Luft wieder in die Lunge fallen kann.
Auch dabei spürst du die Zwerchfellaktivität wieder ganz deutlich.

AUDIO 3

Manche Menschen haben mit diesen Übungen möglicherweise Probleme und fühlen sich mit solch deutlicher „Bauchatmung" oder spürbarer Zwerchfellaktivität unwohl.
Andere kommen damit hervorragend zurecht und haben sogar regelrecht Spaß daran, Blasebalg zu spielen.
Beides ist in Ordnung – nichts ist ein Muss. Merke dir dabei wieder dein Körpergefühl und wähle den Weg, der dir am angenehmsten ist.

Expander oder Kompressor – Dehnen oder Zusammenziehen

VIDEO 6

Nicht nur beim Atmen, sondern auch im Stehen, Gehen, Sitzen und Liegen unterscheiden sich die Menschen sehr deutlich. Wer die vorhergehenden Wahrnehmungsübungen für die Atemräume sorgfältig gemacht hat und dabei die Dehnung beziehungsweise das Zusammenziehen von Bauch und Zwerchfell sowie dem Brustkorb beim Ein- und Ausatmen genau beobachtet hat, wird vielleicht festgestellt haben, dass bestimmte Übungen sehr leicht, andere wiederum eher schwer fallen.

Für ein optimales Gesangserlebnis und körperliches Wohlbefinden beim Singen ist die Arbeit mit dem jeweils bevorzugten Atemschwerpunkt und der dazu passenden Körperhaltung von entscheidender Bedeutung. Das Wissen darüber kann dir bei der Einordnung deiner stimmlichen Vorlieben helfen, dir zeigen wie du deine Lunge optimal mit ausreichend Atemluft versorgen kannst und wie du die Luft mit dem nötigen Druck durch Bauch oder Flanken am effektivsten nach außen schieben kannst.

Bei den Körper- und Stimmübungen der folgenden Seiten soll daher, wenn möglich, immer differenziert werden, wie sie unter Berücksichtigung deiner bevorzugten Atemrichtung am besten durchgeführt werden können.

Beachte! Diese, von der Atemtypen-Lehre inspirierte Einteilung ist keinesfalls verpflichtend, aber durchaus Wert, ausprobiert zu werden. Damit kannst du dir unter Umständen so machen stimmlichen Kampf ersparen. (Näheres auch S. 203)

Expander (Dehner) könnte man die Menschen nennen, die aktiv in den Brustkorb einatmen und bei denen die Ausatmung eher passiv geschieht. Sie lieben es, sich in den Flanken und auf Brusthöhe weit zu dehnen, die Schultern ziehen dabei nach hinten **(niemals nach oben!)**.
In dieser Position, mit leicht nach hinten geneigtem Kopf und gehobenem Brustbein, fällt es ihnen leicht, geschmeidige Spitzentöne und hell glitzernde Klangkaskaden zu singen.

Kompressor (Zusammenzieher) wäre folglich der richtige Name für die Menschen, deren Schwerpunkt auf einer aktiven, bewusst vom Zwerchfell unterstützten Ausatmung liegt, die aber eher passiv und wie nebenbei in den Bauch einatmen. Sie kommen meist mit erstaunlich wenig Luft aus und können dennoch ausdauernde, warme und weiche Klangbögen und lange Piano-Töne singen, ohne in Atemnot zu geraten.

Natürlich gibt es immer auch Menschen, bei denen die Anteile beider Merkmale sehr nah beieinander liegen. Diese können aber meistens mit ein wenig Geduld und durch intensives Vergleichen, Abwägen und genaueres Nachforschen ihre bevorzugte Atemrichtung herausfinden – oder einfach für sich das Beste beider Welten nutzen.

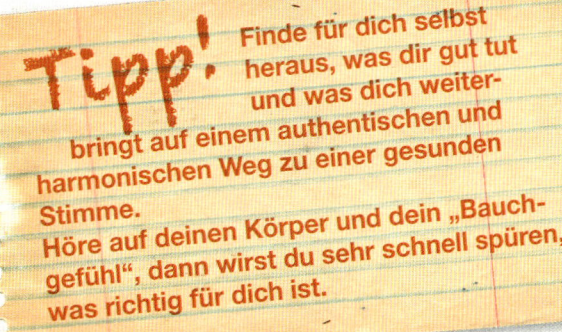

Tipp! Finde für dich selbst heraus, was dir gut tut und was dich weiterbringt auf einem authentischen und harmonischen Weg zu einer gesunden Stimme.
Höre auf deinen Körper und dein „Bauchgefühl", dann wirst du sehr schnell spüren, was richtig für dich ist.

3. Der Atem wird zum Ton – die Phonation

Bei der Beschäftigung mit der zum Sprechen und Singen am besten geeigneten Atemtechnik stößt man immer wieder auf einen italienischen Ausdruck, der vor allem in der klassischen Stimmbildung häufig gebraucht wird: das „appoggio".

Wörtlich übersetzt heißt appoggiare „anlehnen" oder „unterstützen", und beschreibt die Interaktion des Zwerchfells mit der Bauch- und Flankenmuskulatur während der zur Tonbildung nötigen kontrollierten Ausatmung.

Durch diese muskuläre Unterstützung wird der Brustkorb beim Ausatmen in einer bequemen, ausbalancierten Einatem-Position, und das Zwerchfell so lange wie möglich tief gehalten. Der Atem wird so daran gehindert, zu schnell oder gepresst auszuströmen.

Im Deutschen gern etwas unglücklich mit dem Ausdruck „Atemstütze" oder „die Stütze" übersetzt, wurde der Begriff in der Gesangsausbildung häufig rein auf seine Atemfunktion reduziert, während die alten italienischen Gesangsmeister mit ihren Anweisungen „appoggiarsi in petto" (sich in die Brust lehnen) und „appoggiarsi in testa" (sich in den Kopf lehnen) eigentlich die Arbeit der Atemmuskulatur mit der zur vollklingenden Tonbildung nötigen Brust- oder Kopfresonanz kombiniert haben wollten.

Das Instrument Stimme kann also nur dann optimal funktionieren, wenn vier wesentliche Faktoren zusammenarbeiten:

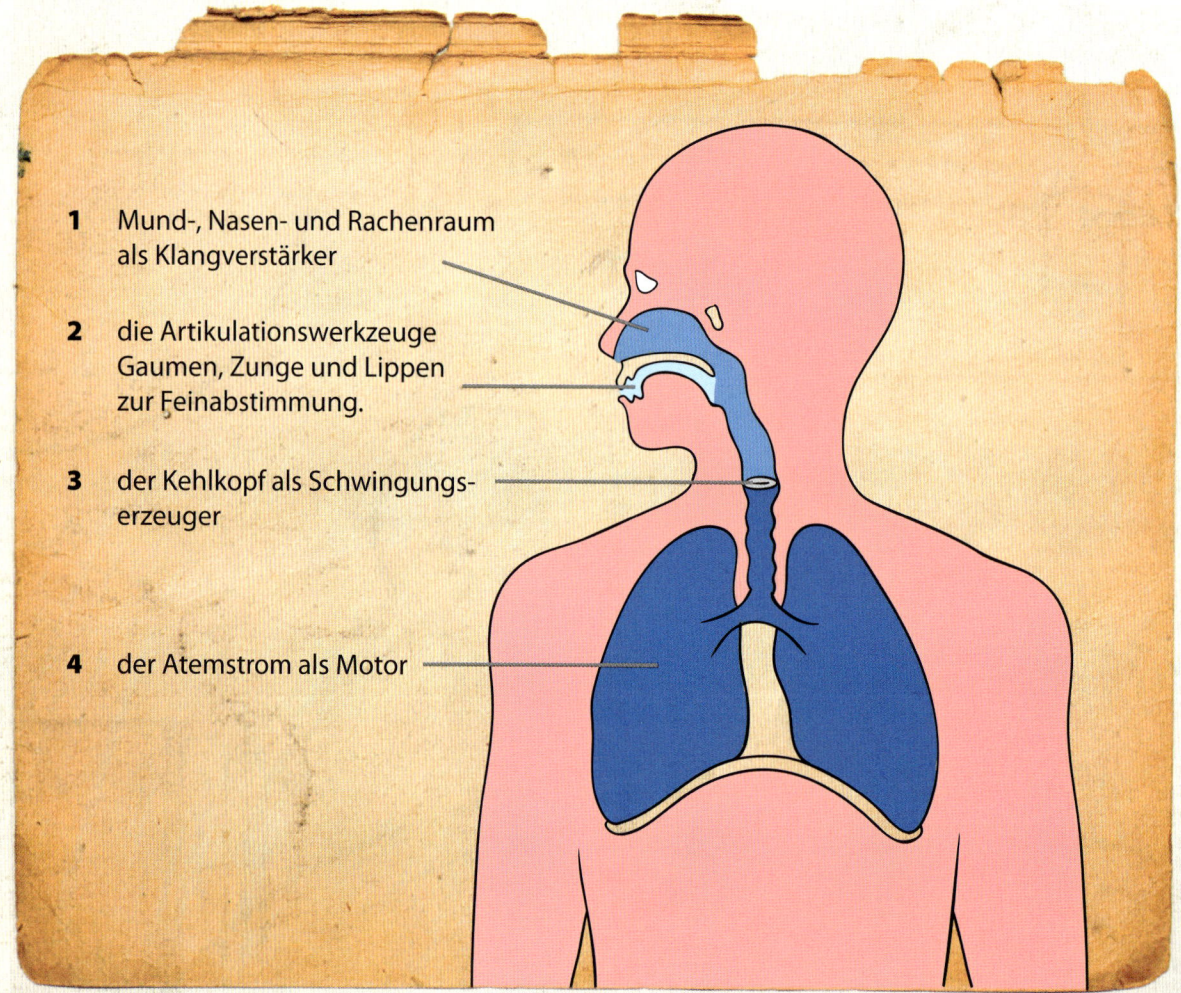

1 Mund-, Nasen- und Rachenraum als Klangverstärker

2 die Artikulationswerkzeuge Gaumen, Zunge und Lippen zur Feinabstimmung.

3 der Kehlkopf als Schwingungs-erzeuger

4 der Atemstrom als Motor

Wo wird der Ton gebildet?

Der gesungene Ton wird im gesamten Vokaltrakt gebildet, also von der Luftröhre unterhalb der Stimmlippen bis zu den Lippen des Mundes.

Im Ansatzrohr, wie der Vokaltrakt manchmal auch genannt wird, entsteht im Kehlkopf zunächst der sogenannte „Primärklang".

Die eher an Geräusche erinnernden Schallwellen, die sich bei dieser Phonation genannten ersten Klangerzeugung entwickeln, werden schließlich durch die Beweglichkeit und Ausformung der Zunge, des Mund- und Rachenraums, des Unterkiefers und der Lippenstellung beeinflusst.

Im gesamten Körper, aber vor allem im Vokaltrakt, werden dabei optimale Bedingungen geschaffen, die es ermöglichen, dass der Ton klanglich geformt und verstärkt wird. Jeder Mensch nutzt dabei seine eigene Vorstellungskraft und seine eigenen Bilder.
Manchmal spricht man davon, „in die Kuppel" oder „in die Maske" zu singen, oder dass der Ton mehr in der Stirn, in der Nase oder in den Nebenhöhlen erklingt.

Das Wissen über die Resonanzverhältnisse im Rachenraum und die Zusammenarbeit mit einem lockeren, gut beweglichen Unterkiefer und einem formbaren Mundbereich ist für die optimale Klanggestaltung beim Singen unerlässlich.
Hier wird die Schärfe mancher Töne gedämpft oder bestimmte Frequenzen bewusst hervorgehoben um die Verständlichkeit der Worte zu unterstützen. Die Lautstärke wird beeinflusst und der Klang durchsetzungsfähig gemacht.

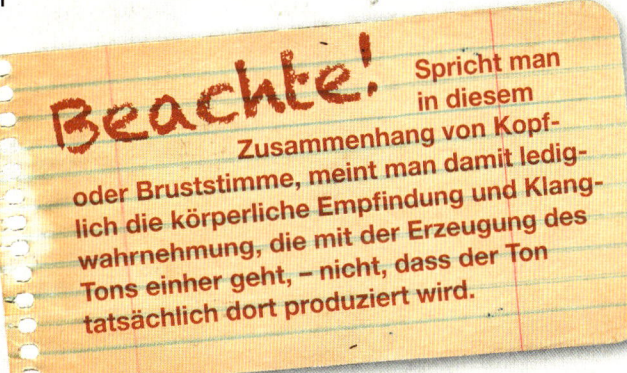

Beachte! Spricht man in diesem Zusammenhang von Kopf- oder Bruststimme, meint man damit lediglich die körperliche Empfindung und Klangwahrnehmung, die mit der Erzeugung des Tons einher geht, – nicht, dass der Ton tatsächlich dort produziert wird.

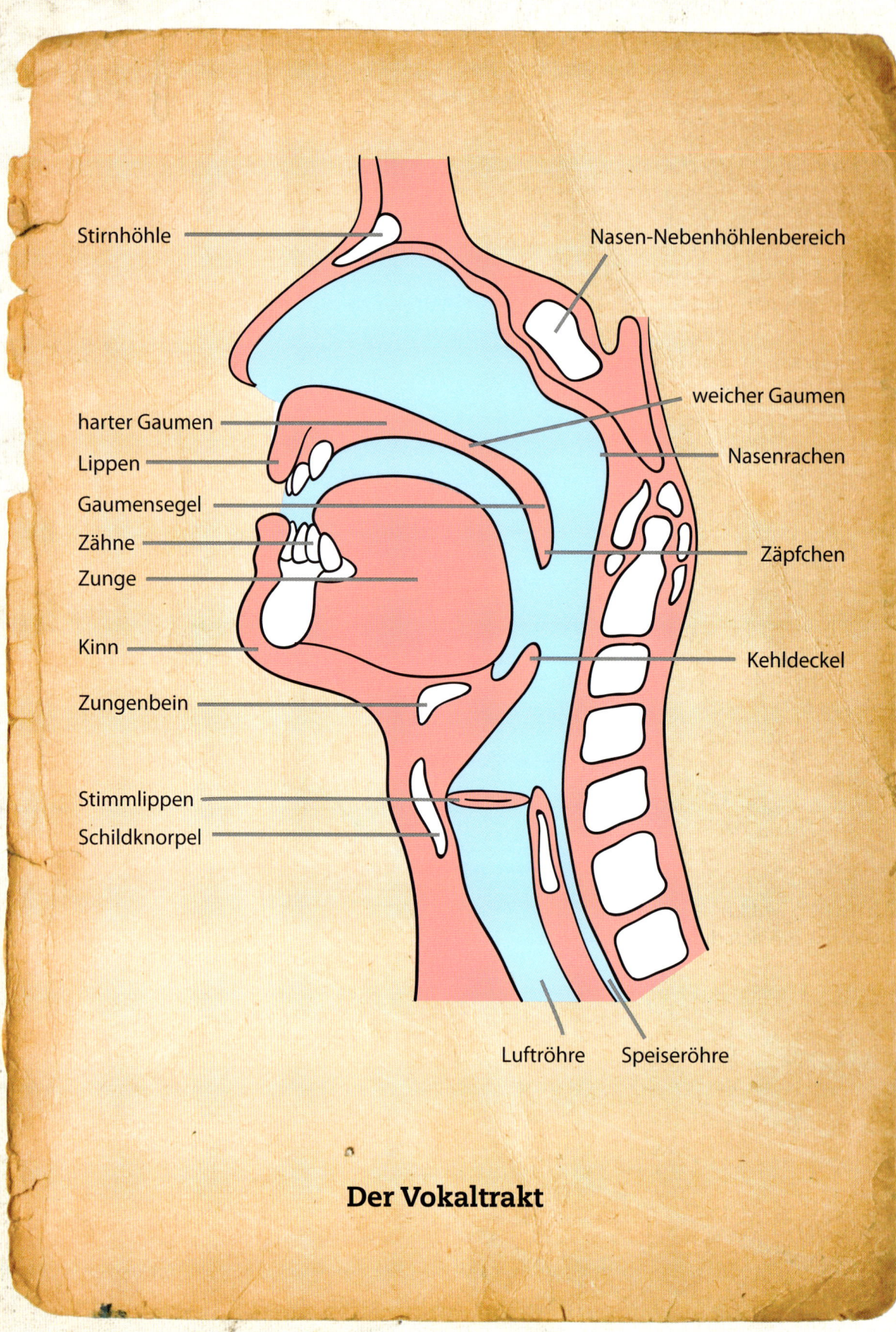

Stirnhöhle

Nasen-Nebenhöhlenbereich

harter Gaumen

weicher Gaumen

Lippen

Nasenrachen

Gaumensegel

Zähne

Zunge

Zäpfchen

Kinn

Kehldeckel

Zungenbein

Stimmlippen

Schildknorpel

Luftröhre   Speiseröhre

Der Vokaltrakt

Wie wird der Ton gebildet?

Nur beim Ausatmen kann ein flexibel beeinflussbarer, gut hörbarer Ton produziert werden. Der Luftstrom wird dabei durch den Druck der allmählich zunehmenden Bauch- und Flankenspannung und das gleichmäßige, langsame Anheben des Zwerchfells aus der Lunge durch die Luftröhre zum Kehlkopf geführt.

Kehlkopf, Stimmritze und Stimmlippen

Der über der Luftröhre aufgehängte Kehlkopf besteht aus den Hauptteilen Schildknorpel, Ringknorpel, Stellknorpeln und dem Kehldeckel. Den vorderen Teil der Schildknorpelplatten kennt man zumindest bei den Männern als Adamsapfel – bei Frauen ist er weniger gut zu sehen und zu ertasten.

Tipp! Lege einmal die Hand auf deinen Hals und schlucke oder huste, dann spürst du die Bewegung der vorstehenden Schildknorpelspitze. In diesem Bereich findet auch die Tonerzeugung statt.

Im Kehlkopf längs, in Richtung Schildknorpelspitze aufgespannt, liegen die **Stimmlippen**, umgangssprachlich auch „Stimmbänder" genannt. Die Stimmlippen selbst sind Schleimhautfalten mit den darin eingebetteten Vocalismuskeln, Nerven, Gefäßen und der verschiebbaren, alles umgebenden Schleimhaut.
Zwischen ihnen liegt die **Stimmritze** (Glottis), die sich durch verschiedene Muskelgruppen zum Atmen oder beim Husten und Schlucken öffnen und schließen lässt. Die Glottis dient zunächst einmal zusammen mit dem Kehldeckel zum reflexartigen Verschluss und Schutz der Luftwege. Wenn wir uns verschlucken oder „etwas in den falschen Hals bekommen", also zum Beispiel Nahrungspartikel nicht direkt in die Speiseröhre, sondern versehentlich in die Luftröhre geraten, so landen diese auf den geschlossenen Stimmlippen und werden beim Abhusten sofort wieder hochkatapultiert.

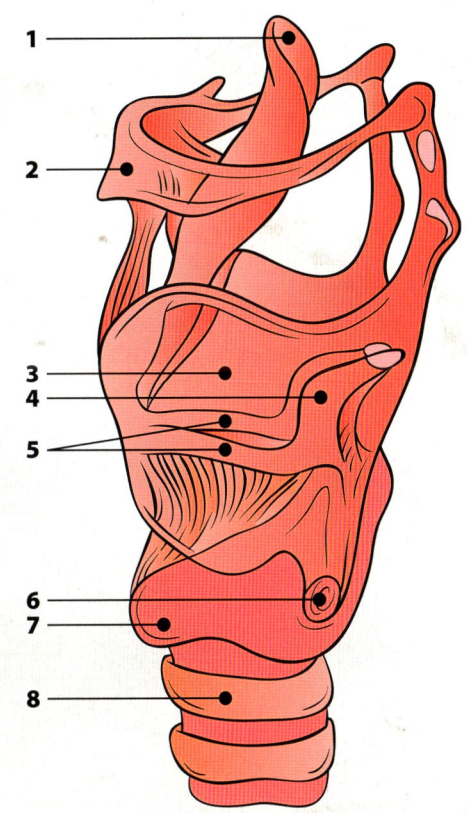

1 Kehldeckel
2 Zungenbein
3 Schildknorpel
4 Stellknorpel
5 Stimmlippen
6 Ringknorpel-Schildknorpel-Gelenk
7 Ringknorpel
8 Trachealknorpel der Luftröhre

Bei der unbewussten, natürlichen Atmung ist die Stimmritze durchgehend trapezförmig geöffnet, beim Flüstern bis auf ein kleines Dreieck fast geschlossen.

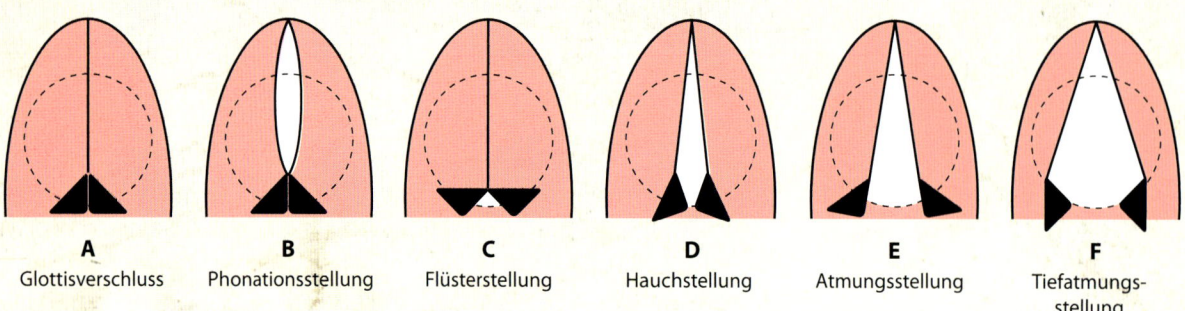

A	**B**	**C**	**D**	**E**	**F**
Glottisverschluss	Phonationsstellung	Flüsterstellung	Hauchstellung	Atmungsstellung	Tiefatmungs- stellung

Dieser Verschlussmechanismus ist ganz entscheidend für die Stimmerzeugung.
Unter der Glottis wird der Atemstrom gestaut, die Stimmlippen geben dem Druck nach und öffnen sich in einer Wellenbewegung von hinten nach vorne. Die Luft wird dabei in einem kleinen Wölkchen ausgestoßen.
Sofort entsteht ein Unterdruck zwischen den Stimmlippen, diese schließen sich deshalb automatisch wieder. Bei der Phonation (Tonbildung), wird der Luftstrom der Ausatmung durch den ständig wechselnden Druck/Unterdruck in Schwingungen der Randbereiche der Stimmlippen und damit in hörbare Schallwellen umgewandelt.

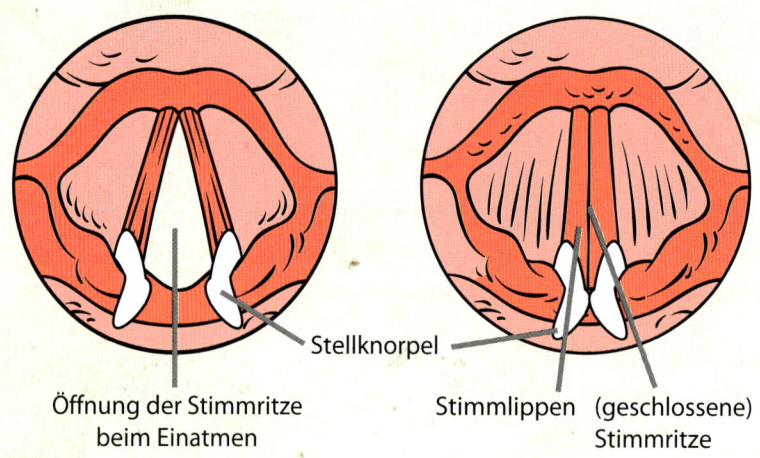

Stellknorpel

Öffnung der Stimmritze   Stimmlippen   (geschlossene)
beim Einatmen   Stimmritze

Der Beginn der Phonation wird als Stimmeinsatz bezeichnet.
Die Stimmlippen werden dabei von der Atmungsstellung in die Phonationsstellung gebracht. Das kann auf ganz verschiedene Art und Weise passieren und ist mitverantwortlich für den Stimmklang. Der weiche oder leicht feste Stimmeinsatz mit weichem Glottisschlag ist davon der natürlichste und gesündeste.

- „Gehauchter" Stimmeinsatz, wenn der Atemstrom, der für die Klangerzeugung nötig ist, schon fließt, während die Stimmlippen noch nicht in Phonationsstellung stehen
- Fester oder harter Einsatz mit weichem oder harten Glottisschlag (zum Beispiel bei der Bildung des Vokals a)
- Weicher Stimmeinsatz, bevorzugt beim Singen und Sprechen

Die Muskeln

Wie entstehen aus diesem „Primärklang" nun aber die hohen und tiefen Töne?

Das liegt vor allem an der Veränderung der **Stimmlippenspannung**, die durch die Zusammenarbeit des Spannapparats des Kehlkopfs mit dem Schild- und Ringknorpel und zweier Muskelpaare bewirkt wird.

Die außen am Kehlkopf liegenden Muskeln sind für die Spannung der Stimmlippen und damit für die Tonhöhe verantwortlich.

Die Innenmuskeln bewegen die Stellknorpel und verengen oder erweitern den Glottisspalt. Die Vokalismuskeln sind mit dem sogenannten Randkanten, den eigentlichen „Stimmbändern" verwachsen. Sie sind für die Dicke der Stimmlippen und damit für den Unterschied zwischen Voll- und Randstimme sowie für die Stimmlautstärke zuständig.

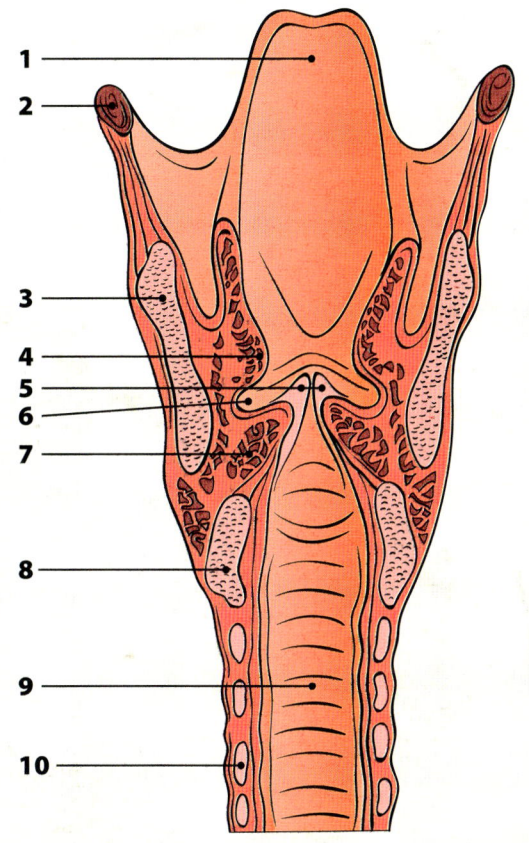

1	Kehldeckel	6	Morgagni-Ventrikel
2	Zungenbein	7	Muskulatur
3	Schildknorpel	8	Ringknorpel
4	Taschenfalten	9	Luftröhre
5	Stimmlippen	10	Trachealknorpel der Luftröhre

Stimmlippenschwingung

Die **Tonhöhe** beim Singen ist abhängig von der Geschwindigkeit der Schwingungen der Stimmlippen und ihrer Randkanten.

Tiefe Töne werden mit **lockeren, dicken Stimmlippen** produziert.
Bei **hohen Tönen** sind die Stimmlippen **stärker gespannt, länger** und **schmaler**.

Mit zunehmender Spannung verschließen sich die Stimmlippen aber auch um so schneller wieder. Durch die steigende Geschwindigkeit, mit der die Luft in kleinen Portionen durch die Glottis gedrückt wird, entsteht eine höhere Frequenz der Schallwellen und damit natürlich auch ein höherer Ton.

Die veränderbare Länge der Stimmlippen beträgt bei Männern zwischen 2 und 2,4 cm, bei Frauen durchschnittlich zwischen 1,7 und 2 cm. Der Bereich, der bei der Tonhöhenveränderung gespannt werden kann, ist also relativ klein.

Beim normalem Sprechen schwingen die Stimmlippen mit einer Grundfrequenz von etwa 120 Hz bei Männern und 250 Hz bei Frauen. Das bedeutet, die Stimmlippen und deren Randbereiche schwingen dabei mit 120 bzw. 250 Schwingungen pro Sekunde.

Geht man davon aus, dass der berühmte Kammerton a' mit 440 Hertz, nach dem in den meisten Orchestern die Instrumente gestimmt werden, für eine Sängerin noch nicht wirklich sehr hoch ist, dann vibriert ihre Stimme dabei schon mit 440 Schwingungen/sec – viel zu schnell, um ohne Spezialgeräte noch irgendetwas erkennen zu können. Ein sehr hoher gesungener Ton einer Sopranistin schwingt sogar mit 1200–1500 Hz und mehr.

Die Wellenbewegung der Stimmlippen setzt sich als Schallwellen im gesamten Vokaltrakt fort. Dort wird sie durch Kieferstellung und Zungenposition, Rachen- und Mundspannung sowie die Lippenstellung geformt.
Unterstützt von Körperspannung und Körperresonanz wird der gesungene Ton schließlich durch den Mund nach außen transportiert und wird zu deinem Stimmklang, der dein Instrument, den Körper, durch den Mund verlässt.

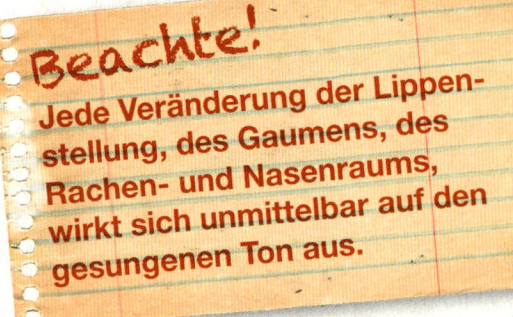

Beachte!
Jede Veränderung der Lippenstellung, des Gaumens, des Rachen- und Nasenraums, wirkt sich unmittelbar auf den gesungenen Ton aus.

Die Taschenfalten

Im Kehlkopf oberhalb der Stimmlippen gibt es noch zwei weitere, parallel dazu verlaufende Gewebewülste, deren Aufgabe es hauptsächlich ist, die Stimmlippen und die umgebende Schleimhaut mit der nötigen Feuchtigkeit zu versorgen. Sie werden „falsche Stimmlippen" oder Taschenfalten genannt und normalerweise nicht zur Klangbildung verwendet. Unter bestimmten Umständen können sie aber durch starken Ausatemdruck dazu gebracht werden, sich gegenseitig anzunähern und fast zu schließen. Das passiert etwa beim Heben schwerer Gewichte oder beim Treten oder Schlagen.

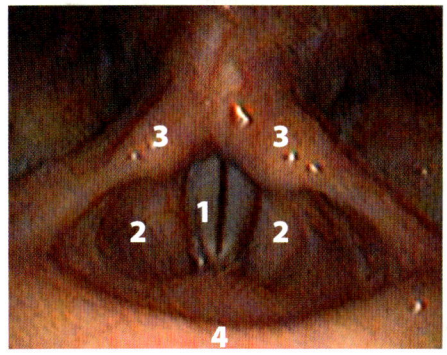

Blick auf den Kehlkopf:
1 = Stimmlippe, 2 = Taschenband, 3 = Stellknorpel,
4 = Kehldeckel

Bei der sogenannten „Taschenfaltenstimme" werden die Taschenfalten durch starkes Pressen oberhalb der Stimmlippen zum Schwingen gebracht und können als Stimmsignal genutzt werden. Das ist immer dann hilfreich und angebracht, wenn die eigentlichen Stimmlippen durch eine Schädigung nicht mehr funktionieren.

Diese Stimme klingt aber rau, knarrend oder sehr gepresst, wie bei der charakteristischen Stimmfärbung von Louis Armstrong oder Joe Cocker, die wahrscheinlich jeder kennt. Im Death oder Black Metal wird diese Technik bei den „Growls" oder „Grunts" eingesetzt, aber auch im „Kargyraa" genannten Kehlkopfgesang der Mongolei wird sie dauerhaft verwendet. Zu beiden Themen gibt es inzwischen reichlich Material im Internet und empfehlenswertes Lernmaterial.

Wenn man diese Funktion über einen gewissen Zeitraum vorsichtig übt, und die Stimme immer wieder entspannt, kann man den so erzielten Sound bei Bedarf relativ gefahrlos zum Singen nutzen. Allerdings ist der dabei benötigte, starke subglottale Luftdruck (unterhalb der Stimmritze) immer mit Vorsicht zu gebrauchen. Außerdem kann der extreme Effekt bei Dauergebrauch für die Hörer auch schnell langweilig werden oder zu sehr gewollt klingen.

Die Zunge

Solche Spezialeffekte der Stimme sind allerdings nie ohne den Einsatz der Zunge zu erreichen. Wie das übrige Kehlkopfsystem hat auch die Zunge mehrere unterschiedliche Funktionen: Sie bewegt die Nahrung im Mund, unterstützt beim Saugen, Kauen und Schlucken und ist unerlässlich für das Schmecken und Tasten.

In diesem Abschnitt interessiert uns natürlich ganz besonders ihre Rolle beim Singen. Die Zunge fungiert dabei gewissermaßen als Verbindungsglied zwischen der Tonbildung (Phonation) durch die Stimmlippen, der Resonanz der Stimme im Rachen- und Mundraum und der deutlichen Artikulation.

Bei geschlossenem Mund wird fast die ganze Mundhöhle von der Zunge ausgefüllt, die dann von der an den Zähnen anliegenden Zungenspitze bis fast zum Kehlkopf herunter reicht. (Siehe Seite 34) Die Länge der Zunge ist uns meist nicht bewusst, da nur ein kleinerer Teil des gesamten Muskels für uns einsehbar im vorderen Bereich unseres Mundes liegt und dort frei beweglich ist.

Der rückwärtige, dickere Teil, die Zungenwurzel, ist am Zungenbein befestigt. Dieser hufeisenförmige kleine Knochen wiederum hat keine Verbindung zum übrigen Skelett und ist freischwebend durch Muskeln und Bänder gleichermaßen mit Kehlkopf, Brustbein,

Schulterblatt und Schädelbasisbereich verbunden. Dadurch kann das Zungenbein ganz nach Bedarf die jeweiligen Bewegungen von Kiefer, Zunge und Kehlkopf unterstützen und optimieren, was besonders für die Lautbildung beim Sprechen und Singen unerlässlich ist. Die äußere Zungenmuskulatur ist darüber hinaus mit dem Kinn, dem weichen Gaumen und der rückwärtigen Rachenwand verbunden.

Die Zunge selbst verfügt über vier innen liegende Muskelpaare, die für das Verkürzen, Verbreitern, Verlängern oder Strecken zuständig sind und die Zungenspitze oder die Zungenseiten anheben und einrollen können.

Da die Zunge extrem flexibel ist, kann so durch kleinste Bewegungen jederzeit die Qualität des Klangs und der Artikulation verändert und beeinflusst werden. In Ruhe sollte die Zungenspitze am besten an den unteren Schneidezähnen anliegen, aber auch eine Ruhelage hinter den oberen Schneidezähnen ist durchaus möglich und angenehm.

Die verschiedenen Positionen der Zunge, die nötig sind um die unterschiedlichen Vokale und Konsonanten optimal auszuformen, werden wir in den folgenden Kapiteln (Vokale und Diphtonge – Konsonanten) noch intensiver kennenlernen.

Wichtig ist in jedem Fall, dass beim Singen der Zugang zum Kehlkopf immer frei ist und die Zungenwurzel nicht nach hinten abrutscht. Das klappt am besten, wenn wir

- „staunend" einatmen (siehe Seite 28),
- genussvoll mit weit geöffnetem Kiefer gähnen (Erinnere dich auch an den „gähnenden Löwen" von Seite 18) oder
- den „ng"-Laut bilden (s. unten).

Versuche doch einmal folgende Übung:
Erspüre die Resonanz im oberen Rachenraum und in den Nasen-Nebenhöhlen mit dem Laut „ng". Stelle dir dazu ein Wort wie Gong, boing, sing, eng oder Achtung vor.

Dabei berührt die Zungenspitze im sanften Bogen die unteren Schneidezähne und die mittleren Zungenränder heben sich an die oberen Backenzähne.

Öffne den Mund leicht und mit entspanntem Kiefer, setze den Ton in einer angenehmen Höhe an und lasse ihn langsam herabgleiten bis zum tiefstmöglichen Bereich. Konzentriere dich dabei auf deinen Nasen-Nebenhöhlenbereich.

Tipp! Solltest du Schwierigkeiten mit der ng-Position haben, versuche doch einmal, mit herausgestreckter Zunge zu jaulen – so werden Verkrampfungen gelockert.

ng ÜBUNG

AUDIO 4

Nicht empfehlenswert und eher ungünstig für den Stimmklang ist jede Stellung der Zunge, die den Rachenraum verstopft, ebenso wie eine übermäßig eingerollte oder ganz flach gedrückte, unbewegliche Position. Bitte versuche auch nicht, wie manchmal empfohlen, die Zunge mit einem Löffel herunterdrücken, um einen freien Kehlkopf zu erzwingen. Das sollte nur Sache des Hals-Nasen-Ohren-Arztes während einer Untersuchung sein.

Eine extreme Löffelform der Zunge oder ein abgesenkter Zungengrund sorgen zwar nicht unbedingt für einen schönen Stimmklang und sind möglicherweise auf Dauer auch nicht ausgesprochen stimmgesund, aber für manche Gesangstechniken aus den bereits erwähnten härteren Musikrichtungen sind sie hin und wieder unerlässlich.

Auch beim Obertonsingen nimmt die Zunge manchmal eine komplett andere Position ein. Allerdings sollte man sich auch hierbei immer nach dem eigenen Wohlbefinden richten – niemals bis zum Würgereiz oder bis zur Heiserkeit praktizieren. Am besten ist in jedem Fall eine fachlich spezialisierte und qualifizierte Beratung.

Der Mund- und Rachenraum

Der Bereich vom Kehlkopf bis zur Mundöffnung und bis hinauf in den Nasenraum ist beim Singen unser wichtigster Klangproduzent und Verstärker. Auch dabei nutzen wir Räume, die normalerweise für die Nahrungsaufnahme und die Luftzufuhr benötigt werden. Hier wird die Ursprungsschwingung gewissermaßen mit ihrer nötigen Form versehen. Je nach Veränderung der Form des Rachenraumes, der Öffnung des Kiefers und der Neigung des Kopfes können die im Kehlkopf produzierten Schallwellen ganz unterschiedlich reflektiert und dadurch klanglich beeinflusst werden.

Der gesamte Rachenraum kann in drei Abschnitte unterteilt werden, die jeweils wesentlich zur Klangbildung beitragen.

1. Der Kehlrachen

   Das ist der untere Abschnitt des Rachenraums vom Eingang in den Kehlkopf bis zum Glottisverschluss und zum Ringknorpel. Auch die Taschenfalten und die sogenannten Morgagnischen Ventrikel, die, wie man annimmt, ebenfalls als Resonatoren des Stimmklangs funktionieren, gehören dazu. Hier wird die Ursprungsschwingung zum ersten Mal nach ihrer Bildung durch die Stimmlippen bearbeitet.

2. Der Mundrachen

   Dieser mittlere Bereich des Rachenraumes, der sich etwa vom weichen Gaumen bis zum Kehlkopfeingang erstreckt, kann durch seine enorme Beweglichkeit und Flexibilität und vor allem durch seine direkte Verbindung mit dem Kehlkopfbereich, der Zunge und dem Kiefer, den Klang der Stimme am leichtesten und deutlichsten beeinflussen. Auf diesen Klangraum wird sich daher das Kapitel Artikulation vor allem konzentrieren.

3. Der Nasenrachen

   Der obere Teil des Rachens, der sich vom Schädelbasisbereich bis zum weichen Gaumen erstreckt, kann durch den beweglichen weichen Gaumen und das Gaumensegel mit dem Zäpfchen verschlossen werden. Dieser Vorgang dient eigentlich zum Schutz vor dem Eindringen von Nahrung in die Nase, aber bestimmte Klänge können auf diese Weise gebildet und unterstützt werden.

Lies dazu auch mehr unter „Das innere und äußere Hören" auf Seite 48.

Die Lippen

Genau wie die Zunge haben auch die Lippen einen wesentlichen Anteil an der Formung der Töne.
Ohne die richtige Lippenposition können Vokale nicht optimal platziert und Konsonanten nicht deutlich und perkussiv produziert werden. In den Abschnitten über Vokale, Diphthonge und Konsonanten wirst du noch mehr über die unterschiedlichen Positionen der Lippen erfahren, die zusammen mit Zunge und Kiefer unsere wichtigsten Artikulatoren sind.

Die Mund- und Rachenform –
hier scheiden sich die Stilrichtungen

Bei der Mund- und Rachenformung unterscheiden sich die Bedürfnisse der am klassischen Klang orientierten Gesangsstilistiken von den von Pop, Rock oder Gospel beeinflussten.

Klassisch   Heavy   Pop

Im **klassischen** Gesang sollte der Vokaltrakt möglichst groß und weit sein, der Kehlkopf eher tiefgestellt, der Klang dadurch gedämpft und abgerundet werden – die sogenannte Gähn- oder Staun-Weite. Von den Zähnen ist meist nicht viel zu sehen, die Mundform wird durch die Lippen definiert.

Im **Pop-orientierten** Gesang wird die ovale Form der Mundöffnung häufig noch durch ein leichtes Schürzen und Hochziehen der Lippen unterstützt – stell dir vor, du würdest in einen besonders großen, saftigen Apfel beißen und trotzdem innerlich noch dabei gähnen. Klingt kompliziert, ist aber durchaus machbar und vor allem sehr effektiv.

Bei heftigeren und besonders hohen Tönen aus dem **Rock- und Heavy-Bereich** ist es durchaus erlaubt, den Mund eher zu verengen und den Ton bei hochgestelltem Kehlkopf ein wenig mehr zu quetschen – der imaginäre Apfel, in den du dabei beißt, ist dann eher klein und hart. Du kannst den Mund aber auch wie ein Löwe richtig weit aufreißen, um den Klang aus der Mundöffnung herauszuschleudern. Die Zähne sind dabei meist gut zu sehen.

Der Gaumen

Wenn du sehr machtvolle, laute und durchsetzungsfähige oder aber ganz leise, hohe und ausdauernde Töne produzieren willst, ist es bei allen Stilrichtungen und Mundöffnungen zur Unterstützung hilfreich, den Gaumen als zusätzlichen Resonator zu nutzen. Du wirst erstaunt sein, welchen klanglichen Unterschied ein bewusstes Einbeziehen des Gaumens und des Gaumensegels bei der Bildung dieser Töne bewirkt.
Stell dir dabei einfach vor, du würdest den weichen Teil des Gaumens nach oben drücken und so eine durchgehende Resonanzplatte aus hartem und weichen Gaumen bilden, die dir hilft, die Töne optimal zu reflektieren.

Noch mehr über dieses Phänomen erfährst du im Abschnitt über die Formanten (S. 57).

Der Klangraum – die Körperresonanz

Zusätzlich zum Vokaltrakt können wir noch auf einen viel größeren zusätzlichen Klangraum zugreifen – die Resonanzräume unseres ganzen Körpers unterstützen die Stimme bei der Bildung und Verteilung des Klangs.
Die Knochenschwingungen des gesamten Nasenbereichs, der Nasen-Nebenhöhlen und Stirnhöhlen, verfeinern den Klang durch die Bildung zusätzlicher Obertöne und erleichtern die Arbeit der Stimme vor allem bei hohen Tönen.
Kann der im Kehlkopf gebildete Ton die Knochen des Schädels und des Gesichts sowie die Resonanzräume des Körpers (vor allem die des Brustkorbs) zusätzlich zum Schwingen anregen, so werden diese Schwingungen ohne Anstrengung über die den Körper umgebende Luft an den Zuhörer weitergegeben.
Das Ergebnis ist ein rundum klangvoller und durchsetzungsfähiger Ton, der mit ein wenig zusätzlicher Kompression durch Flanken und Bauchdecke auch eine erhebliche Lautstärke erreichen kann.
Wie man Klang, Dauer oder Höhe und Tiefe der Töne beeinflussen kann, wirst du in den späteren Kapiteln noch genau erfahren und erfühlen.

Wir können also zusammenfassen:

Mit der von den Stimmlippen erzeugten Schwingungsfrequenz steigt die Luft in den Rachen- und Mundraum und wird dort durch die von Kieferstellung und Zungenposition unterstützten Öffnungsmöglichkeiten, die Rachen- und Mundspannung und die Lippenstellung zum Klang geformt. Unterstützt von Körperspannung und Körperresonanz wird der gesungene Ton schließlich durch den Mund nach außen transportiert und schließlich zum Klang.

43

Lockerungs- und Wahrnehmungsübungen für Vokaltrakt und Klangräume

VIDEO 8

1. Lasse die Atemluft bei geschlossenem Mund mit einem gesummten, tiefen **m** ausströmen.
Der Ton sollte dabei so tief sein, dass er für dich wohlig und angenehm schwingt.
Der Kiefer ist dabei locker, die Lippen liegen leicht aufeinander, die Zahnreihen haben ein wenig Abstand zueinander.
Stelle dir vor, es würde sich ein kleines Luftpölsterchen zwischen den Außenseiten der Schneidezähne und dem Lippeninneren bilden. Fühle ruhig auch einmal mit der Zungenspitze dorthin. Du kannst auch gern einmal ein wenig dabei „kauen", um wirklich ganz locker zu tönen. Wenn der gesamte Mundbereich bis zur Nase hoch prickelt, machst du die Übung genau richtig.

mmmmmmmm

 ÜBUNG

AUDIO 5

2. Als nächstes öffnest du, mit dem gleichen Summen wie vorher, langsam die Lippen von **m** zum offenen **o** (wie beim englischen Wort: *what*) und schließt dann allmählich wieder zum **m** – alles auf einer Tonhöhe und mit einem Atemstrom.
Der Kiefer wird auch hier ganz locker gehalten, der Mund öffnet sich langsam zum Oval.

m-o-m

 ÜBUNG

AUDIO 6

Diese Übungen eignen sich als Warm-up vor Proben oder Konzerten, unterstützen aber auch bei stimmlicher Abgeschlagenheit oder bei Verschleimung das Frei-Vibrieren der Bronchien hervorragend.

3. Öffne und schließe die Lippen mehrmals und schneller von **m** zum offenen **o** und zurück zum **m**, auf einer Tonhöhe und einem Atemstrom.

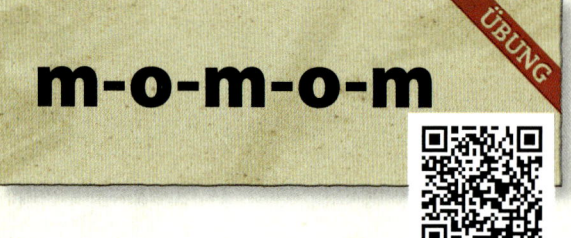
m-o-m-o-m ÜBUNG

AUDIO 7

4. Öffne und schließe die Lippen sehr schnell von **m** zum offenen **o** als *momomom* mit Lippenmassage, d. h. mit festem Druck der Lippen aufeinander – so lange ein Atemstrom reicht.

m-o-m-o-m-m-o-m-o-m

 ÜBUNG

AUDIO 8

Die Indifferenzlage – finde deinen natürlichen Stimmklang

Bevor du dich ins nächste Thema vertiefst, solltest du dich noch auf eine sehr spannende Wahrnehmungsübung einlassen, die dir die Stimmarbeit in den nun folgenden Kapiteln erleichtert und dich sicher noch einen Schritt näher zu deinem ganz persönlichen Stimmklang beim Sprechen und Singen bringt.

VIDEO 7

Selbst wenn du leidenschaftlich gern mit deiner Stimme experimentierst und die außergewöhnlichsten Töne produzieren kannst, brauchst du doch in jedem Fall einen „sicheren Hafen", in den du jederzeit stimmlich wieder zurückkehren kannst.

Das ist die Tonhöhe, in der wir uns beim Sprechen – und analog dazu auch beim entspannten Singen – am wohlsten fühlen. Hier werden die Töne in einer eher tieferen Stimmlage mühelos und ausdauernd produziert und hierhin können wir nach jedem stimmlichen Ausflug wieder zur Entspannung zurückkehren.

ÜBUNG

1-2-3-4-5-6

AUDIO 9

Tipp! Diesen Tonbereich im unteren Drittel deines Stimmumfangs findest du am besten, wenn du völlig emotionslos einen nichtssagenden Text vorliest- die Wochentage oder die Zahlen 1–6 immer wieder fortlaufend und „leiernd" wiederholst. Allmählich pendelt sich der Stimmklang auf einer gleichbleibend tiefen Stimmlage ein.

In der Fachsprache wird dieser Entspannungsbereich **Indifferenzlage** genannt.
Wenn du diese Tonhöhe mit Hilfe eines Klaviers oder Keyboards bestimmst, erfährst du dabei auch gleich noch einiges über deinen ganz persönlichen Tonumfang, da dieser Bereich meist etwa eine Quarte oder Quinte über deinem tiefstmöglichen Ton liegt.

Zum Warmmachen oder wenn du einmal ganz besonders „abgesungen" bist, kannst du gern auch einmal die sogenannte **„Kaustimme"** ausprobieren. Hier spürst du ganz genau, wie eng die Kaubewegungen des Mundes mit der Artikulation der Stimme zusammenhängen.
Stell dir einfach vor, du würdest ein superleckeres Essen genussvoll und ausgiebig kauen und bei allmählich immer weiter sich öffnendem Mund deine Stimme erklingen lassen. Der dabei produzierte Ton wird wahrscheinlich sogar noch ein wenig tiefer rutschen als bei der Indifferenzlage.

4. Der Ton wird zum Klang

VIDEO 9

Nach den Übungen und Beispielen der vorangegangenen Kapitel weißt du nun sehr gut Bescheid, welche körperlichen Voraussetzungen zum Singen benötigt werden und welche Bereiche deines Körpers du dazu nutzen kannst.

Du kennst deinen Klangkörper und deinen Klangerzeuger.

Doch sicher hast du schon festgestellt, dass deine eigene Stimme nicht jedes Mal gleich klingt oder dass sie, selbst bei gleicher Tonhöhe und gleichem Text, doch so völlig unterschiedlich zu anderen Sängerinnen und Sängern klingt, obwohl wir ja offensichtlich alle ähnliche anatomische Gegebenheiten und Techniken nutzen.

Beachte!

Die Klangbildung beim Singen ist nicht nur abhängig von der Atemtechnik oder vom unterschiedlich geformten Vokaltrakt, sondern sie ist vor allem abhängig vom Resonanzverhalten deines persönlichen Instruments, der Stimme.

Da die menschliche Stimme aber kein Instrument aus Blech oder Holz ist, ist nicht nur die Form oder Größe des Vokaltrakts verantwortlich für den Klang.

Die Stimmresonanz wird gleichermaßen bedingt durch die verschiedenen Ausformungen und Ausbuchtungen von Mund-, Rachen- und Nasenbereich, sowie durch den Dämpfungseffekt der Schleimhautoberfläche dieses Bereichs.

Beachte!

Was das Instrument „Stimme" aber ganz wesentlich von anderen Instrumenten unterscheidet, ist die Tatsache, dass der Klang der Stimme abhängig ist davon, welche Frequenzen das Gehör wahrnehmen kann – denn Singen ohne Hören funktioniert nicht.

Am Anfang war das Hören

Das Ohr ist das erste und wahrscheinlich wichtigste aller unserer Sinnesorgane. Es ist nicht nur für den Gleichgewichtssinn, sondern auch für das Empfinden von Raum und Zeit von größter Bedeutung. Rund um die Uhr auf Empfang eingestellt, leitet es seine Eindrücke permanent ans Gehirn weiter, auch während wir schlafen.

Das Hören wird beim Embryo im Mutterleib als erster der Sinne bereits etwa im vierten Monat angelegt. Ein erster Ohransatz entwickelt sich sogar schon kurz nach der Befruchtung.

Ohne hören zu können, können wir nicht sprechen und natürlich auch nicht singen. Menschen, die nicht, oder nur eingeschränkt hören, können manche Funktionen des Sprechens zwar über die Körperresonanz und durch verschiedene Hilfsmittel lernen, aber ein intensives sprachliches oder gesangliches Klangempfinden werden sie nur schwer entwickeln können. Ihre Sprache und ihr Stimmklang wird immer ungewöhnlich und eher flach und ohne klangliche Tiefe sein.

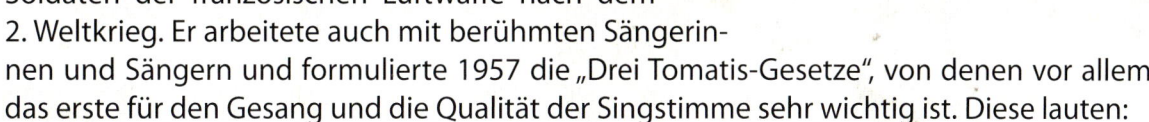

Alfred A. Tomatis, ein französischer HNO-Spezialist, der an der Pariser Sorbonne lehrte, erkannte die Zusammenhänge von Hören und Stimmklang erstmals durch seine Arbeit mit gehörgeschädigten Soldaten der französischen Luftwaffe nach dem 2. Weltkrieg. Er arbeitete auch mit berühmten Sängerinnen und Sängern und formulierte 1957 die „Drei Tomatis-Gesetze", von denen vor allem das erste für den Gesang und die Qualität der Singstimme sehr wichtig ist. Diese lauten:

1. Die Stimme enthält nur die Frequenzen, die das Ohr hört.

Die beiden weiteren Gesetze erläutern vor allem Therapiemöglichkeiten, aber auch Gefahren, die ein nicht korrekter Umgang mit akustischen Signalen wie etwa eine zu laute Beschallung bergen kann.

2. Gibt man dem Ohr die Möglichkeit, nicht mehr oder kaum noch wahrgenommene Frequenzen wieder korrekt zu hören, treten diese augenblicklich und unbewusst in der Stimme wieder in Erscheinung.

3. Die über eine bestimmte Zeitdauer wiederholte akustische Stimulation führt zur endgültigen Veränderung des Gehörs und folglich der Phonation.

Das innere und das äußere Hören

Wer die eigene Stimme zum ersten Mal auf einer Aufnahme oder aus einem Bühnen-Lautsprecher hört, ist oft überrascht oder sogar entsetzt über diesen ungewohnten Klang.
Die Belüftung des Gehörgangs (die Eustachische Röhre oder Ohrtrompete) mündet in den Nasenrachen. Deshalb ist dieser Bereich sehr wichtig für das Klangempfinden und das Hören der eigenen Stimme beim Singen.
Die Knochenschwingung und die direkte Verbindung zwischen deinem inneren Gehör und dem Vokaltrakt sind dafür verantwortlich, dass du dich selbst akustisch immer anders wahrnimmst als deine Zuhörer. Diese hören nämlich vor allem die Töne, die du mit der Stimme gestaltest und durch den Mund nach außen weitergibst. Die über die Luft transportierten Schallwellen kommen schließlich als Klang bei den Ohren der Zuhörer an.

Einerseits ist es beim Singen sehr wichtig, sich des inneren Stimmklangs bewusst zu sein, der vor allem durch die Knochenschwingung der Schädelknochen wahrnehmbar wird. Manchmal halten sich Sänger/innen deshalb ein Ohr zu, wenn sie sich besser hören oder Töne besonders sauber singen wollen. Der Anteil des Hörens, der durch den Schall über die Luft von außen ans Ohr geleitet wird, wird dadurch gedämpft und man kann sich wieder besser auf das innere Hören verlassen.
Andererseits ist es unerlässlich, dass du lernst, deine eigene Stimme auch beim äußeren Hören zu akzeptieren und zu kontrollieren. Die beste Möglichkeit ist, dich zur eigenen Kontrolle immer wieder selbst aufzunehmen und so deinen Stimmklang besser kennenzulernen.
Die beste Voraussetzung für einen ausgewogenen, verstärkten Bühnenklang mit sauber gesungenen Tönen sind jedenfalls immer gute Monitore, über die du deine Stimme gut kontrollieren kannst, und eine ausgewogene Klangmischung über ein Mischpult.
(Mehr dazu im Kapitel 4 „Die Technik")

Vokale und Diphthonge – alles eine Frage der Schwingung

VIDEO 10

Vokale sind die Soundbildner beim Singen.
Bei der Bildung der Vokale strömt die Atemluft bei geöffnetem Mund ungehindert durch das gesamte Ansatzrohr.
Um alle Vokale und Diphthonge gut auszuformen, müssen wir unseren gesamten Vokaltrakt wie eine Art Schalltrichter einsetzen, durch den die im Kehlkopf erzeugten Tonschwingungen optimal nach außen transportiert werden.

Wichtig für die **Verständlichkeit der Vokale** sind dabei vor allem

* die Veränderung der Zungenlage sowie der Mund- und Rachenöffnung,
* das Formen der Lippen oder auch
* das Einbeziehen der Nasen-Nebenhöhlen.

All das macht es erst möglich, ein **a** von einem auf gleicher Tonhöhe gebildeten **u** zu unterscheiden.

Wahrnehmungsübungen für Vokale und Diphthonge

Wenn du dir gern dein tägliches Übungsprogramm zusammenstellen möchtest, empfiehlt es sich, die nun folgenden Übungen direkt nacheinander oder ineinander übergehend durchzuführen.

Stelle dich dazu wieder entspannt in deine Grundposition, lasse den Atem gleichmäßig fließen und erinnere dich an das Körpergefühl, das du bei den Wahrnehmungsübungen für die Klangräume entwickeln konntest.

Höre dabei gut in dich hinein und versuche, den optimalen Klangpunkt für den jeweiligen Vokal zu finden.

Probiere ruhig lange und ausdauernd, bis du den schönsten und durchsetzungsfähigsten Vokalklang gefunden hast.

Zur visuellen Unterstützung kannst du das hier dargestellte Vokalviereck verwenden.

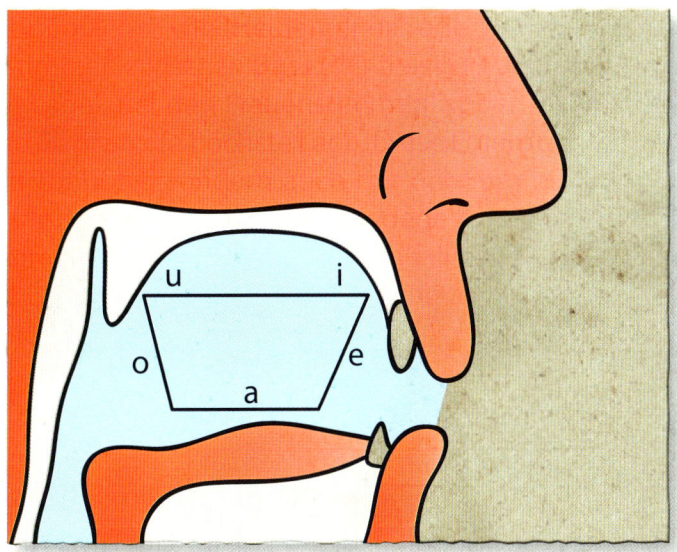

Beginne alle Vokalübungen mit einem gesummten **m** in der angenehmen Indifferenzlage und öffne den Mund langsam und gleichmäßig zum Vokal hin.

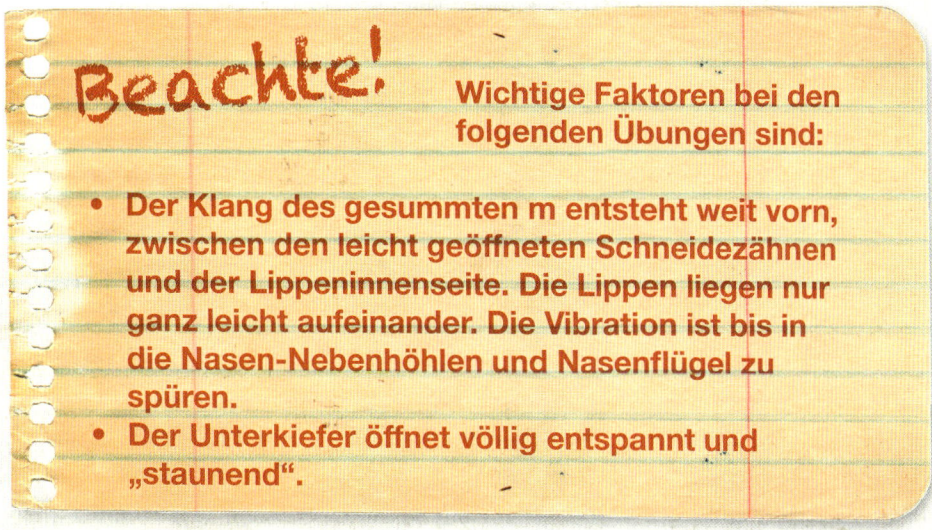

Beachte!

Wichtige Faktoren bei den folgenden Übungen sind:

- Der Klang des gesummten m entsteht weit vorn, zwischen den leicht geöffneten Schneidezähnen und der Lippeninnenseite. Die Lippen liegen nur ganz leicht aufeinander. Die Vibration ist bis in die Nasen-Nebenhöhlen und Nasenflügel zu spüren.
- Der Unterkiefer öffnet völlig entspannt und „staunend".

Der Vokal a

AUDIO 10

Öffne gleichmäßig vom **m** zum **a**.

- Die Zungenspitze, die bereits beim **m** an der unteren Zahnreihe anliegt, bewegt sich einfach mit nach unten.
- Beim klassischen, abgedunkelten **a** nimmt die Zunge eine leichte Löffelform an, der Kehlkopf ist ein wenig tiefergestellt.
- Beim **Pop-a** wird die Zunge gleichmäßig flach, der Kehlkopf bleibt in Normallage oder wird zur Aufhellung des Vokals etwas höher gestellt, der Mundbereich ist in „Apfel-Biss-Stellung" geöffnet.

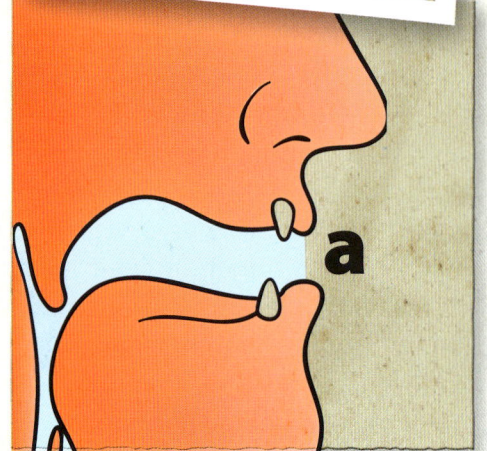

Der Vokal e

AUDIO 11

Als nächstes öffne vom **m** zum **e**.

- Die Zungenspitze bewegt sich wieder mit der Öffnung und bleibt innen an den unteren Schneidezähnen liegen.
- Beim klassisch oder rockig abgedunkelten **e** rollt sich die Zunge hinter den Zähnen ein wenig nach vorn. Es entsteht so eine leichte Löffelstellung, die den Vokal in Richtung **ä** einfärbt. Der Rachenraum wird durch die Gähnstellung bei tiefergestelltem Kehlkopf optimal geweitet.
- Beim helleren **Pop-e** rollt sich die Zunge hinter den Zähnen etwas stärker nach vorn. Der Kehlkopf bleibt in Normallage, der obere Mundbereich ist in kleiner „Apfel-Biss-Stellung" leicht nach oben geöffnet. Ruhig dabei ein wenig mehr Zähne zeigen!

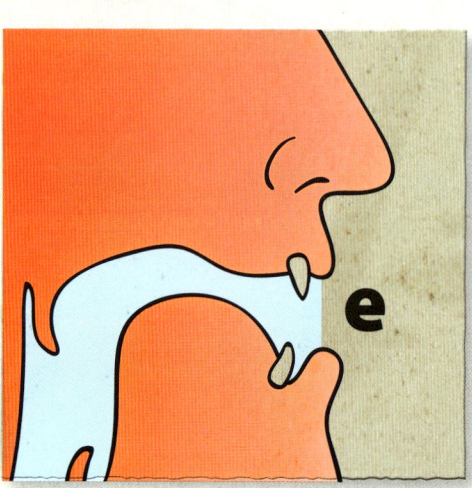

Der Vokal i

AUDIO 12

Öffne gleichmäßig vom **m** zum **i**.

- Die Zahnreihen haben ein wenig Abstand zueinander.
- Die Zungenspitze bleibt innen an den Zähnen und rutscht ein wenig tiefer.
- Beim klassisch abgedunkelten **i** rollt sich die Zunge hinter den Zähnen ein wenig nach vorn.
  Es entsteht eine gewölbte Zungenstellung, die bis auf einen schmalen Luftkanal fast den ganzen harten Gaumen berührt und den Vokal in Richtung **ü** einfärbt. Der Rachenraum ist, wie beim **e**, bei leicht tiefer gestelltem Kehlkopf gleichmäßig geweitet.
  Ober- und Unterlippe schieben zur „Schnute" nach vorn, die Unterlippe sogar noch etwas mehr.
- Beim **Pop-i** rollt sich die Zunge nicht ganz so stark nach vorn, die Zähne sind weniger geöffnet, die seitlichen Zungenränder schieben sich auch hier an die Backenzähne. Der obere Mundbereich ist in kleiner „Apfel-Biss-Stellung" leicht nach oben geöffnet. Auch hier gilt: Zähne zeigen!

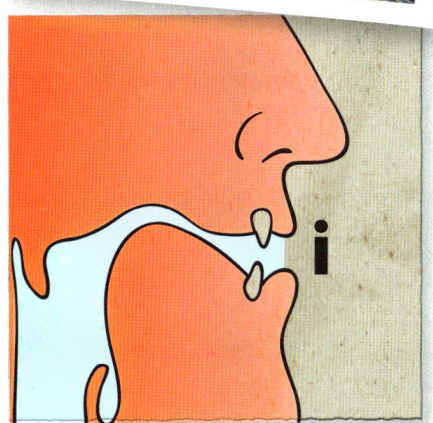

Der Vokal o

AUDIO 13

Öffne den Mund nun langsam und gleichmäßig vom **m** und zum **o**.

- Der Unterkiefer öffnet auch diesmal entspannt, als würdest du staunend „oh" sagen wollen, die Lippen bilden dabei ein lockeres Oval.
- Die Zunge bewegt sich nach hinten und bildet einen weichen Hügel.
- Beim eher klassisch oder soulig angesetzten **o** rutscht die Zungenspitze bei entspannt geöffneten Lippen ein wenig weiter nach hinten. Der Rachenraum nimmt bei tiefergestelltem Kehlkopf eine gleichmäßig geweitete Gähnstellung ein. So wird der offene Vokal **o** in Richtung **a** eingefärbt und klingt in etwa wie beim englischen *what*.
  Will man eine hellere, deutliche **o**-Färbung oder einen kürzeren Vokal erzielen, werden die Mundwinkel etwas mehr angespannt, die Mundöffnung ein wenig flacher.
- Beim grundsätzlich helleren **Pop-o** rutscht die Zungenspitze weiter nach vorn und bleibt „freischwebend" kurz vor dem unteren Zahndamm stehen. Lippen und Mundwinkel werden stärker angespannt und zu einer leicht geöffneten Schnuten-Stellung abgerundet. Der Mundbereich wird in „Apfel-Biss-Stellung" weiter geöffnet.

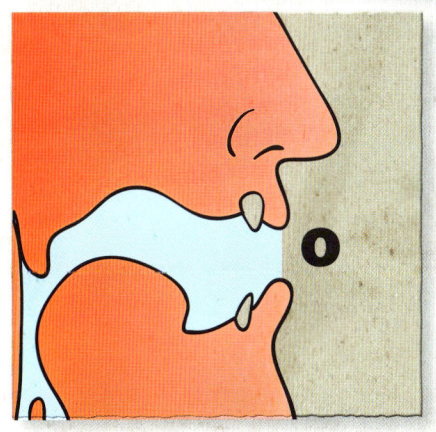

Der Vokal u

Beginne mit einem gesummten **m** und öffne den Mund langsam zum Vokal **u**.

- Der Unterkiefer öffnet zu einer „Schnute" oder einem „Kussmund", die Lippen bilden dabei ein kleines Oval.
- Die Zunge rutscht deutlich nach hinten und bildet einen kompakten Hügel, der fast bis zum Gaumensegel reicht.
- Beim klassischen oder rockig abgerundeten **u** rutscht die Zunge bei entspannt geöffneten Lippen weit nach hinten, während der Rachenraum eine leicht geweitete Gähnstellung einnimmt. Will man eine hellere Färbung oder einen kürzeren Vokal erzielen, werden die Mundwinkel ein wenig mehr angespannt, die Mundöffnung etwas flacher.
- Beim grundsätzlich helleren **Pop-u** rutscht die Zungenspitze ein wenig weiter nach vorn, die Mundwinkel werden noch stärker angespannt, während die Lippen als Kussmund weiter nach vorn geschoben werden. Der Mundbereich kann mit einer kleinen „Apfel-Biss-Stellung" etwas weiter geöffnet werden.

Die Vokale ü und ö

Beginne für diese beiden Vokale mit der Lippen- und Zungenstellung des verwandten **o** bzw. **u** und verändere langsam und gleichmäßig zu **ö** bzw. **ü**.

- Der Unterkiefer öffnet beide Male entspannt, die Lippen bilden dabei ein lockeres Oval, das jedoch insgesamt kleiner ist als der Ursprungsvokal und sich an den Mundwinkeln stärker nach innen verengt.
- Die Zungenspitze, die bei **o** und **u** als Hügel weiter hinten im Mundraum liegt, bewegt sich mehr nach vorn an die untere Zahnreihe.
- Will man eine hellere, schärfere Färbung oder einen kürzeren Vokal erzielen, werden die Mundwinkel noch stärker angespannt, die Mundöffnung wird insgesamt ein wenig flacher.

Die Diphthonge au, eu, ai und ei

Da für die Diphthonge die Regel gilt, dass der eigentliche Schwerpunkt bei der Gestaltung und Positionierung immer auf dem ersten Vokalteil liegt, kannst du dich bei der Aussprache nach der Position des jeweiligen ersten Klangteils richten.
Dabei wird **au** ausgesprochen wie **ao**, **eu** wie **oe** oder **oi** und **ai** und **ei** wie **ae**.

Stimmübungen

Nach den Wahrnehmungsübungen für die optimale Positionierung der Hauptvokale und Diphthonge kommen wir zu einigen der wichtigsten Gesangsübungen schlechthin.
Diese Übungen sind für Sängerinnen und Sänger aller Stilrichtungen äußerst hilfreich und verbinden die Klangräume der einzelnen Vokale miteinander, um so einen ineinander übergehenden, einheitlichen Stimmklang zu ermöglichen.
Da dieser Klang und seine Gestaltung natürlich auch immer abhängig von der jeweiligen Tonhöhe ist, ist es am sinnvollsten, wenn du von deiner Indifferenzlage ausgehend Schritt für Schritt höher steigst.

Beachte! Sollte sich deine Indifferenzlage deutlich vom Tonbereich der Audiotracks unterscheiden, so beginne einfach dort, wo es für dich am angenehmsten ist.
Bei den Audiotracks beginnen alle Übungen vom kleinen a aufwärts, und von c2 abwärts. Männerstimmen beginnen eine Oktave tiefer. Diese Töne sind für fast alle Stimmen gut erreichbar.
Die Noten können, aber müssen nicht, als visuelle Unterstützung der Übungsbeispiele benutzt werden.
Falls du (noch) keine Noten kennst, hilft dir das Kapitel über Musiktheorie, oder du kannst dich am Text unter den Noten orientieren.
Die Silben und Laute, die durch einen Bindestrich verbunden sind, werden auch als durchgehender Klang gesungen. Ohne Bindestrich heißt: Deutlich getrennte Töne, „gestoßen" oder „gestupst". Höre dir dazu die Audiotracks an.

Wichtig für die folgenden Übungen mit Vokalklängen:

Alle Vokale werden in einem **abgegrenzten ovalen Bereich** um Nase, Mund und Kinn konzentriert und kontrolliert. Das gibt dir die Sicherheit, dass der Klang weit genug nach außen geschoben werden kann.
Lege zur eigenen Kontrolle Daumen und Zeigefinger deiner beiden Hände wie einen Ring um diesen Bereich.

1. Der Vokalausgleich

VIDEO 12

Atme zunächst mit leicht geöffnetem Mund mit der **a**- oder **o**-Stellung ein. Hänge nun die Vokale **i-e-a-o-u** auf einer Tonhöhe und einer Atemlänge aneinander.

Starte in deiner Indifferenzlage oder ein wenig höher und verändere dabei sowohl die Zungenposition und die Öffnung der Lippen als auch die Resonanzraumgröße des Rachens, um den optimalen Sound der Vokale zu erzielen.
Wiederhole diese Übung und steige in Halbtönen höher, bis du den Bereich verlässt, in dem du dich wohlfühlst.

Tipp! Überprüfe die einzelnen Positionsveränderungen mit Hilfe der vorher geübten Wahrnehmungsübungen.

Wichtige Faktoren dabei sind:

- Bei der **i-e-a-o-u**-Reihe befindet sich die Zungenspitze anfangs ganz vorn an den Schneidezähnen, um mit den folgenden Vokalen allmählich weiter nach hinten zu rutschen.
- Für die **abgedunkelte**, volltönende Variante bekommen die Vokale einen einheitlichen Klang, der bei **i** leicht zum **ü**, bei **e** ins **ä** und beim **a** eher zum offenen **o** tendiert.
- **O** und **u** bilden ein deutliches, weniger oder mehr nach vorne gestülptes Oval. Der Rachenraum ist geweitet, der Kehlkopf wie beim Gähnen leicht abgesenkt.
- Für die helle, eher Pop-orientierte Variante werden die Wangen und die Mundwinkel leicht angehoben, wie zu einem erstaunten Lächeln.
  Die oberen Schneidezähne sind durch die etwas stärker angespannte Oberlippe deutlicher sichtbar.

2. Der Vokalausgleich mit dem Summlaut m

Hänge die Silben **ma-me-mi-mo-mu** mit der gleichen Grundeinstellung wie bei der vorhergehenden Übung aneinander – der Summlaut **m** dient dabei als Leitstrahl zum leichteren Übergang zwischen den Vokalen.

Steige ebenfalls wieder Ton für Ton höher.
Überprüfe auch hier die Positionsveränderungen anhand der vorherigen Wahrnehmungsübungen.

3. Das Ausdauer-u

Atme zunächst mit leicht geöffnetem Mund in einer **u**- oder **o**-Stellung ein.
Lasse dann den Vokal **u** auf einer Tonhöhe und einer Atemlänge wie durch einen Strohhalm so lang wie möglich mit engster Mundöffnung und minimaler Luftmenge ausströmen.

AUDIO 17

Starte in deiner Indifferenzlage oder ein wenig höher und beachte dabei die Zungenposition und die Öffnung der Lippen ebenso wie die Resonanzraumgröße des Rachens, um den optimalen Sound des Vokals zu erzielen.

Steige wieder in Halbton- oder Ganztonschritten höher. Auf den Audiotracks findest du einige Klangbeispiele.

Achte immer darauf, die Bauch-, Rücken- und Flankenspannung nur ganz langsam nachzulassen. Das Zwerchfell sollte so lang wie möglich in der Einatemposition gehalten werden.

4. Das Entdecken der Obertöne

Dies ist die perfekte Übung für alle Fans des mongolischen oder tibetischen Oberton-Gesangs. Wenn du genau hinhörst, kannst du gleichzeitig mit jeder Vokaländerung auch die sich verändernden Obertöne hören. So bekommt deine Stimme einen voluminösen, tragfähigen Klang – auch wenn du keinen Obertongesang magst!

Erinnere dich an die Position des Vokals **u**, der im kleinen Oval mit „Schnute" oder Kuss-mund-Stellung gebildet wird, und lasse den Vokal in Indifferenzlage oder angenehmer Tiefe dort erklingen.

Nun mache das Oval kleiner, verenge den Mund an den Mundwinkeln stärker nach innen und schiebe die Zungenspitze an den oberen Rand der unteren Schneidezähne – es entsteht ein **ü**.

Von dort aus öffnest du nur die Lippen und den Zahnabstand ein wenig mehr (immer im Oval bleiben!) und drückst die Zungenspitze noch ein wenig fester an die untere Zahnreihe.

Beim Bilden des so entstehenden Vokals **i** heben sich die seitlichen Zungenränder zwischen die Backen- und Eckzähne.

Lasse auf diese Weise langsam und bewusst die Vokalreihe **u-ü-i-ü-u** auf einer dir angenehmen Tonhöhe erklingen und achte dabei genau auf die Zungenbewegung und die dabei entstehenden, wechselnden Obertöne.
Die Vokale sollen eng und ohne Unterbrechung aneinander gehängt werden.
Auf den Audiotracks findest du Klangbeispiele.

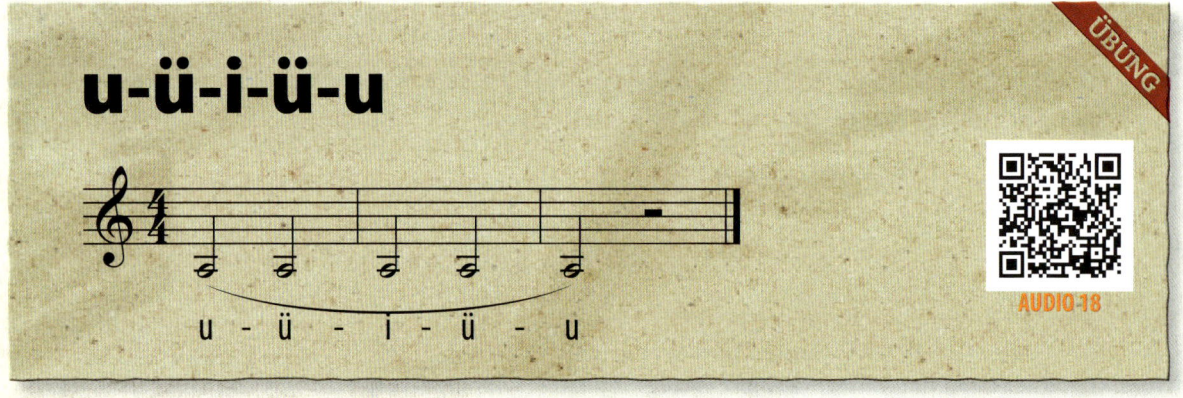

Die Formanten

Verantwortlich für den unterschiedlichen **Klang der Vokale** sind die verschiedenen Obertöne, die durch die Änderung der Mund-, Rachen und Zungenstellung entstehen können. Dabei werden charakteristische Frequenzbereiche abhängig vom Grundton hervorgehoben und akustisch verstärkt. Der Vokal bekommt so sein typisches Oberton-Muster aus zusätzlichen harmonischen Frequenzen und kann sich damit am besten nach außen hörbar durchsetzen.

Beim Obertonsingen können auch unabhängig vom Grundton verstärkte Frequenzen gebildet werden, die zusätzlich zum Grundton als eigenständiger Ton hörbar sind. Du hörst dann durch die erklingenden Obertöne noch eine harmonisch passende zweite Stimme zu der eigentlich gesungenen Melodielinie.

Diese verstärkten Frequenzbereiche, bei denen die akustische Energie am stärksten messbar ist, nennt man **Formanten**.

Unabhängig von der Tonhöhe kann man bei jedem Klang wenigstens vier bis fünf Formanten unterscheiden. In wissenschaftlichen Versuchen wurden sogar bis zu sieben Formanten gemessen. Diese definieren den charakteristischen und einzigartigen Klang jeder Stimme und sind etwa bei polizeilichen Stimmanalysen von Bedeutung. Das sogenannte Timbre einer Stimme wird durch die Formanten definiert.

Wichtig für die **Verständlichkeit der Vokale** sind die ersten beiden Formanten, die durch die ständigen Stellungswechsel des Vokaltrakts beim Sprechen und Singen immer wieder neu angepasst werden können.

Die Formantfrequenzen entstehen durch Resonanzen im Vokaltrakt. Die sich im Rachen- und Mundraum ausbreitenden Schallwellen werden durch die Schleimhaut gedämpft, wodurch man sich die Formanten nicht als punktuelle Resonanzfrequenzen, sondern eher als Frequenzbänder vorstellen kann.

Tipp! Vor allem die Veränderung der Zungenlage, der Mund- und Rachenöffnung, das Spitzen der Lippen oder auch das Einbeziehen des Nasenraums sind dabei verantwortlich für das Klangspektrum der Formanten.

Die Formanten und der Artikulationsort der Vokale lassen sich am leichtesten bei tieferen Tönen wahrnehmen, besonders gut im sogenannten „Schnarr-Register", „Strohbass" oder „vocal fry". Damit erzielen Sänger und Growler aus dem Dark Metal ihre abgrundtiefen Töne. Dazu auch mehr auf Seite 94.

ÜBUNG

u-i-u-i

AUDIO 19

Bei höheren Stimmen, wie Sopranstimmen, muss dagegen eine besondere, **Formant-Tuning** genannte, Technik greifen, um die Formanten zumindest bis zu einer gewissen Höhe noch hörbar zu machen.

> **Letztendlich bedeutet das für Sängerinnen, dass der Mund beim Singen höherer Töne weiter geöffnet werden muss. Der dann kräftiger erklingende Ton wird aber nicht durch die größere Mundöffnung verstärkt, sondern durch den akustischen Eindruck, den die Formantabstimmung bedingt.**

Das funktioniert auch hier am besten durch eine Öffnung im Oval bei den Vokalen i, u, e, und nur bis zu einer bestimmten Tonhöhe. Liegt der Grundton der gesungenen Vokale deutlich über der Formantfrequenz, sind diese kaum mehr voneinander unterscheidbar und mischen sich zu einem Neutralvokal, dem sogenannten „Schwa"-Laut.

Der **Sängerformant** ist eine zusätzliche stimmliche Besonderheit, die der schwedische Physiker und Stimmforscher Johan Sundberg bei Stimmtests geübter oder professioneller Sänger/innen entdeckt hat. Näheres dazu kann man in seinem Buch *The Science of the Singing Voice* nachlesen.

Dieser Formant wird als dichte, aber perfekt und gleichmäßig verteilte akustische Energie beschrieben, die aus Obertonbereichen vor allem der höheren Formanten besteht und dem gesungenen Ton Brillanz und Kraft verleiht. Offensichtlich unabhängig von Vokal und Tonhöhe, wird ein bestimmter Frequenzbereich der Stimme duch **Tieferstellen des Kehlkopfs und Veränderung der Zungenstellung** besonders deutlich hervorgehoben. Wird dazu dann noch die Resonanzplatte des harten und des hochgedrückten **weichen Gaumens** genutzt, so läßt sich das Ergebnis noch verbessern und verstärken.

Diese Obertöne (etwa um 3000 Hertz) ermöglichen es Sängern, sich laut und deutlich vernehmbar auch ohne Mikrofon und Verstärkung stimmlich über ein komplettes Orchester hinwegzusetzen. Während der eigentliche Grundklang der Melodie von der Frequenz der Instrumente überdeckt wird, nimmt das Gehör der Zuhörer nur die Formanten wahr und kann so die Grundmelodie wieder rekonstruieren.

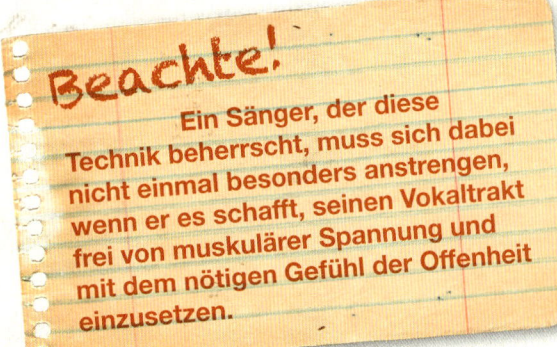

Beachte!
Ein Sänger, der diese Technik beherrscht, muss sich dabei nicht einmal besonders anstrengen, wenn er es schafft, seinen Vokaltrakt frei von muskulärer Spannung und mit dem nötigen Gefühl der Offenheit einzusetzen.

Konsonanten – in der Klarheit liegt die Kraft

VIDEO 13

Unsere gesprochene oder gesungene Sprache setzt sich genaugenommen aus drei Elementen zusammen: Dem Klang der Vokale, dem Geräusch der Konsonanten und der Ruhe dazwischen.

Die für den Wohlklang des Gesangs so wichtigen Vokale kommen erst durch die Konsonanten richtig zur Geltung, die das rhythmische, perkussive Element der Sprache mitbringen. Die Unterteilung der ausdauernden Vokalschwingung durch die zahlreichen Konsonanten ermöglicht es erst, beim Singen verständliche und rhythmisch nachvollziehbare Wörter oder Wortzusammenhänge und Sätze in der nötigen Geschwindigkeit zu bilden.

Wir unterscheiden dabei zwischen **stimmlosen** und **stimmhaften Konsonanten**, die von ihrem Ursprung her mehr Geräusche als Klänge sind, also kurz artikulierten **Verschlusslauten** oder länger erklingenden **Reibelauten**.

Diese Laute entstehen dadurch, dass die Schwingung des Luftstroms durch eine **Verengung** oder einen **Verschluss** des Vokaltrakts an den sogenannten „Artikulationsstellen" behindert, umgeleitet, unterbrochen und plötzlich wieder angeregt wird.

Entscheidend für die korrekte Platzierung der Konsonanten sind, ähnlich wie bei den Vokalen, die Artikulatoren Lippen und Zunge, aber auch Unterkiefer, Gaumen, Zahndamm und obere Schneidezähne.

Artikulationsort / Artikulationsart	Unter- und Oberlippe / Unterlippe und Zähne	Zunge und Zähne / Zunge und Zahndamm	Zunge und harter Gaumen / Zunge und weicher Gaumen	Kehlkopf
Enge- oder Reibelaute	v, f	z, s	sch (stimmlos, stimmhaft)	h
Seitliche Engelaute		l	ch	
Verschlusslaute (Knall-Laute)	b, p	d, t	g, k	
Nasenlaute	m	n	ng	
Schwinglaute		r (Zungenspitze)	R (Zäpfchen)	

Die Aussprache und vor allem der Sitz der Konsonanten beim deutlichen Sprechen oder Singen müssen exakt, sollten aber dennoch leicht und nicht explosiv sein. Stimmhafte Konsonanten wie **v**, **w**, **m**, **n**, **l**, **r** dürfen wie Vokale länger ausgehalten werden, stimmlose sollten eher kurz und weich abschwingen.

Die Zwerchfell-, Bauch- und Flankenspannung muss den entsprechenden Impuls für Einsatz und Dosierung des Atemstroms geben.
Achte dabei vor allem auf den Druck der Luftsäule unter dem Kehlkopf. Für plötzlich erklingende Laute ist ein schneller Impuls durch Zwerchfell oder/und Flanken nötig – hier kommen dir die Atemübungen von Seite 29 sicher sehr zugute.

Sei immer sorgfältig mit der Öffnungsform des Mundes – auch hier nie in die Breite, immer ins Oval öffnen.
Die Zähne sind nie aufeinander gepresst, die Kiefer haben immer genügend Spielraum beim Öffnen.

Zur visuellen Unterstützung hier die wichtigsten Artikulationsorte der Konsonanten:

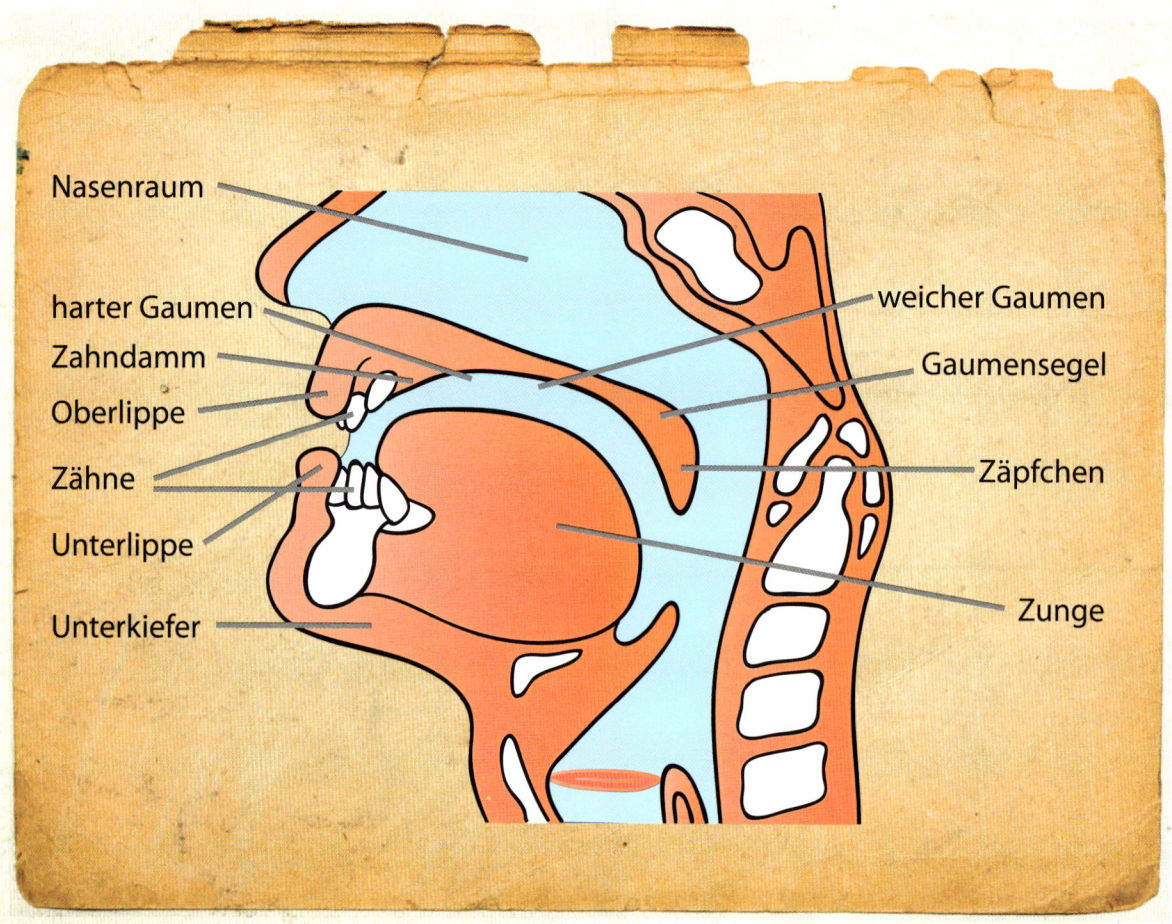

Nasenraum

harter Gaumen
Zahndamm
Oberlippe
Zähne
Unterlippe
Unterkiefer

weicher Gaumen
Gaumensegel
Zäpfchen
Zunge

Stimmübungen für Konsonanten

1. Wir lassen es knallen

VIDEO 14

Stoße die reinen „Knalllaute" **p-t-k** ganz ohne angehängte Vokale mit je einem kräftigen Impuls aus und lasse immer dazwischen die Luft völlig unangestrengt wieder in dich hineinfallen. (vgl. S. 29)
Vielleicht hilft dir dabei das Bild des Blasebalgs für den Atemeinsatz.

AUDIO 20

Nun mache die gleiche Übung mit allen angehängten Vokalen auf einer dir angenehmen Tonhöhe, also **pa-ta-ka**, **pe-te-ke**, **pi-ti-ki**, **po-to-ko**, **pu-tu-ku**.

AUDIO 21

Achte darauf, die Vokale völlig locker und offen zu formen, die Konsonanten aber mit kräftigem Druck aus dir heraus zu schubsen. Flanken und Bauchdecke übernehmen dabei die Arbeit.

Anschließend lasse die Silben **pa-ta** locker hoch und runter wandern – zuerst langsam und mit einzelnen Zwerchfellimpulsen, dann schneller und mit extrem deutlicher Lippen- und Zungenbewegung.

AUDIO 22

61

2. Zischen ohne Klang

Versuche mit dem lautmalerischen **ts-ts-ts** deinen Unmut auszudrücken. Achte auch dabei wieder besonders auf eine ausgeprägte Zwerchfellaktivität und einen deutlichen Vordersitz des Geräuschs.

Die Zungenspitze an den oberen Schneidezähnen und der Zungenrand geben bei diesen stimmlosen Konsonanten nur einen winzigen Bereich am harten Gaumen und Zahndamm frei. Die Zähne sind fast komplett geschlossen.

AUDIO 23

3. Zischen mit Klang

Mit der Imitation eines Bienenschwarms kannst du schließlich noch die stimmhafte Variante des **s** ausprobieren. Forme den Laut **bs** einmal mit schmaler und einmal mit breiter Mundöffnung.

AUDIO 24

Diesmal liegt die Zungenspitze an den unteren Schneidezähnen und der Zungenrand schiebt an die Backenzähne. Auch hier wird vom stark gewölbten Zungenrücken nur ein kleiner Bereich am harten Gaumen und Zahndamm frei gelassen. Die Zähne sind etwas weiter geöffnet.

4. Zungen-Zahndamm-Gymnastik

Stoße nun mit „spitzer Zunge" die Silbe **ta** hoch und zurück. Die angehängten Vokale sollen so klanglos wie möglich sein – also mehr ein Hauchen. Achte dabei darauf, deinen Kiefer und die Bauchdecke, die bei jeder Silbe kurz nach innen gezogen wird, nicht zu verkrampfen.

AUDIO 25

Konzentriere dich auf die Aktion der Zungenspitze, die gleichmäßig und schnell gegen den oberen Zahndamm stößt.

Anschließend mache die gleiche Übung mit den Lautverbindungen **to**, **ti** und **tu**.

5. Lippen-Zähne-Gaumen-Dreisprung:

Lasse die Dreier-Silben **ma-la-ga** und **mo-lo-ko** im Wechsel und mit steigender Tonhöhe auf- und absteigen.

Achte dabei wieder auf die genaue Platzierung der Konsonanten an ihren unterschiedlichen Artikulationsorten: **m** zwischen beiden Lippen und im Nasenraum erklingend, **l** mit der Zunge genau am Übergang von Zähnen zum Zahndamm und **g** bzw. **k** als Knall-Laute.

Natürlich funktioniert diese Übung auch hervorragend in Verbindung mit anderen Vokalen, also etwa:

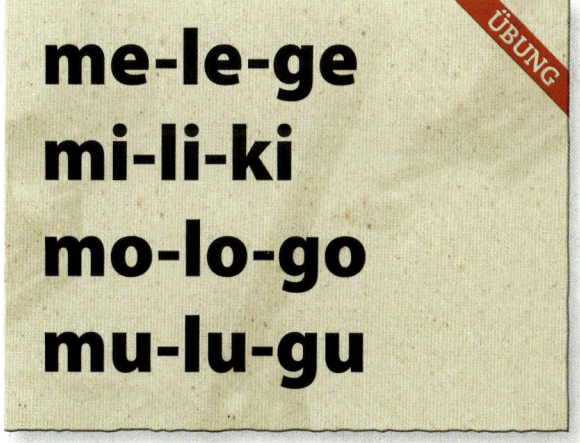

6. Ausdauertraining für Bauch und Flanken

Für ein perfektes Bauchtraining und einen gleichmäßigen Atemstrom lasse noch einmal ein langes **f** über die Dauer des gesamten Atems ausströmen und beende mit einem deutlich platzierten **t**.

Du kannst gern zwei Varianten ausprobieren: ein **f**, das nur als leiser, ungehinderter Luftstrom zwischen den Lippen nach außen schiebt, und ein **f**, das hörbar als Zischlaut neben und zwischen der Blockade aus Unterlippe und oberer Zahnreihe strömt.

In beiden Fällen verstärkt sich die Bauch-Flankenspannung nur ganz langsam und gleichmäßig, um ein zu schnelles Ausströmen der Atemluft zu verhindern. Erst zum forcierten **t** schiebt die Bauchdecke schnell nach innen, wie beim Husten oder Lachen.

AUDIO 27

7. Die Kutscher-Übung

Wenn du das Zungen-**r** beherrschst, wie es in der klassischen Gesangsausbildung praktisch unerlässlich ist, lasse es langsam und gleichmäßig über einen Bogen von oben nach unten gleiten und spüre dabei das deutliche, schnelle Flattern der Zungenspitze am Zahndamm. Mit dem in vielen deutschen Regionen und der deutschen Pop-Sprache weit verbreiteten Rachen-**r** macht diese Übung allerdings wenig Sinn.

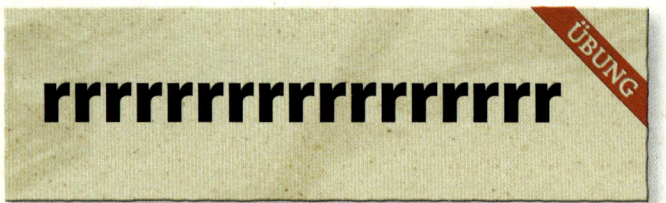

AUDIO 28

Anschließend kannst du die gleiche Übung noch als Kutscher-**br** ausprobieren.

AUDIO 29

Probiere auch die Lippen stimmlos flattern zu lassen.

Tipp! Ein gutes Sprechtraining gehört in jedem Fall zu einer guten Stimmbildung und Gesangsausbildung und unterstützt neben der besseren Verständlichkeit des Texts auch immer die Intonationssicherheit (genaues Treffen der Tonhöhe) und die Ausdrucksstärke des Gesangs. Außerdem macht es schnell und präzise.

5. In die Höhe – in die Tiefe

VIDEO 15

Wenn du dich intensiver mit deiner Stimme beschäftigst, interessiert es dich sicher auch, wie hoch oder tief du eigentlich singen kannst. Ob du denn nun Alt oder Sopran, Bass oder Tenor bist, und ob du überhaupt den nötigen Stimmumfang für deine Lieblingslieder besitzt.

Da eine Stimme mit der entsprechenden Ausbildung aber durchaus ausbaufähig in Bezug auf die erreichbaren hohen oder tiefen Töne ist, solltest du dir darüber nicht allzu sehr den Kopf zerbrechen.

Zunächst macht es sicher mehr Sinn, genau hinzuhören, ob dein Stimmklang überhaupt passend für deine bevorzugte musikalische Stilrichtung ist.

Ausgehend von der klassischen Einteilung in verschiedene Stimmlagen (Stimmgattungen) und Stimmtypen (Stimmfächer wie „Heldentenor" oder „lyrischer Sopran") unterscheiden wir bei den Männerstimmen zwischen **Bass** (der tiefsten Lage), **Bariton** (mittlere Lage) und **Tenor** (der höchsten Lage). Bei den Frauenstimmen ist der **Alt** die tiefste Lage, **Mezzosopran** die mittlere und **Sopran** die höchste Lage. Diese Einordnung hat aber nicht nur etwas mit der erreichbaren Tonhöhe, sondern auch mit der Stimmfärbung zu tun, da viele gut ausgebildete Sänger/innen oft mühelos verschiedene Bereiche abdecken können.

Der erreichbare Stimmumfang beträgt im Normalfall zwischen 1,5 und 3 Oktaven – von Stimmkünstlern und Obertonsängern mit bis zu 6 Oktaven abgesehen.

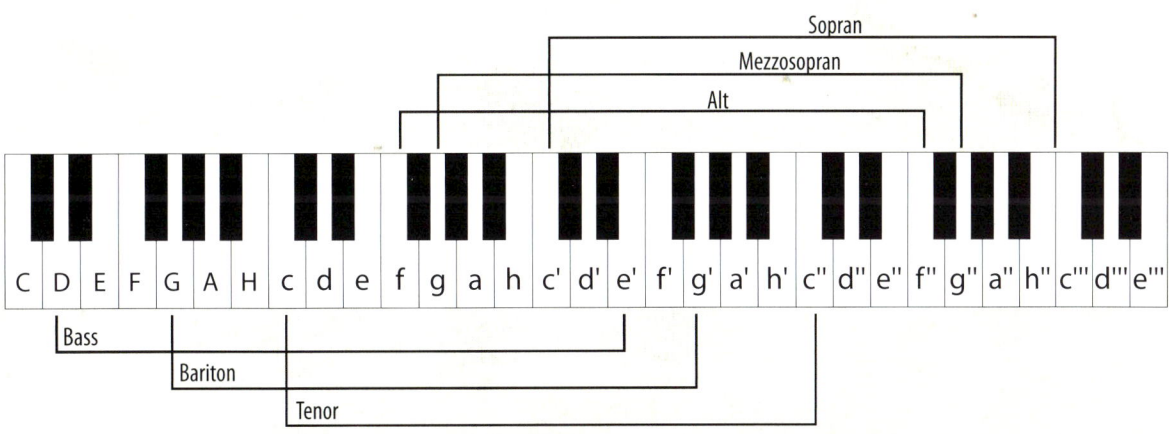

Für den nichtklassischen Bereich gelten grundsätzlich andere Kriterien, hier zählt der ganz individuelle Stimmklang und der natürlich erreichbare Stimmumfang. Es lohnt sich also, sich darüber klar zu werden, in welchem Bereich man sich am wohlsten fühlt, um Stimmprobleme durch zu große Belastungen zu vermeiden.

Wir würden hier eher von **hoher** oder **tiefer Stimme** oder **Lage** sprechen. Durch Verstärkungsanlagen und gute Mikrofonarbeit gibt es immer Möglichkeiten, auch Randbereiche des Tonumfangs noch deutlich wiederzugeben.

Sind im klassischen Gesang die Tonlagen der Lieder und Arien meist genau vorgegeben, so können Pop-, Jazz-, Folk- oder Rocksongs beliebig transponiert (in der Tonhöhe verändert), und an die stimmlichen Stärken der Interpreten angepasst werden.

Dazu mehr unter „Transponieren" auf Seite 199.

Die Register

Alle Menschen, die sich intensiver mit der Funktion und der Ausbildung ihrer Singstimme beschäftigen, kommen irgendwann einmal an den Punkt, an dem sie sich mit dem Begriff **Register** auseinandersetzen, oder sich Gedanken über Unterschied und richtigen Einsatz von Bruststimme und Kopfstimme machen.

Das sind Begriffe, über die sowohl in der klassischen als auch in der Pop-orientierten Gesangsausbildung viel Missverständliches verbreitet wird. Kopfstimme wird häufig mit Operngesang oder leiser, hoher Stimme und Bruststimme mit Pop- oder Rockmusik mit lautem, eher heftigem, unausgebildetem Singen gleichgesetzt. Und die jahrzehntelange Verständnislosigkeit, die zwischen Klassik-Lager und Pop-Lager herrschte, hat dazu ihr übriges getan. Viele Publikationen gehen ebenfalls von ganz unterschiedlichen Begriffsdeutungen aus und sorgen so für zusätzliche Verwirrung.

In diesem Buch soll daher weitgehend auf diese Begriffe verzichtet werden. Aber dennoch sind dazu ein paar Erklärungen nötig, denn die Begriffe schwirren seit langem durch die Gesangswelt. Und alle Sänger/innen kennen das Phänomen, dass sich der Klang und die Durchsetzungsfähigkeit der Stimme oft deutlich wahrnehmbar verändert, wenn sie plötzlich von einer tiefen in eine hohe Stimmlage wechseln. Manchmal kann man auch mehrere solcher „Bruchstellen" wahrnehmen. Das macht dann vielleicht sogar Angst und baut Blockaden auf, die ein entspanntes Singen nicht mehr möglich machen.

Daher werden wir zunächst einmal versuchen zu klären, was mit den verschiedenen Fachbegriffen überhaupt gemeint ist, und was in unserem Körper passiert, wenn wir versuchen, in unterschiedlichen Tonlagen, unterschiedlichen Tonhöhen und Tonfärbungen zu singen.

Unter **Register** verstehen wir einen Frequenzbereich unserer Singstimme, in dem alle Töne auf ähnliche Weise produziert und wahrgenommen werden. Sobald die Stimme über eine bestimmte Tonhöhe hinaus steigt, verändert sie ihren Charakter – sie nimmt einen Registerwechsel vor.

In der gängigen Fachsprache wird unterschieden:

Sehr tiefe Stimmlage – Strohbass (nur Männer), Vocal Fry, Sub- oder Pulsregister
Tiefe Stimmlage – Vollstimme oder Bruststimme (die Resonanz wird in der Brust wahrgenommen)
Mittlere Stimmlage – Mischstimme, Voix Miste, Mixed Voice, Mittelstimme oder gemischte Stimmlage (verbindet Elemente und Resonanzempfinden der Voll- und Randstimme)
Hohe Stimmlage – Randstimme oder Kopfstimme (die Resonanz wird im Kopf wahrgenommen), bei Männern auch Falsett genannt
Sehr hohe Stimmlage – Pfeifregister (bei Frauen), Fistelstimme (bei Männern)

Voll- und Randstimme können sowohl isoliert benutzt werden, als auch hörbar oder relativ unhörbar (über die Mischstimme) miteinander verbunden werden.
Was passiert bei Registerwechsel und Tonhöhenveränderung im Körper?

Tonhöhenveränderung geschieht durch

1. Veränderung der Stimmlippenlänge und -spannung durch Dehnung

   tiefer Ton: die Stimmlippen sind dick, kurz und schwingen entspannt in großen Bewegungen
   hoher Ton: die Stimmlippen sind dünn, lang gedehnt und schwingen in kurzen, schnellen Bewegungen.

2. Umschalten der Stimmlippen in einen neuen Spannungszustand von der „vollen" Schwingung der Stimmlippen bis zur „Rand"-Schwingung der Stimmbänder.
   So entsteht der Wechsel zwischen Voll- und Randstimme.

3. Druckerhöhung des Atemluftstroms unter der Glottis durch verstärkten Zwerchfell-, Bauch- und Flankendruck.

Wir können beim Singen die Tonhöhe in einem bestimmten Bereich beliebig und gleichmäßig steigern – bis zu dem Punkt, an dem diese Dehnung nicht mehr möglich ist. Hier schaltet die Stimme gewissermaßen automatisch in „den nächsten Gang" und beginnt wieder beim Ausgangspunkt einer neuen Stimmlage.
Von hier aus kann dann eine weitere Steigerung der Tonhöhe gestartet werden. Wie hoch die Stimme in die Höhe gehen kann, ist bei jedem Menschen anders, da dies **von der Größe, Form und Flexibilität des Kehlkopfs und der Stimmlippen abhängt.**

Als **Registerwechsel** bezeichnet man also grundsätzlich das Umschalten der Stimme in ein anderes Spannungs- und Schwingungsverhältnis. Es spielt dabei keine Rolle, ob dieses Umschalten hörbar oder (fast) unhörbar ist.
Ein hörbarer Zustand mit sehr schnellem Registerwechsel ist etwa das Jodeln, das in vielen Kulturkreisen dieser Welt praktiziert wird. Auch in manchen, oft von der Countrymusik beeinflussten Popsongs wird diese Technik verwendet.
Im allgemeinen wird aber der unhörbare Wechsel von einem Spannungszustand in den anderen bevorzugt. Darauf zielt auch das entsprechende Stimmtraining ab.

Beachte! „Unhörbar" heißt aber nicht „unspürbar" – wir nehmen den Übergang beim Singen in jedem Fall als Veränderung im Kehlkopf, im Artikulationsapparat und im Zwerchfell-, Bauch- und Flankenbereich wahr.

Versuche anhand der folgenden Hörbeispiele nachzuvollziehen, wann das „Umschalten" zwischen Voll- und Randstimme einsetzt und aus welchen Elementen sich die Mischstimme zusammensetzt.

Hörbeispiele:

Du hörst zuerst isoliert die Vollstimme (Bruststimme), dann die Randstimme (Kopfstimme) und schließlich die Mischstimme auf einer Tonhöhe.

AUDIO 30

Du hörst bei diesem Beispiel den Registerwechsel über die Mischstimme von hoch nach tief und von tief nach hoch.

AUDIO 31

Nun probiere die gleiche Übung mit deiner eigenen Stimme.
- Singe zuerst isoliert in der Vollstimme (aus voller Brust).
- Nun versuche herauszufinden, in welchem Tonbereich bei dir die Randstimme natürlich erklingt, ohne dass du Druck ausübst oder zu hauchig und piepsig wirst.
- Anschließend versuche von deinem höchsten Ton ausgehend langsam nach unten zu jaulen und dabei bewusst nicht in die Vollstimme umzuschalten, sondern die Klangeinstellungen beider Bereiche zu kombinieren und zu einem Stimmklang zu vereinen.

Dieses „Ein-Stimmen-Register" ist in vielen Musikrichtungen vor allem der Pop- und Rockmusik die einzige Möglichkeit, ohne hörbaren Bruch vom sehr tiefen zum sehr hohen Stimmklang zu kommen und bildet das Geheimnis der wirklich „großen Stimmen".

Die wichtigste Nachricht aber vorneweg:

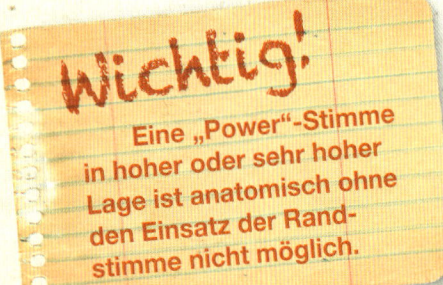

Wichtig!
Eine „Power"-Stimme in hoher oder sehr hoher Lage ist anatomisch ohne den Einsatz der Randstimme nicht möglich.

Das bedeutet nichts anderes als: Nimm Abschied von der Vorstellung „Kopfstimme = Oper"!
Und es bedeutet ebenso: Die Bruststimme kann nicht unendlich nach oben gezogen werden, ohne dass die Stimme darunter leidet.
Willst du etwa aus der tieferen Vollstimme übergangslos in eine laute, klangvolle und nicht klassisch klingende Höhe gelangen, stelle dich innerlich schon auf den Spannungszustand der Randstimme ein und höre und spüre den angepeilten hohen Ton schon vorab in deiner Vorstellung.
Also nicht mit voller Brust in der Tiefe losröhren und dann kieksend in der Kopfstimme landen, sondern ganz bewusst deren feinere Spannung nutzen, gewissermaßen die üppige Vollstimmenschwingung verschlanken und sie über den Bogen in die Höhe führen.
Im umgekehrten Fall gleite beim Abstieg aus der Höhe in eine volltönende Tiefe, indem du aus der feinen Randstimmenspannung übergangslos in den zuerst etwas schmäleren Bereich der Vollstimme gehst und erst allmählich zum vollen Resonanzklang öffnest.

Das Geheimnis der Körperhaltung und Mundöffnung

VIDEO 15

Achte in jedem Fall auf einen guten Stand der Füße und die Lockerheit der Knie und versuche, deinen Körper nach deinem eigenen Gefühl und nach deiner Atemtyp-Zugehörigkeit mit der jeweiligen Tonhöhenänderung zu dehnen oder zusammenzuziehen.

Die Körperhaltung

Expander-Typen öffnen den Brustkorb mit zunehmender Tonhöhe sehr langsam und gleichmäßig, indem sie ihre Schultern nach hinten ziehen. Dabei neigen sie sich mit leicht gebeugten Knien ein wenig nach hinten. Der Kopf hebt sich dabei etwas und der Kiefer öffnet nach hinten/oben.
Denke dabei wieder an das Titanic-Bild aus dem Atem-Kapitel oder stelle dir zwei Bögen vor, die sich auf Höhe des Brustbeins überkreuzen.

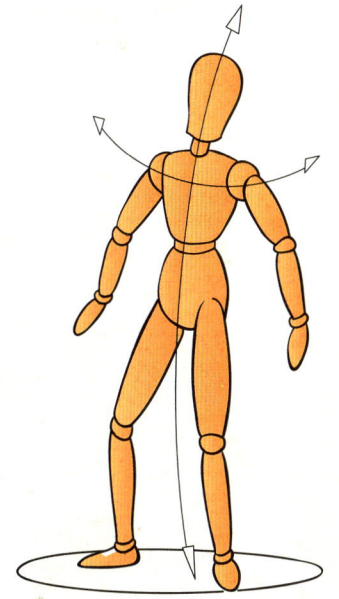

Kompressor-Typen ziehen sich mit zunehmender Tonhöhe sehr langsam und gleichmäßig nach vorne unten zusammen, die Schultern neigen sich dabei ebenfalls leicht nach vorn. Die Arme ziehen am Körper vorbei nach hinten, die Knie beugen sich stärker. Der Kopf passt sich in seiner Neigung und in der Kieferöffnung nach vorne/unten der abgerundeten, eiförmigen Körperhaltung an.
Denke dabei an die Bewegung des Anschiebens mit den Skistöcken, wenn du dich beim Skifahren in die Liftspur einfädeln willst.

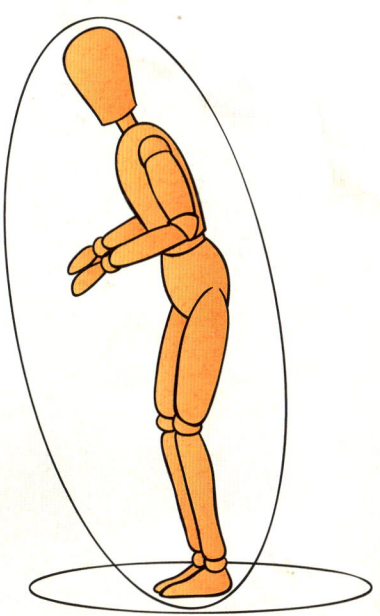

> Wenn die gesungene Melodie wieder in tiefere Bereiche absteigt, verändert auch der Körper seine Position wieder in die entgegengesetzte Richtung – wie bei der Tonhöhensteigerung ganz zäh und langsam, wie von einem straffen Gummiband festgehalten.

Die Mundöffnung

Je höher der Ton steigen soll, umso wichtiger wird die richtige Mundöffnung. Achte in jedem Fall darauf, dass die Öffnung immer locker im Oval bleibt. Probiere für dich aus, welche der beiden Öffnungsarten sich am natürlichsten anfühlen.

VIDEO 11

Kompressor-Typen öffnen den Mund, indem sie den **Unterkiefer** in seiner natürlichen Öffnungsrichtung weich und unangestrengt langsam **nach vorne/ unten** aufklappen. Der gesamte Kopf neigt sich bei steigendem Ton gemeinsam mit den Schultern ebenfalls leicht nach vorne/unten.

Wenn du dir nicht sicher bist, ob du die Bewegung richtig machst, kontrolliere dich vor dem Spiegel. Um deinem Unterkiefer die richtige Richtung zu zeigen, streiche ihn mit den Fingerspitzen beider Hände leicht nach unten bis zur Kinnspitze aus. Die Finger können auch den Spalt zwischen den beiden Kieferteilen erspüren – er sollte etwa fingerbreit sein.

Expander-Typen öffnen den Mund, indem sie den Unterkiefer in einer entspannten, waagrechten Position halten und den **Oberkiefer** mit dem kompletten Schädel leicht **nach hinten/oben** neigen. Die Bewegung sollte immer geschmeidig und ohne Zwang möglich sein.

Wenn du dir nicht sicher bist, ob du die Bewegung richtig machst, kontrolliere dich vor dem Spiegel. Um deinem Kopf die richtige Richtung zu zeigen, stupse leicht mit einem Finger an deine Stirn und drücke sie ein wenig nach hinten.

Wahrnehmungsübungen für die Höhe:

AUDIO 32

VIDEO 16

1. Stelle dir vor, du würdest einen imaginären Ball in hohem Bogen weit weg von dir werfen. Dabei rufst du ein lautes, gedehntes **wuh**, das ebenfalls einen Bogen beschreibt und beim **h** plötzlich landet.

Versuche dabei, so hoch wie möglich zu kommen und den Tonbogen vor allem auch im Nasenraum zu spüren. Der Mund öffnet vom schmalen **u**-Oval zu einem größeren Oval. Achte auf die Lockerheit des Unterkiefers.
Der Bauch zieht kräftig nach innen, wenn das Zwerchfell die Luft ruckartig aus der Lunge schiebt.
Deine Füße stehen dabei entweder in Schrittstellung oder locker parallel, die Knie sind wie immer entspannt.

2. Belle in verschiedenen Tonhöhen auf **wuff** und versuche dabei wieder, den Ton weit aus dir herauszuschleudern – das Zwerchfell unterstützt dich dabei durch kräftiges und gezieltes Herausstoßen der Atemluft. Spüre auch hier wieder den Klang der höheren Töne im Nasenraum.

AUDIO 33

3. Rufe **hej** oder **hallo**, als wolltest du deinen Freund auf der anderen Straßenseite auf dich aufmerksam machen.

AUDIO 34

4. Nun rufe ein deutlich abwehrendes **ne-ne** oder **nej-nej-nej**.

AUDIO 35

5. Jaule auf **o** wie eine Sirene von ganz tief nach ganz hoch und wieder zurück. Ziehe den Ton mit ovaler Mundöffnung in einem Looping immer weiter nach außen und, wie von einem Gummiband gehalten, langsam wieder zurück.

   Expander-Typen denken an die Titanic-Position und einen sich nach oben öffnenden Kiefer, Kompressions-Typen denken an die Skifahr-Position und einen Unterkiefer, der sich nach unten hin öffnet.

   Für beide gilt – je höher der Ton, umso größer das Oval.

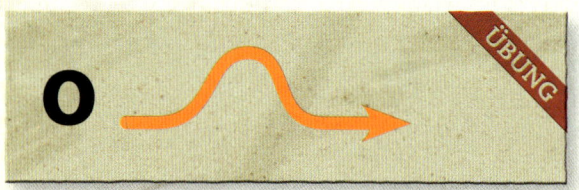 

AUDIO 36

Wahrnehmungsübungen für die Tiefe

1. Jaule langsam auf **u** nach unten.

   Mit zunehmender Tiefe spannst du die Mundwinkel immer mehr an und drückst sie an die Zähne. Durch diese kleine „Schnute" verhinderst du, dass dein Ton zu luftig wird. Er bleibt zentriert in der Mitte deines Mundes.

   Expander-Typen stellen sich vor, sie würden den Ton langsam am Rückgrat hinab rutschen lassen und auf Steißbeinhöhe nach vorn führen.

   Kompressor-Typen stellen sich hingegen vor, sie würden den Ton auf einem Tablett vor ihrem Körper in einer Gegenbewegung langsam nach oben schieben.

   Der Kopf wird in beiden Fällen nicht gesenkt.

AUDIO 37

2. Dann lasse auf gleiche Weise ein hohes Ekel-Quietschen auf **i** langsam abwärts gleiten. Rümpfe dabei ruhig die Nase und ziehe die Oberlippe nach oben. Die Zungenspitze liegt an den unteren Schneidezähnen. Der Mund wird dabei nicht in die Breite gezogen, sondern bleibt in einem kleinen Oval.

AUDIO 38

Im Bogen liegt die Stärke

Meistens macht es der Stimme kein Problem, bestimmte Tonhöhen oder eine gewisse Tiefe zu erreichen – der weitaus schwierigere Part ist der Übergang zwischen Höhe und Tiefe in beide Richtungen. Zwischen den verschiedenen Bereichen der Stimme existieren Übergangs- und sogar Überlappungsbereiche, die unterschiedlich gestaltet werden können.

Wenn du einen mühelosen und möglichst unhörbaren Übergang zwischen hohen und tiefen Stimmbereichen erzielen willst, so kannst du dir das dafür nötige Körpergefühl am besten mit Gleit- und Bogenübungen erarbeiten. Das Ziel ist dabei immer, alle Bereiche der Stimme ineinander übergehen zu lassen und so einen homogenen Stimmklang – deine eigene Stimme – zu entdecken.

Zuerst wirst du vielleicht noch die zum Übergang genutzte Misch- oder Mittellage als getrennten Bereich wahrnehmen, aber ganz allmählich wirst du es schaffen, die verschiedenen Lagen so zu überblenden, dass deine Zuhörer keinen signifikanten klanglichen Unterschied zwischen tiefen und hohen Tönen mehr wahrnehmen werden.

Um die Kontrolle über die zum geschulten Singen notwendigen Faktoren Tonhöhe, Tonlautstärke und Registerübergänge zu erhalten, ist einiges an Training nötig. Deshalb folgen hier jede Menge hilfreiche Übungen, um das Tonspektrum zu erweitern und die Stimme in allen Tonhöhen zu kräftigen.

Übungstipps

- Achte bei allen folgenden Übungen darauf, deine Kopf- und Körperhaltung, deine Mundöffnung und deine Atemführung bewusst und kontrolliert einzusetzen.
- Halte die Übungsabläufe und -dauer in einem überschaubaren Rahmen, so dass sich dein Körper an die damit verbundenen Bewegungen gewöhnen kann. Durch Konzentration und Regelmäßigkeit programmierst du dein Körpergedächtnis.
- Übe nie zu viel, zu schnell oder gar gezwungen. Sollten Verspannungen oder gar Schmerzen auftreten, so breche bitte umgehend die Übungen ab. Kehre zu den Anfangsseiten zurück, lasse den Atem wieder entspannt fließen und gönne dir einige Lockerungsübungen.
- Nach einer gewissen Zeit der bewussten Übung gehen die Abläufe allmählich ins Unterbewusstsein über, so dass du dir kaum jemals wieder Gedanken darüber machen musst.

Wenn du bei den nun folgenden Übungen nicht mit den Notendarstellungen, sondern mit den Buchstaben und Silben arbeiten möchtest, so beachte bitte Folgendes:

Jeder Buchstabe und jede Silbe steht für einen einzelnen Ton oder Tonschritt. Synkopierte, angestoßene oder „gestupste" Töne werden kurz und mit Unterbrechungen gesungen, Noten mit Bögen und gebundene Laut- und Tonfolgen werden stufenlos ohne Unterbrechung aneinandergehängt.

Stimmübungen für die Höhe

Im Bogen

VIDEO 16

Die ersten 5 Töne der Tonleiter auf **so** und **ju**. Tonhöhe steigern.

Dreiklänge plus Oktave auf **so** und **ju**. Tonhöhe steigern.

Oktavbogen von **a** nach **i** – zwei Mal hin und her. Tonhöhe steigern.

Die „Schaukel" auf **du** und **so** – zwei vor, eins zurück.
Tonhöhe steigern.

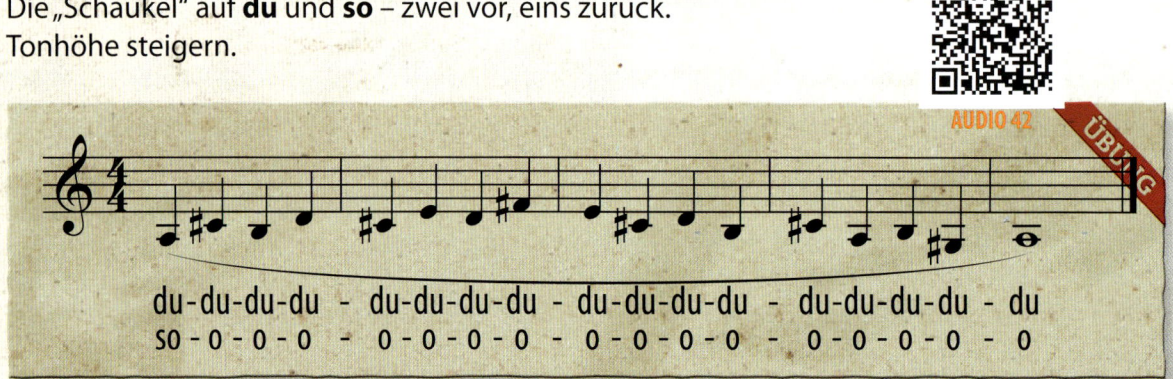

74

Oktavbögen auf **so** und **ju** hoch und zurück. Tonhöhe steigern.

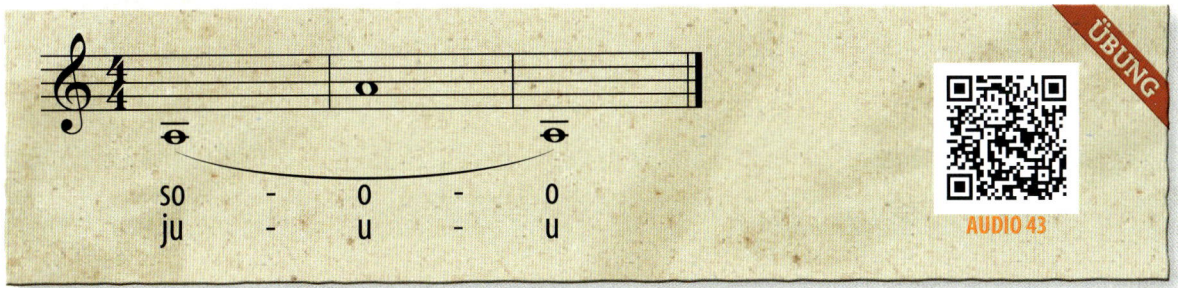

Einen langsamen, zähen **u**-Oktav-Bogen hoch und zurück – so leise und fein wie möglich. Tonhöhe steigern.

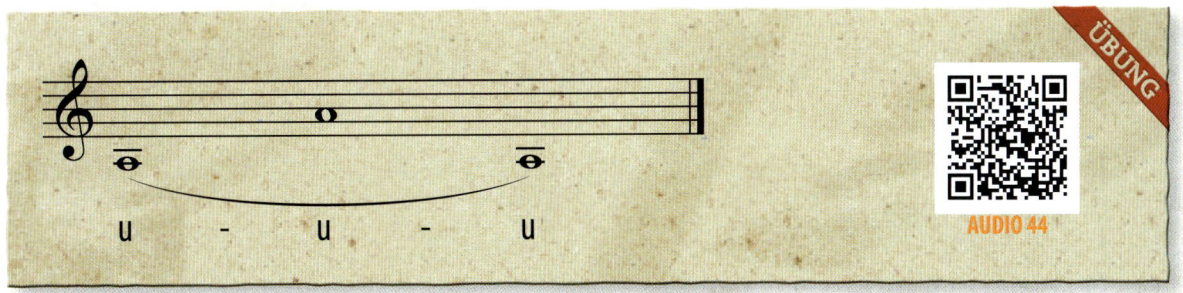

Der Oktavbogen auf **so** nach oben mit Tonleiter abwärts. Tonhöhe steigern.

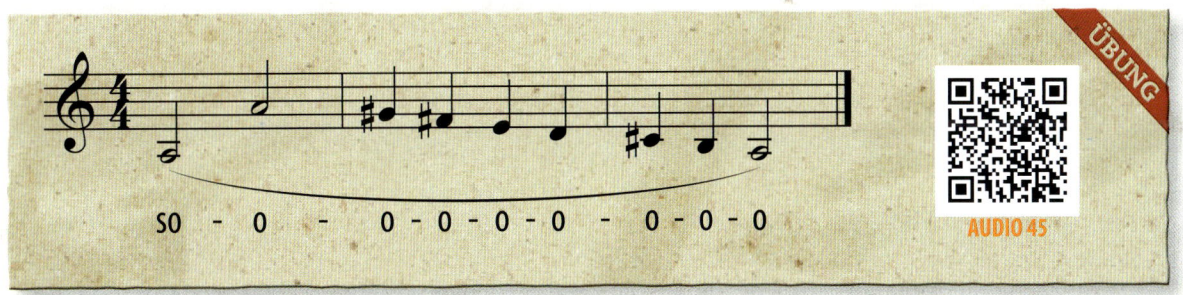

Mit Lippeneinsatz

Schnelles Öffnen und Schließen der Lippen auf **mom** mit Lippenmassage in einer Auf- und Abwärtsbewegung über die ersten fünf Töne einer Durtonleiter.

Mit Bauch-, Flanken- und Zwerchfelleinsatz

Auf **so** bis zur Quinte hoch und zurück, dabei jeden Ton anstupsen und wie ein Blasebalg jedes Mal Luft ausstoßen und wieder hereinfallen lassen. Tonhöhe steigern.

AUDIO 47

Auf **so** im Dreier-Rhythmus bis zur Quinte hoch und zurück jeden Ton anstupsen, dann einen gebundenen Quintsprung anhängen. Tonhöhe steigern.

AUDIO 48

Die „Schaukel" auf **so** – aber synkopiert im Dreier-Rhythmus. Tonhöhe steigern.

AUDIO 49

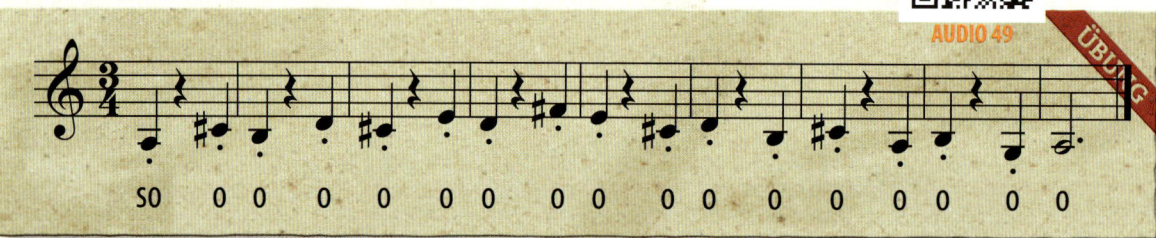

So als gebundener Dreiklang mit angestoßener Oktave – zwei Mal hoch und zurück. Tonhöhe steigern.

AUDIO 50

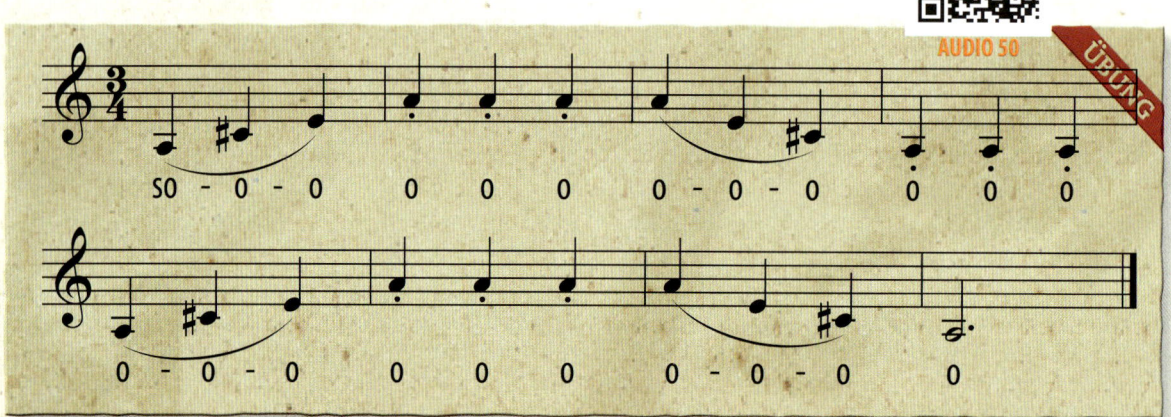

Beachte! Zwischen den einzeln angestoßenen Tönen soll kein deutliches „h" zu hören sein. Du kannst es zur Unterstützung jedoch in deiner Vorstellung jedes Mal als „Anschubser" für einen gut gezielten Ton unhörbar mitbilden.

Stimmübungen für die Tiefe

VIDEO 17

Eine „Quint-Schaukel" auf **ju-ja** oder **mü-jom** – oben beginnend.
Langsam in die Tiefe steigen.

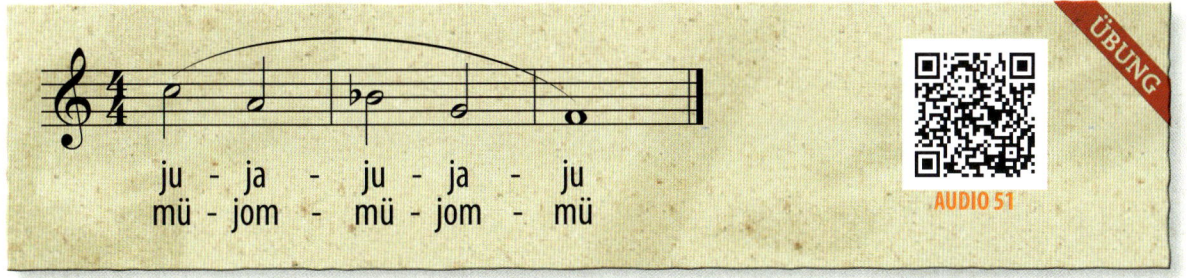

AUDIO 51

Berg- und Talfahrt mit **so-ja** von der Quinte abwärts.
Langsam in die Tiefe steigen.

AUDIO 52

Mom von der Quinte abwärts.
Langsam in die Tiefe steigen.

AUDIO 53

6. Die Laut- und Leisestärke

VIDEO 18

Der Ursprung aller Töne, die wir mit unserer Stimme bilden können, ist der Ausatemstrom, der an die Stimmritze herangeführt wird.

Beachte! Bedingt durch die Stärke des Luftdrucks unterhalb der Glottis und beeinflusst durch die Stellung und Spannung der Stimmlippen wird der Ton entweder leiser oder lauter, höher oder tiefer. Leise Töne werden mit der feinen Randstimme, laute Töne mit der Mittel- oder Vollstimme produziert.

Lautstärke und Tonhöhe hängen also von ähnlichen oder sogar identischen Kehlkopfaktivitäten ab. Ebenso gilt:
Die für hohe Töne hilfreiche Körperhaltung und Mundstellung kann, ebenso wie die richtige Atemunterstützung, auch für das Erreichen großer Lautstärken genutzt werden.

Sehr hohe Töne können wegen der dazu nötigen Mundöffnung nur mit großer Konzentration leise gehalten werden – eine gewisse Grundlautstärke ist meist unerlässlich. Mit der entsprechenden Technik ist es aber durchaus möglich, auch Spitzentöne leise und lang auszuhalten.

Sehr tiefe Töne hingegen können meist nicht sehr laut gesungen werden. Durch die entsprechende Mundposition können wir die Klangintensität tiefer Töne jedoch sehr verbessern.

Deshalb kann man die „Leisestärke" als eines der wichtigsten stimmlichen Qualitätsmerkmale gut ausgebildeter Sängerinnen und Sänger betrachten (auch wenn dieses Wort nicht wirklich existiert).

Dynamik macht die Musik

Wenn du mit einer guten und geschmackvollen Gesangsdarbietung überzeugen willst, reicht es nicht aus, die richtigen Töne an der richtigen Stelle zu singen, sondern du solltest mit musikalischem Feingefühl ein Lied gestalten und interpretieren können. Dynamisches Singen erleichtert dir das sängerische Gestalten und deinem Publikum das Zuhören.

Dazu gehört, immer genügend Raum für die Töne, aber auch Platz für die Stille dazwischen zu lassen.
Und dazu gehört auch, die Lautstärke der gesungenen Töne zu kontrollieren und entsprechend ihrer Stimmung und ihres Ausdrucks anzupassen.

Nur so kann sich dein ganz eigenes Timbre, dein ganz persönlicher Stimmklang, entwickeln. Eine sehr laute Stelle soll nie zu grell, eine sehr leise Stelle soll nie zu hauchig oder brüchig klingen – außer die jeweilige Stilistik erfordert es.

Fachbegriffe zur Lautstärke

Um dynamisch singen zu können solltest du einige wichtige Begriffe kennenlernen, die dir in Noten oder sogenannten Leadsheets, einer Mischung aus Text und Notenblatt mit Akkorden und wichtigen stilistischen Gestaltungshinweisen, begegnen können.

Steht unter den Noten ein kleines **p**, so heißt das piano – also leise.
pp heißt pianissimo – sehr leise.
ppp heißt piano pianissimo – extrem leise.

Ein kleines **f** bedeutet forte – also laut.
ff heißt fortissimo – sehr laut.
fff heißt forte fortissimo – extrem laut.

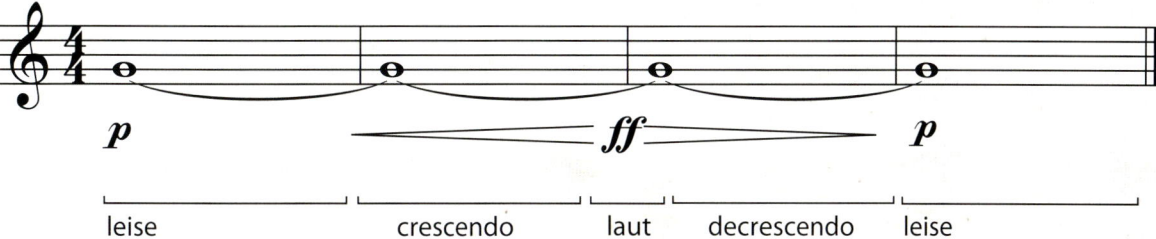

| leise | crescendo | laut | decrescendo | leise |

Um von leise nach laut zu gelangen machen wir ein allmähliches Crescendo (<).

Um von laut nach leise zu gelangen machen wir ein allmähliches Decrescendo (>).

Die schwierigste Übung für Sängerinnen und Sänger ist wahrscheinlich das Crescendo-Decrescendo, also ein allmähliches Lauter- und wieder Leiserwerden auf einem Ton oder Tonbereich, das sogenannte **Messa di Voce**. Siehe auch Übung 2 auf Seite 81.

Die Körperhaltung

VIDEO 18

Die Körperhaltung bei der Lautstärkeveränderung folgt meist der entsprechenden Tonhöhenveränderung:

Expander-Typen öffnen den Brustkorb mit zunehmender Lautstärke sehr langsam und gleichmäßig, indem sie ihre Schultern nach hinten ziehen. Dabei neigen sie sich mit leicht gebeugten Knien ein wenig nach hinten. Der Kopf hebt sich dabei etwas und der Oberkiefer öffnet nach hinten/oben.

Kompressor-Typen verstärken den aktiven Druck von Bauch und Flanken und ziehen sich langsam und gleichmäßig zusammen, die Schultern neigen sich dabei leicht nach vorn. Die Arme werden an den Körper heran oder nach unten/hinten geführt, die Knie beugen sich etwas stärker. Der Kopf passt sich auch hier in seiner Neigung und in der Unterkieferöffnung nach vorne/unten der abgerundeten, eiförmigen Körperhaltung an.
(Siehe auch Seite 69)

Die Mundöffnung

Auch die Mundöffnung ändert sich mit der Lautstärke.

Expander-Typen öffnen den Mund mit zunehmender Lautstärke, indem sie den „Oberkiefer" leicht nach hinten/oben neigen. Die Bewegung sollte immer geschmeidig und ohne Zwang möglich sein.

Kompressor-Typen öffnen den Mund, indem sie den Unterkiefer in seiner natürlichen Öffnungsrichtung weich und nach vorne/unten aufklappen. Der Kopf neigt sich dabei leicht nach unten. Bitte das Kinn nicht gewaltsam nach unten drücken.
(Siehe auch Seite 70)

Der Gaumen
Die kombinierte Resonanzplatte aus hartem und nach oben angelegtem weichen Gaumen unterstützt die Lautstärke, indem sie den Klang, egal ob laut oder besonders leise, optimal reflektiert und als Klangverstärker dient.

Druckaufbau durch Atemunterstützung

Expander-Typen erreichen große Lautstärken am leichtesten, wenn sie ihren Brustkorb dehnen können. Sie weiten die Rippen und heben das Brustbein auch noch in der Ausatmung und beim Singen und bleiben dadurch möglichst lange gedanklich in einem eingeatmeten Zustand.

Kompressor-Typen nutzen bei großer Lautstärke die natürliche Verengungstendenz des Brustkorbs. Sie ziehen bei lauten Tönen eher aktiv den Bauch-, Rippen- und Flankenbereich zusammen. Der Nabel zieht nach innen, das Becken wird leicht gekippt.

Stimmübungen zur Laut- und Leisestärke

1. Wir beginnen in tiefer bis mittlerer Lage mit einem sehr leisen, aber dauerhaften und durchsetzungsfähigen **u**.
Lasse das **u** mit der für dich und den Vokal optimalen Mund- und Rachen-position so lange und so leise wie möglich auf einer Tonhöhe erklingen. Der Mund ist dabei in Kussmund-Position, die Lippen leicht geschürzt und wenig geöffnet.

AUDIO 54

2. Eine dynamische Steigerung bekommt diese Übung, wenn du zur Mitte des Atemstroms vorsichtig und stetig lauter wirst, und danach die Lautstärke ganz allmählich wieder verringerst. Die Lippen öffnen sich zur lautesten Stel-le etwas weiter, der Atemdruck verstärkt sich spürbar. Achte dabei darauf, dass die Tonhöhe und dein Stimmklang immer konstant bleiben.
Im klassischen Gesang nennt man diese Übung „messa di voce".

AUDIO 55

3. Für alle, die im härteren Musikgenre laute und sehr laute Töne meistern müs-sen, eignet sich die folgende Power-Übung, der 4-Stufen-Plan (nicht nur) für den „Growler":

VIDEO 19

   a) Beginne leise mit dem Vokal **a**. Der Klang konzentriert sich im Nasen-Ne-benhöhlenbereich.
   b) Nun öffne den Mund weiter ins Oval zur Staun-Stellung und steigere die Lautstärke allmählich.
   c) Als nächste Intensitätsstufe öffne den Rachenraum zur Gähn-Stellung.
   d) Als höchste Powerstufe weite zusätzlich noch den Kehlrachen und drü-cke die Zunge vorsichtig nach unten (ein wenig wie der Holzspatel beim HNO-Arzt).

AUDIO 56

Die Lautstärkensteigerung wird natürlich auch hier durch den sich kontinuier-lich steigernden Zwerchfell-, Bauch- und Flankendruck unterstützt.

AUDIO 57

Du kannst diese Übungen auch in verschiedenen Tonhöhen ausprobieren.

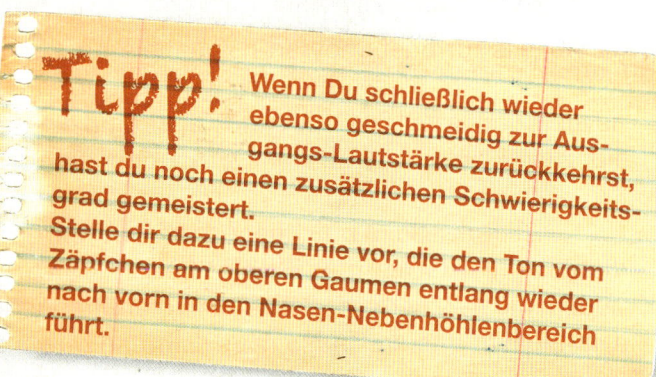

Tipp! Wenn Du schließlich wieder ebenso geschmeidig zur Aus-gangs-Lautstärke zurückkehrst, hast du noch einen zusätzlichen Schwierigkeits-grad gemeistert.
Stelle dir dazu eine Linie vor, die den Ton vom Zäpfchen am oberen Gaumen entlang wieder nach vorn in den Nasen-Nebenhöhlenbereich führt.

7. Alles über die Vorstellungskraft – Bilder und Tricks

So, wie Spitzensportler oder Rennfahrer ihren Wettkampf oder ihre Rennstrecke vor dem Wettbewerb in ihrer Vorstellung schon durchleben, können auch wir als singende Menschen die Erfordernisse unserer Gesangsmelodien bereits vor dem Singen visualisieren. Bilder und Tricks helfen häufig schneller, ein stimmliches Problem in den Griff zu bekommen.

Ich habe daher eine Auswahl wirkungsvoller, wenn auch manchmal vielleicht etwas ungewöhnlicher Bilder zusammengestellt, die du auch jederzeit als Unterstützung bei den bisherigen Übungen nutzen kannst:

Den Stimmklang nach vorn bringen:

- **In die Nase singen**, **in die Stirn singen**, bedeutet, den **Vordersitz** der Stimme zu nutzen, also bewusst in die Nasenräume, die Nebenhöhlen und Stirnhöhle hineinzuspüren und beim Singen mit der Klangvorstellung dorthin zu zielen. Es bedeutet aber keinesfalls, quäkend-nasal zu singen.

- **In die Maske singen**, ein Bild aus der klassischen Gesangsausbildung, unterstützt ebenfalls den **Vordersitz** und entspricht in etwa der vorherigen Variante. Stelle dir eine Maske vor, die dein Gesicht vom Kinn bis zu den Augenbrauen umschließt und lasse den Ton in diesem Bereich erklingen. Du kannst auch mit beiden Hände eine Schale formen und beim Singen vors Gesicht halten – so bekommst du eine noch bessere Resonanzvorstellung.

- Von innen an die **Eierschale** oder **Glocke** zu singen, hilft dir dabei, einen großen Stimmklang zu entwickeln. Stelle dir dazu vor, du wärst in der Entfernung von einer Armlänge von einer Klangschale umgeben, an die du deine Töne in jeder Höhe oder Tiefe heransingst. Der Ton erklingt nicht in dir, sondern umgibt dich wie eine Schale.

- Das **Gummiband** hilft ebenfalls, in deiner Vorstellung den Stimmklang weit außen zu bringen.

Die folgende Übung ist für Dehnungs-Typen auch zum Üben mit einem echten Gummiband gut geeignet, um den Brustkorb zu weiten und dabei den Ton entweder in der Höhe oder in der Lautstärke zu unterstützen. Nimm dazu ein (imaginäres) Gummi- oder Theraband in beide Hände und ziehe es auf Brusthöhe langsam nach hinten.

Für Zusammenzieh-Typen ist das Band ebenfalls gut geeignet, um den Ton in der Höhe oder Lautstärke zu unterstützen. Stelle dir dazu vor, du würdest den Ton wie ein Gummiband in langsamer Dehnung nach vorne-unten aus deinem Mund herausziehen.

Die Stimme leicht in die Höhe bringen:

- Das **Gummiband** ist aber auch sehr nützlich dafür, die Stimme mühelos in die Höhe zu führen oder laut zu machen. Wenn du wieder zurück in die Tiefe singen oder die Lautstärke verringern willst, musst du das Gummiband in gleichem Maß in entgegengesetzter Richtung langsam wieder entspannen. So behält der Ton bis zum Schluss die nötige Spannung und einen gleichbleibenden Klang.

- **Die Flasche austrinken** ist eine typische Übung für Dehnungstypen. Sie setzen die imaginäre Flasche wie zum Trinken an, heben sie mit steigender Tonhöhe nach oben und öffnen den Rachen- und Kehlkopfbereich, um sie auszutrinken.

- **An die Decke singen**, ebenfalls eine Dehnungs-Übung, die der vorherigen entspricht. Zielpunkt des gesungenen Tons ist schräg oben an der Decke oder in einer Zimmerecke.

- **Den Bogen spannen**, oder die schon erwähnte „Titanic"-Übung, entspricht den beiden vorherigen Übungen.

- **Auf den Boden zielen** ist dagegen eine hervorragende Zusammenzieh-Übung. Zielpunkt des hohen Tons ist ein Punkt auf dem Fußboden in etwa einem Meter Entfernung vor deinen Füßen.

- Das **Skifahren** haben wir ja ebenfalls bereits als typische Kontraktions-Übung kennengelernt.

Die Stimme sauber auf einer Tonhöhe führen:

- Die imaginäre **Perlenschnur** hilft uns ebenso wie das **Gummiband** dabei, den Ton auf gleicher Tonhöhe und mit gleicher Intensität und Lautstärke gleichmäßig auf einer gedachten Linie oder Ebene zu führen. Während du den Ton hältst, flutscht in deiner Vorstellung eine Perle nach der anderen aus deinem Mund. Das Gummiband, das gleichmäßig weiter gedehnt wird, erfüllt den gleichen Zweck.

- Der **Strohhalm**, durch den du den Ausatemstrom führst, hilft ebenfalls dabei, den Ton mit gleichbleibender Lautstärke und Dichte auf einer Ebene zu halten.
  Du kannst mit einem realen oder imaginären Strohhalm üben (siehe Seite 29). Wenn du mit einem besonders dicken Strohhalm das Wasser in einem halb gefüllten Glas lang und entspannt zum Blubbern bringst, tust du besonders viel für die gleichmäßige Abgabe der Atemluft und die Lockerung deiner Stimmlippen.

7. Das Vibrato

In der Klassik erwünscht als Ausdruck eines harmonischen Stimmklangs, in der Pop- und Rock-Musik oft verpönt, ist das Vibrato aber doch ein wichtiger und immer wieder hinterfragter Bereich der stimmlichen Klanggestaltung.

Welcher Vibratoklang und welche Dauer der Tonschwankung dabei als angenehm und wohlklingend empfunden wird, hängt sicher von der Hörgewohnheit und den Emotionen der Sänger und Zuhörer ab und davon, welche musikalische Stilrichtung bevorzugt wird. Ein dramatischer Stimmklang erfordert wohl eher ein langsameres und intensiveres Vibrato, während eine leichte, fröhliche, oder sehr rein klingende Stimme mit einer geringeren, oder sogar ein wenig schnelleren Frequenz als schön empfunden wird.

In der vor-klassischen, sogenannten „Alten Musik" sollte sparsam mit Vibrato umgegangen werden. Hört man sich dagegen Tonaufnahmen aus den Jahren 1920–1950 an, so wird man feststellen, dass damals als stimmliches Schönheitsideal wohl eher eine etwas nasale Stimme mit relativ schnellem, aber leichtem Vibrato galt. Andere Kulturkreise und Gesangsstile bevorzugen zum Teil noch schnelleres (Peking-Oper), intensiveres (Le Mystère des Voix Bulgares) oder gar kein Vibrato (Bossa Nova). Im Jazz oder den meisten Popmusik-Bereichen wird eher eine gerade Stimmführung mit weich ausklingendem, variierenden Vibrato am Phrasenende als schön und angenehm empfunden.

Bei einem geschmeidigen und gut ausgeführten Vibrato kann meist nicht deutlich unterschieden werden, ob die Klangschwankungen durch eine Änderung der **Tonhöhe**, der **Lautstärke** oder der **Klangfarbe** herbeigeführt werden. Uneinigkeit besteht auch darin, wie die Frequenzschwankungen entstehen und welche Bereiche des Körpers oder Artikulationsapparats daran beteiligt sind. Bei einer gesunden, gut ausgebildeten Stimme wirken wahrscheinlich mehrere Faktoren zusammen und es entstehen unterschiedliche **Vibrato-Mischformen**.

Wenn wir die verschiedenen Bereiche, in denen der Vibratoklang angeregt werden kann, isoliert betrachten, so können wir mehrere Arten der Frequenzbeeinflussung erkennen.

Das Zwerchfell-Vibrato

Das Zwerchfell- oder Stütz-Vibrato ist ein **Lautstärke-Vibrato**, bei dem vom Zwerchfell angeregte rhythmische Atemwellen den Atemdruck, und damit den Schalldruck, mit ständig wechselnder Lautstärke und Intensität zum Schwingen bringen.

Das Ergebnis ist ein gleichmäßiger, kraftvoll-bebender, flehender Klang, dessen Anschlag man deutlich hören kann. Gleichzeitig löst die Veränderung des Luftdrucks auch eine Tonhöhenänderung aus.

Sehr vereinfacht kann man hierbei von einem vibrierenden Zwerchfell sprechen.

Das Kehlkopf-Vibrato

Beim Kehlkopf-Vibrato kann man auch von einem **Tonhöhen-** oder **Intonations-Vibrato** sprechen. Durch die Bewegung des **musculus cricothyreoideus**, des äußeren Kehlkopf-Muskels wird eine Änderung der Stimmlippenspannung, und damit eine Schwankung der Tonhöhe provoziert.

Dadurch entsteht eine schwingende Frequenzmodulation, die gern zum Ende einer musikalischen Phrase verwendet wird.

Man kann in diesem Fall von einem federnden Kehlkopf sprechen.

Das Tremolo

Das Tremolo, das in manchen Schriften etwas boshaft „Mecker-Vibrato" genannt wird, ist ein **Stellknorpel**- oder **Glottis-Vibrato** und entsteht entweder durch sehr schnelle Vibrato-Schwankungen oder sehr große Tonhöhenschwankungen. Im klassischen Gesang wird es eher selten benutzt. Allerdings gibt es in der Popmusik einige charakteristische Stimmen, die dieses Tremolo zu ihrem Markenzeichen gemacht haben, wie z. B. Edith Piaf, Roger Chapman, Shakira oder Randy Crawford.

Das Tremolo entsteht durch sehr schnelle Bewegungen der Stellknorpel und damit schnelles Öffnen und Schließen der Glottis, wodurch der Klang ständig unterbrochen wird und zu pulsieren beginnt. Oft kommt hier noch eine mehr oder weniger deutliche Aktivität des Unterkiefers oder der Zunge hinzu.

Unter „Alterstremolo" versteht man eine sehr langsame Vibratofrequenz, wie sie bei der Altersstimme oder bei langjährig überstrapazierter Stimme vorkommt.

Das **Timbre**- oder **Klangfarben-Vibrato** entsteht durch ständig neue Anpassung der Resonanzräume an die Frequenzschwankungen, die durch die wechselnden Druckverhältnisse im Kehlkopf bedingt werden.

Vibrato-Effekte sowie die Kunstform des **Trillers**, bei dem die Tonhöhe bis zu einem Ganzton variiert, werden unabhägig vom eher natürlichen Vibrato meist willentlich gebildet. Sie entstehen durch gleichmäßige Bewegungen des Kehlkopfs, der Zunge und des Gaumens, manchmal auch des gesamten Unterkiefers.

Das Vibrato entwickeln

Wenn du dich selbst an die Entwicklung deines Vibratos heranwagen möchtest, so kannst du eigentlich nichts falsch, sondern eher alles richtig machen.

Die Grundvoraussetzungen sind:
1. Eine gute, gleichmäßige Atemführung und -unterstützung mit bewusster Zwechfell-, Bauch- und Flankenarbeit
2. Ein gut eingeübtes **messa di voce**, ein gleichmäßig lauter und wieder leiser werdender Ton auf einer Tonhöhe. (Siehe S. 79 und 81)
3. Ausgeglichenheit des Atemdrucks und der Kehlkopfspannung

Folgende Übungen können dir helfen:
1. **Das Ausdauer-u** (Seite 55)
2. **Das Ausdauer-w**. Mache die gleiche Übung wie beim Ausdauer-u mit einem w, bei dem die oberen Schneidezähne auf der Unterlippe vibrieren. So lässt sich die Balance des Atemdrucks sehr gut üben.

Mit diesen Übungen kommst du sicher allmählich, oder sogar ganz schnell, ans Ziel.

Klingt ein gleichmäßiges Vibrato an der richtigen Stelle natürlich und harmonisch, so sollte es aber nie zu intensiv genutzt werden, da es sonst die Zuhörer ermüdet. Keinesfalls darf ein permanent genutztes Vibrato dazu dienen, mangelndes Gesangskönnen oder eine unsaubere Intonation zu übertuschen.

Kapitel 2
Die Pop-Stimme

1. Die Pop-Stimme

Pop-Stimme oder klassischer Gesang – die Unterschiede

Verband man bis vor wenigen Jahren in Europa Gesangsausbildung fast ausschließlich mit der klassisch geschulten Stimme und mit klassischer Musik, so war das natürlich auch in früherer Zeit nicht immer und vor allem nicht überall auf der Welt zutreffend.

War der klassische Gesang von je her ein „Kunstprodukt", favorisiert und finanziert durch die Kirche, den Adel und das reiche Bürgertum, so existiert seit Menschengedenken weltweit der Gesang des einfachen Volks als Gefühlsausdruck und zur Unterhaltung – Volksmusik oder „popular music".

Was den populären Gesang der heutigen Zeit schließlich zu einer eigenen Kunstrichtung, und den Begriff „Pop-Stimme" zu einer festen Größe in der Popmusik machte, waren die zunehmende Massentauglichkeit und wachsende Reproduzierbarkeit der Popmusik durch Mikrofone und elektrische Verstärkung, verbesserte Möglichkeiten der Aufnahmetechnik und der Vervielfältigung durch Schallplatte und CD, aber natürlich auch die massive Vermarktung und Kommerzialisierung durch die Musikindustrie.

Wodurch unterscheiden sich also klassischer und „nicht-klassischer" Pop-Gesang?

Mikrofon und Verstärkung

Im **klassischen Gesang** wird (fast) nie mit direkter Mikrofonierung und Verstärkung gearbeitet, die besondere Tragfähigkeit der Stimme wird durch die Arbeit mit den Resonanzräumen des Körpers und durch die Nutzung spezieller Oberton-Techniken ermöglicht. Lautstärke und Textverständlichkeit werden durch ausgefeilte Artikulationstechniken erzielt.

Im **Pop-Gesang** ist das Mikrofon Teil der Stimme. Dadurch wird die angestrebte Intensität oder Intimität überhaupt erst ermöglicht. Die Stimme selbst muss nicht besonders durchsetzungsfähig sein, der individuelle Stimmklang ist von viel größerer Bedeutung.

Klangideal und Individualität

Das Klangideal im **klassischen Gesang** ist für Sängerinnen und Sänger verbindlich und wird geprägt durch stimmliche Fähigkeiten, die für ein bestimmtes Stimmfach vorgegeben sind. In der Regel gibt es wenig Möglichkeit zu persönlicher Interpretation der jeweiligen Rolle oder Literatur. Die Kompositionen sind immer notiert und durch Epoche, Komponist und Werk klar definiert. Natürlich sollen auch im klassischen Gesang Emotionen ausgedrückt werden, doch ordnen sich diese meist einem stimmlichen „Schönheitsideal" unter.

Im **Pop-Gesang** ist die Individualität der Stimme von vorrangiger Bedeutung. Authentizität und Originalität stehen an erster Stelle. Emotionalität und Individualität sind wichtiger als eine „schöne" Stimme,- im klassischen Sinn stimmliche Fehler oder Eigenheiten sind durchaus gewollt und unterstützen das Charisma des Gesangs und der Interpreten. Oft sind die

Songs nicht, oder nur wenig notiert und entwickeln sich während des Singens und Spielens im Studio oder auf der Bühne. Es darf fast jederzeit interpretiert und improvisiert werden, solange es der Stilistik des Songs, dem „Groove" und dem harmonischen Kontext entspricht. Aber selbst komplette Songs können durchaus in eine völlig andere Stilistik umgedeutet werden – in Popmusik und Jazz gibt es dazu zahlreiche Beispiele.

Die Pop-Stimme heute

Das Phänomen „Pop-Stimme" erlebt etwa seit Anfang 2000 weltweit einen enormen Boom. Begonnen hat das gesteigerte Interesse daran mit dem Aufkommen der ersten Castingshows, wie dem 2001 erstmals gesendeten britischen **Pop Idol**, das seither weltweit als Lizenzproduktion läuft und in Deutschland seit 2002 mit langjährigem Erfolg als **Deutschland sucht den Superstar** ausgestrahlt wird. Gefolgt von **Britain's** und **America's Got Talent** wurde schließlich das niederländische Castingshow-Konzept **The Voice (of) …** weltweit übernommen und ist als **The Voice Kids** nun auch bei den jüngsten Sängerinnen und Sängern dieser Erde angekommen.

Die Popmusik, wie wir sie heute kennen, entwickelte sich erst während der letzten Jahrzehnte. Aus den unterschiedlichsten Ursprüngen und Stilrichtungen der populären Musik, wie Worksongs, Gospels und Spirituals, Country, Blues und Jazz entstanden im Lauf der Zeit Rhythm & Blues, Soul, Funk, Hip Hop und Rap, Rock 'n' Roll, Rock, Punk und Heavy Metal, aber auch Folk und Electro.

Passend zu diesen Stilistiken, all ihren Untergruppierungen und Mixturen, entwickelte sich die jeweils stilbildende Instrumentierung und die oft stilprägende Gesangstechnik ihrer Vorreiter und Identifikationsfiguren.

Diese Vielfalt zeigt aber auch, dass es DIE Pop-Stimme nicht geben kann. Zu verschieden sind die Klangfarben, Rhythmen und musikalischen Ausdrucksmittel.

Kann es aus diesem Grund natürlich auch kein pauschales Lernrezept für DIE Pop-Stimme geben, so ist es doch möglich, sich die passenden Werkzeuge für die Entwicklung einer aussagekräftigen, starken und individuellen Stimme zu erarbeiten und jederzeit zur Verfügung zu haben.

Neben der Basisarbeit an deinem Instrument Stimme gibt es einen fast unendlich großen Fundus an stimmlichen und stilistischen Ausdrucksmöglichkeiten, der dir, verbunden mit ein wenig Experimentierfreudigkeit, die Chance bietet, jeden Song singen zu können, den du möchtest.

Ich möchte dir zeigen, dass es möglich ist, mit nur einer Stimme – deiner eigenen – in vielen verschiedenen Stilistiken der Pop- und Rockmusik bestehen zu können und deine Stimme trotzdem gesund und flexibel zu erhalten.

Der **Baukasten für die Pop-Stimme** und die Methode der **Vier Stufen zur Pop-Power** stellen dir die dafür nötigen unterstützenden Funktions- und Klang-Bausteine zur Verfügung. Du kannst mit allen Möglichkeiten deiner Stimme spielen und vielleicht sogar etwas völlig Neues, Individuelles entwickeln. Das Brechen von Tabus, die Rebellion, war ja ursprünglich durchaus ein wichtiger Aspekt der Popmusik als Protest-Kultur.

2. Der Baukasten für die Pop-Stimme

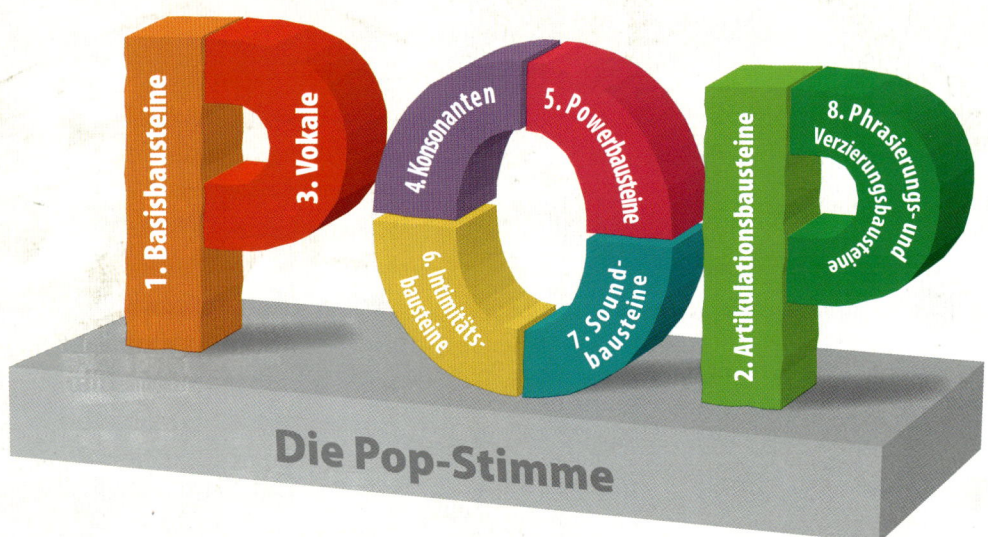

Die Pop-Stimme

Die wichtigsten Bausteine für eine gut funktionierende und gesunde Pop-Stimme hast du bereits in den vorherigen Abschnitten zur Körperarbeit und zur Atmung kennengelernt.

Nutze die Möglichkeit zur Wiederholung vorhergehender Übungen.

1. Basisbausteine

VIDEO 20

- **Körperarbeit**
  Berücksichtige die Tipps zur Körperarbeit aus dem Kapitel **Alles beginnt mit dem richtigen Stehen** (Seite 15).

  - Die Knie sind immer locker und entspannt, der Körper aufgerichtet.
  - Das Becken ist flexibel.
  - Die Schultern sind locker und entspannt.
  - Der Kopf ruht flexibel auf der Halswirbelsäule.

- **Atembausteine**
  Beim Singen musst du immer ausreichend Luft zur Verfügung zu haben.
  Das Einatmen muss schnell und intensiv vor sich gehen, darf aber den Fluss der Melodie nicht stören und sollte meist nicht auffallen.
  Nütze deshalb den natürlichen Atemreflex dazu, die gleiche Luftmenge, die du beim Singen abgegeben hast, wieder in dich hineinfallen zu lassen.

  Die zwei entscheidenden Bausteine beim Atemeinsatz sind
  - **Weiten der Atemräume** – je größer und ausgeglichener dein Luftvorrat ist, desto gleichmäßiger und klangdienlicher kannst du ihn einsetzen.
  - **Verengen der Atemräume** – durch bewusste Verwendung von Zwerchfell, Brustkorb, Bauchdecke, Flanken und Zwischenrippenmuskulatur steuerst du sowohl die Lautstärke als auch die Höhe deiner Töne.

- **Stimmsitz**

  Der wohl wichtigste Baustein für die Klangqualität der nicht-klassischen Stimme ist der deutliche Vordersitz (der „Twang") der Stimme.

  Du wirst ihn auch bei den **Vier Stufen zur Pop-Power** wiederfinden.

  Egal welche Stilistik du bevorzugst, wie hoch, laut, tief oder leise du singst, die Klangerzeugung findet immer nach vorn gerichtet statt.

  Kontrolliere den Stimmsitz wie im Foto auf Seite 53, sage laut mehrmals hintereinander „nej-nej-nej" und spüre dabei die Schwingung des Nasenraums und deiner Nasennebenhöhlen.

  Ein gewisser Anteil an Nasalität ist im Pop- und Rock-Gesang nötig und wichtig. Natürlich sollte das nie so klingen, als hättest du eine verstopfte Nase.

2. Artikulationsbausteine

VIDEO 21

Im klassischen Gesang sollte die Öffnung des Vokaltrakts möglichst groß und weit sein, der Kehlkopf eher tiefgestellt – die sogenannte Gähn- oder Staunweite. Für manche Stilrichtungen der Popmusik, vor allem in den Bereichen **Gospel** und **Soul**, ist diese optimale innere Weite aber ebenso hilfreich und gebräuchlich. Im typischen **Pop-Gesang** wird die ovale Form der Mundöffnung häufig noch unterstützt durch ein leichtes Schürzen und Hochziehen der Lippen, der Klang dadurch knackiger und heller gestaltet.

Im **Rock- und Heavy-Bereich** hingegen ist es durchaus sinnvoll, die Mundöffnung eher zu verengen und den Ton bei hochgestelltem Kehlkopf ein wenig mehr zu quetschen. Um bestimmte Lautstärke- und Tonhöhenspitzen zu erreichen, kann die Mundöffnung aber auch sehr weit geöffnet sein, ebenso wie der gesamte Rachenraum.

- **Mundöffnung**

  Spüre, welchen Einfluss der Unterschied zwischen stark geöffnetem oder fast geschlossenem Mund auf den Klang deiner Stimme hat.

- **Lippenstellung**

  Spüre, wie sich die Spannung oder Entspannung der Lippen auf die Klangbildung auswirkt.

- **Gaumen**

  Spüre, wie ein angehobener weicher Gaumen (das Gaumensegel) wesentlich zur Durchsetzungsfähigkeit und Klarheit der Stimme beiträgt.

  Bei gesenktem Gaumensegel entsteht eine Verbindung zwischen Rachenraum und Nasenraum, die den Klang bei Bedarf luftiger und leichter macht.

- **Rachenraum**

  Weite und verenge deinen Kehlrachen, also den Bereich direkt über dem Kehlkopf.

  Senke und hebe bewusst deinen Kehlkopf.

  Dieser Bereich ist besonders wichtig für typische Stimmfärbungen im Heavy-Gesang. Hier entstehen die „Growls" bei gesenktem, die „Screams" bei angehobenem Kehlkopf.

- **Nasenraum**

  Hier wird der Stimmklang scharf, manchmal schneidend, auf jeden Fall aber intensiv gemacht. Wenn deine Pop-Stimme durchsetzungsfähig werden soll, findest du hier den richtigen Klangraum und Sitz.

- **Zunge**

  Je nachdem, wieviel Platz sie in deinem Mundraum einnimmt, wird der Stimmklang offener oder schärfer.

  Die Position der Zunge ist entscheidend für die Bildung der Obertöne und die Artikulation von Vokalen und Konsonanten, und damit der wichtigste Klangbildner überhaupt.

3. Vokale

Vokale sind die Klangträger beim Singen. Bei ihrer Bildung wird das gesamte Ansatzrohr wie eine Art Schalltrichter eingesetzt.

- **Die Staun-Stellung**

  Alle Vokale werden in einem **abgegrenzten ovalen Bereich** (siehe Stimmsitz) um Nase, Mund und Kinn konzentriert und kontrolliert.

  Eine breitere Mundstellung kann die Bildung von hellen und hohen Tönen unterstützen. Eine zu breite Mundöffnung birgt immer die Gefahr, dass der Ton zu wenig klangliche Tiefe hat und dadurch zu viel Druck im Hals aufgewendet wird, um den Ton trotzdem durchsetzungsfähig zu machen.

- **Die Gähnstellung**

  Willst du einen dunkleren, wärmeren Stimmklang erzielen, öffnest du den Rachenraum mehr zur Gähnstellung hin.

- **Der Vokalausgleich**

  Der klar definierte Stimmsitz gibt dir die Sicherheit, dass der Klang weit genug nach vorn und nach außen geschoben werden kann. So kannst du leichter von einem Vokal in den anderen gleiten und einen einheitlichen Vokalklang in verschiedenen Tonhöhen oder Dynamikstufen herstellen.

  Wichtig für die Verständlichkeit der Vokale sind dabei vor allem die Artikulatoren Zunge, Lippen und Mundöffnung.

- **Die Apfel-Biss-Stellung**

  Vokale werden im Pop-Gesang gern klanglich aufgehellt. Die Vorstellung, kräftig in einen saftigen Apfel zu beißen, hilft hervorragend, die dazu nötige Mundöffnung zu formen und nach Bedarf zu vergrößern oder zu verkleinern.

4. Konsonanten

Die Konsonanten bilden die rhythmischen Elemente beim Singen, sie unterbrechen den Klang der Vokale und sind nötig zur Textbildung und -verständlichkeit.

- Eine **deutliche Artikulation** der Konsonanten unterstützt den Rhythmus und hilft, die Worte verständlicher und leichter zu formulieren.

- Eine **weniger deutliche**, manchmal auch etwas schnodderige Artikulation der Konsonanten soll authentischer und natürlicher klingen.
  Eine nicht zu knallige Aussprache verhindert in jedem Fall, dass Ploppgeräusche über das Mikrofon übertragen werden.

- **Vocal Percussion und Beatboxing**
  Hier werden die Knalllaute speziell als vokal gebildete Perkussionselemente verwendet, die durch den sehr nahen Kontakt des Mundes zum Mikrofon unterstützt werden.

5. Powerbausteine

VIDEO 22

Muss die Stimme für die härteren Gangarten der Pop- und Rockmusik einen sehr großen Lautstärkeumfang abdecken können, spricht man von Ruf-, Shout- oder Overdrive-Stimme.

- **Druckaufbau**
  Für laute, aber auch sehr hohe Töne musst du den Druck der Atemmuskulatur gleichmäßig verstärken. Spüre dazu den Zusammenzieh-Mechanismus von Flankenbereich, Brustkorb und Bauchdecke. Du kannst auch zusätzlich den Brustkorb weiten und die Schultern leicht nach hinten nehmen.
  Aber ziehe die Schultern bitte nicht hoch und versuche niemals, den nötigen Druck im Hals zu erzielen!

- **Rachen- und Mundöffnung**
  Für laute, aber auch sehr hohe Töne musst du zusätzlich deinen Rachenraum optimal weiten, damit der Stimmapparat durch die Verstärkung des Luftdrucks keinen Schaden nimmt. Auch der Mund muss dafür weiter geöffnet werden.

- **Entspannte Kniegelenke**
  Sie unterstützen dich beim kraftvollen Singen.
  Durchgedrückte, steife Knie blockieren den Klang.

6. Intimitätsbausteine

Da im Pop-Gesang fast ausschließlich mit Mikrofon und Verstärkung gearbeitet wird, sind nicht nur sehr laute, sondern auch sehr leise Klänge üblich. Das Mikrofon überträgt bei richtigem Gebrauch jede Nuance der Artikulation. Dieser Stimmklang wird Sprechstimme, natürliche oder neutrale Stimme, oder seit dem Aufkommen der ersten Mikrofone „Crooning" (Säuseln) genannt.

- **Hörbare Luft**
Bei dieser entspannten Art des Singens ist es möglich, als Stilmittel und zur Unterstützung der besonderen Intimität den Atem hörbar strömen zu lassen. Das kann sowohl beim Einatmen sein, oder auch beim Ausatmen, begleitend zur Artikulation. Bei allen anderen heftigeren Gesangsarten wäre der hörbare Atmen sehr schädlich für die Stimme und würde darauf hinweisen, dass die Stimmlippen nicht richtig schließen.

- **Klare „Sprech"stimme**
Ohne hörbare Luft wird eine deutlichere, knackige Aussprache auch im sehr leisen Bereich durch ein verstärktes Einbeziehen des Nasenraums möglich. So ist ein völlig unangestrengtes, aber dennoch klangvolles Singen und Sprechen möglich. Schließlich kommt der englische Ausdruck „Rap" vom umgangssprachlichen „quasseln".

7. Soundbausteine

VIDEO 23

Die Soundbausteine sind „the icing on the cake", das Sahnehäubchen auf der Pop-Stimme. Man kann jederzeit hervorragend singen, ohne diese Elemente zu verwenden, aber oft geben sie gerade den entscheidenden emotionalen Kick.
In manchen Stilrichtungen sind sie fast unerlässlich.
Da sie bei nicht-sachgemäßem Gebrauch und unter starkem Druck nicht ganz ungefährlich für die Stimme sind, solltest du dich langsam an diese Sounds herantasten. Solltest du dich dabei unwohl fühlen, oder sogar Schmerzen im Kehlkopf spüren, höre bitte sofort auf und versuche es ein anderes Mal – oder suche dir einen erfahrenen Lehrer!

- **Dreckige Töne** – sind Töne, die nicht klar und sauber artikuliert gesungen werden, sondern noch andere Begleittöne mitschwingen lassen, so dass die Stimme manchmal fast zweistimmig klingt. Dieses Stilmittel kannst du dir durch „Anknattern" des Stimmeinsatzes erarbeiten. Es funktioniert am besten und gesündesten bei entspannter Stimmgebung und weit geöffnetem Rachenraum. Zuviel davon wird allerdings für die Zuhörer leicht langweilig und anstrengend für die Stimme.

- **Growls** – sind Töne, die mit Hilfe der sogenannten Taschenfalten-Stimme produziert werden. Ein tiefes Grollen, das durch die Nutzung der „falschen Stimmbänder" tief unten im Rachenraum, gleich oberhalb des Kehlkopf entsteht – und das seit Louis Armstrong jeder kennt. Sie werden in allen Heavy-Bereichen gern eingesetzt, aber auch als ausdrucksstarker Stimmeinsatz in Soul und Gospel genutzt.

- **Screams** – sind „Kreisch"-Töne, die ausschließlich in hohen Stimmlagen eingesetzt werden. Sie enthalten sehr viel Nasen- und Gaumensegel-Anteile, der Kehlkopf wird dabei nach oben gezogen. Wenn du dich auf den extremen Vordersitz der Stimme und die Schwingung im Nasenbereich konzentrierst und mit kräftiger Atemunterstützung arbeitest, kannst du wilde „Heavy"-Sounds damit entwickeln.

- **Breaks** oder **Yodel** – sind eine Spezialität des Country-Gesangs, haben aber auch schon häufig interessante Pop-Songs mit unverkennbarem Sound versehen. Diese uralte Technik der Hirtenvölker in der ganzen Welt entsteht, wenn du sehr schnell zwischen Vollstimmen- und Randstimmen-Spannung (also „Brust"- und „Kopfstimme") hin und her springst. Zwischen den beiden Tonbereichen entsteht dabei auch immer ein Intervall, das du selbst bestimmen kannst.

- **Vibrato** – auch beim Vibrato geht es um eine Schwingung zwischen zwei Tönen – der Hauptton wird gewissermaßen umspielt. (Siehe auch S. 85) Im Pop-Gesang werden teilweise schnörkellose, gerade Gesangslinien bevorzugt. Bei Soul und R&B-Sängerinnen und Sängern ist das Vibrato in unterschiedlichster Geschwindigkeit und Intensität jedoch ein beliebtes Stilmittel. Wenn du an Whitney Houston oder Mariah Carey denkst, kannst du wahrscheinlich die Stimmschwingung förmlich spüren. Manche Sänger/innen wären ohne ihr charakteristisches Vibrato nicht denkbar.

- **Emotionsbausteine** – sind Klangfärbungen und Ausdrucksmöglichkeiten, die eine besonders intensive Gefühlsregung stimmlich darstellen sollen, wie Wimmern, Heulen, Schluchzen, Stöhnen, Ächzen, Jammern, Jauchzen, Jubilieren oder Jaulen. Du solltest jedoch beim Singen immer eine gewisse Distanz zu deinen Emotionen wahren, da du deine Stimme sonst möglicherweise nicht mehr kontrollieren kannst und zu stark strapazierst.

VIDEO 24

8. Phrasierungs- und Verzierungsbausteine

Diese Bausteine, die **Ad-Libs** oder **Licks**, aber auch **Pop-Koloraturen** genannt werden, gehören als beliebtes Stilmittel zum nicht-klassischen Gesang und werden vor allem in den Bereichen Gospel, Blues, Soul und R&B häufig verwendet. Sie haben ihren Ursprung in Gesangslinien und Melodie-Ausschmückungen und sind meist improvisierte Fülllaute oder Wörter, die dazu dienen, den Melodie- oder Sprechfluss aufzulockern und zu verzieren. Auch Ad-Libs (von ad libitum: lat. nach Belieben) dienen dazu, Emotionen auszudrücken oder dem Inhalt der Worte noch mehr Gewicht zu geben.

Versierte Rapper pflegen ebenfalls ihre charakteristischen Ad-Libs wie Stöhnen und sogar Bellen, „yeah"s, „oh"s oder „uh"s, die ihren Wiedererkennungswert fördern. Manchmal werden dabei auch Percussionselemente oder Scratching imitiert.

Wie bei allen Bausteinen gilt aber auch hier – die richtige Dosierung unterstützt die Qualität der Licks. Besteht zum Beispiel ein ganzer R&B Song fast ausschließlich aus Koloraturen, aus denen die eigentliche Melodielinie nur noch schwer herauszuhören ist, verlieren die Zuhörer leicht das Interesse und wissen die Qualität der improvisierten Phrasen oft nicht mehr zu schätzen.

Wenn du dir die Kunst des „ad-libbings" erarbeiten möchtest, beginne mit kleinen Verzierungen am Phrasenende oder mit Einwürfen wie „oh yeah", „no-no" oder „ah-ah-ah" in kleinen Bögen, um instrumentale Lücken zwischen den Gesangsphrasen zu füllen. Drücke deine Emotionen mit einem Seufzer oder einem geschluchzten „oooh baby" aus. Solange du im harmonischen und rhythmischen Zusammenhang des Songs bleibst, lässt sich damit ein Song hervorragend „würzen".

Perfekte Ad-Libs kannst du dir bei fast allen bekannten Soul- und R&B-Sänger/innen, von Aretha Franklin, Wilson Picket oder James Brown bis hin zu Whitney Huston, Mariah Carey, Rihanna, John Legend oder dem neuen Star des ad-libbings, Bruno Mars anhören und vielleicht teilweise in dein eigenes Repertoire aufnehmen.

2. Crooner, Shouter, Sprecher

Was bin ich, was will ich sein?

Vielleicht weißt du ja längst, welche Songs und welche Stilrichtung du am liebsten singst und hast deine ganz eigene Gesangstechnik entwickelt, die sich für dich bewährt hat. Aber möglicherweise bist du dir noch nicht sicher, wohin dich deine stimmliche Reise führen wird, oder deine bisher verwendete Gesangstechnik hat sich als nicht zufriedenstellend erwiesen.

Um herauszufinden, wo deine stimmlichen Schwerpunkte, Vorlieben, und der leicht abrufbare Naturklang deiner Stimme liegen, oder wie du dir am besten deinen stimmlichen Traumsound erarbeitest, ist ein wenig Forschungsarbeit und Geduld nötig. Die Bausteine des Baukastens und das folgende Vier-Stufen-Modell können dir dabei hervorragende Dienste erweisen.

Du wirst erstaunt sein, wie sich dein Stimmsound innerhalb kürzester Zeit vom „Primärklang", also den im Kehlkopf erzeugten und eher an Geräusche erinnernden Schallwellen, zu einem optimal gestalteten Popstimmenklang verwandelt, der in den verschiedensten Stilrichtungen einsetzbar ist.

Du benötigst dafür nur einen lockeren, gut beweglichen Unterkiefer, eine flexible Zunge, einen formbaren Mundbereich und das Wissen über die Resonanzverhältnisse im Rachenraum – denn:

Wichtig!

Das Geheimnis liegt im Ansatzrohr und in der angewendeten Technik.

Die vier Stufen zur Pop-Power

AUDIO 58

Stufe 1 – Die entspannte Sprechstimme:

Beginne mit dem Vokal **a** auf mittlerer Tonhöhe ganz leise und entspannt in deiner neutralen, vielleicht sogar etwas luftigen Stimme – so, als ob du etwas erzählen würdest. Im leisen Bereich benutzt du dabei ausschließlich die Randstimme, mit zunehmender Lautstärke mischt sich die Vollstimmenschwingung dazu (siehe Seite 78).

Der helle, leichte Stimmklang konzentriert sich dabei im Nasen-Nebenhöhlenbereich und kann sehr locker und klar artikuliert werden. Wenn du die Helligkeit des Klangs noch unterstützen möchtest, hilft dir dabei die „Apfel-Biss-Stellung".

Stufe 2 – Die durchsetzungsfähige Pop- und R&B-Stimme:

Bleibe beim Vokal **a**, stabilisiere den Stimmklang weiterhin im Bereich der Nasen-Nebenhöhlen und öffne den Mund im Oval ein wenig weiter, zur „Staun-Stellung". Gleichzeitig hebe den weichen, hinteren Teil des Gaumens (Gaumensegel) bewusst an und bilde dadurch eine durchgehend feste Gaumen-Resonanzplatte.

Der Stimmklang bleibt weiterhin hell, aber intensiviert sich und wird sehr durchsetzungsfähig. Durch noch stärkere Konzentration nach vorn („Twang") kann die Stimme sehr leicht und unangestrengt in die Höhe geführt werden. Die Lautstärke wird ganz automatisch und ohne Anstrengung gesteigert. Wenn du möchtest, kannst du sie durch zunehmenden Bauch- und Flankendruck noch unterstützen.

Stufe 3 – Die warme, volltönende Gospel-, Soul- und Blues-Stimme:

Bleibe wieder beim Vokal **a**, stabilisiere den Stimmklang weiterhin im Bereich der Nasen-Nebenhöhlen. Öffne den Mund noch weiter im Oval, zur „Gähn-Stellung". Hebe den weichen Teil des Gaumens (Gaumensegel) wieder an und bilde eine feste Gaumen-Resonanzplatte. Als nächste Intensitätsstufe öffne zusätzlich den hinteren Rachenraum, indem du bewusst, wie beim sehr tiefen Gähnen, den Kehlkopf nach unten absenkst. (Du kannst mit den Händen kontrollieren, aber bitte nicht nachhelfen!)

Durch den weiterhin deutlichen Vordersitz und die Gaumen-Resonanz bleibt der Stimmklang sehr durchsetzungsfähig und laut, die Schärfe des Klangs wird allerdings durch den größeren Kehlrachenbereich abgemildert, der Stimmklang sehr warm und volltönend.

Stufe 4 – Die kraftvolle Rock- und Heavy-Stimme:

Starte wie bei Stufe 3. Bleibe beim Vokal **a**, stabilisiere den Stimmklang im Bereich der Nasen-Nebenhöhlen, öffne den Mund sehr weit zur „Gähn-Stellung" und hebe das Gaumensegel an. Weite wieder zusätzlich den Kehlrachen durch Tieferstellen des Kehlkopfs und drücke zusätzlich gedanklich den Zungengrund am Übergang zum Kehlrachen vorsichtig nach unten (ein wenig wie der Holzspatel beim HNO-Arzt).

Der dabei entstehende dreckige Stimmklang eignet sich hervorragend für alle, die im härteren Musikgenre laute und sehr laute Töne meistern müssen.

Im mittleren Tonhöhenbereich der Sprechstimmlage kannst du auf diese Weise unverzerrt die Rock-„Shouts", also die Ruf-Stimme, und leicht angezerrt oder angeknarrt, die „Overdrive"-Stimme produzieren.

Im tieferen Tonbereich entstehen so „Growls" stimmschonend und mit Leichtigkeit.

Im hohen und sehr hohen Klangbereich der Falsett-Stimme und mit etwas erhöhtem Kehlkopf geht mit dieser Technik der Klang mühelos in die kreischenden „Screams" über.

Die gewünschte Lautstärkensteigerung wird natürlich auch dabei immer durch den sich kontinuierlich steigernden Bauch- und Flankendruck unterstützt.

3. Gesangsstile und -Techniken der Popmusik

Die Songs

Damit du deine Stimme in möglichst vielen Stilistiken ausprobieren kannst, habe ich neun Songs geschrieben, die die wesentlichen Merkmale der jeweiligen Musikrichtung enthalten. Alle Stilrichtungen haben die moderne Popmusik so nachhaltig geprägt, dass sie aus dem Repertoire moderner Sängerinnen und Sänger nicht mehr wegzudenken sind.

Zu jedem Song findest du bei den Audiotracks das passende Playback, mit dem du in aller Ruhe deinen Lieblingsstimmsound ausprobieren kannst.

Neben einer kleinen Einführung in Geschichte und Besonderheiten der Stilistik, den stilbildenden und prägenden Songs und wichtigen Vertreter/innen gibt es Tipps, mit welchen Grundeinstellungen und Bausteinen du diesen Song am leichtesten singen kannst.

Du kannst die Songs nach den Leadsheets einstudieren oder dir erst einmal meine Interpretation anhören und dich davon inspirieren lassen. Einige Songs kannst du dir auch als Videos anschauen.

Du kannst testen, wie du einen möglichst authentischen Originalsound erzielst, oder welche Bausteine dem Song vielleicht eine völlig neue Färbung und musikalische Richtung geben. Deiner Phantasie und Experimentierfreudigkeit sind dabei keine Grenzen gesetzt.

Das einzig entscheidende Kriterium sollte dabei immer der Wohlfühlfaktor deiner Stimme sein – es darf niemals wehtun!

Und nun jaule, growle und näsle, was das Zeug hält ...

TIPP! Sollte die Tonart des Songs nicht optimal für deine Stimmlage sein, so kannst du das Playback auch mit Hilfe verschiedener Programme oder Apps wie Audacity, BestPractice oder Transcribe! transponieren. Wenn du die Geschwindigkeit der Playbacks zum besseren Üben verringern möchtest, sind diese Hilfsmittel ebenfalls gut geeignet (Siehe auch S. 127).

1. Vom Vaudeville zu Blues und Bluesrock

Die Interpretinnen des sogenannten „klassischen Blues" oder Vaudeville-Blues, ein durchweg weibliches Gesangs-Genre der 1910-20er Jahre, waren eher Jazz- als Bluessängerinnen, die noch relativ klassisch sangen.

Der rein afroamerikanische „Country Blues" oder „Delta Blues", der sich etwa zeitgleich auf dem Land rund um das Mississippi-Delta entwickelte, war archaisch und rau. Die Sänger, fast ausschließlich Männer, begleiteten sich meist selbst auf der Gitarre. Ihr Gesangsstil war eher ungeschliffen und oft sangen sie erstaunlich hoch.

Die Gesangsstimmen des „Urban Blues" „Chicago Blues" oder „Rhythm and Blues" der Dreißiger Jahre waren schon deutlich druckvoller und zum Teil dreckiger.

Als in den 50ern und 60ern daraus allmählich der Rock'n'Roll und Blues Rock, und über den British Blues schließlich auch die Rockmusik hervorging, war der Blues stimmlich fast ausschließlich bei der Rock- oder Soul-Stimme angekommen.

Verwendete Gesangstechnik:

Durch die Vielfalt der unterschiedlichen Blues-Stimmen und musikalischen Ausrichtungen kannst du jede Grundeinstellung des Vier-Stufen-Modells, von Stufe 1 über Stufe 2 bis hin zu den Stufen 3 und 4, verwenden und den folgenden Song nach deinem eigenen Geschmack interpretieren.

Fast alle zur Verfügung stehenden Artikulations- und Soundbausteine bis hin zum „Growl" von Howlin' Wolf und den „Screams" von Janis Joplin, sowie eine „luftige" Jazzvariante sind hier möglich.

Wichtige Künstler/innen:

Mamie Smith (erste Aufnahme 1920), Alberta Hunter, Ma Rainey, Bessie Smith, Memphis Minnie,
Charlie Patton, Blind Lemon Jefferson, Robert Johnson, Son House, Leadbelly,
Muddy Waters, Howlin' Wolf, Koko Taylor, Etta James, Jimmy Reed,
The Yardbirds, The Rolling Stones, Cream, Jimmy Hendrix, Janis Joplin, Long John Baldry,
Greg und Devon Allman, John Mayer, Joe Bonamassa, Bonnie Raitt, Susan Tedeschi

Song-Empfehlungen:

St. Louis Blues, Crawlin' King Snake, Wang Dang Doodle, Walking by Myself, Sweet Home Chicago, Crossroads, I'm a Man, Stormy Monday, Hoochie Koochie Man

Musikalische Merkmale:

Blues-Schema und Blues-Tonleiter
Rhythmus häufig als Shuffle, ternäres Feel (12/8- oder 6/8-Feel)
deutlicher Backbeat (Betonung auf den Zählzeiten 2 und 4)

Blues up and Sing

Renate Braun

Blues
♩ = 60
4 Takte Intro

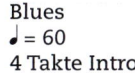

1. When you wake up in the norn - ing, sud - den -

ly with - out no warn - ing, get up and sing. When you

wake up in the morn - ing, sud - den - ly, with - out a warn - ing, get up and

sing. Shuf - fle your feet, move your hips.

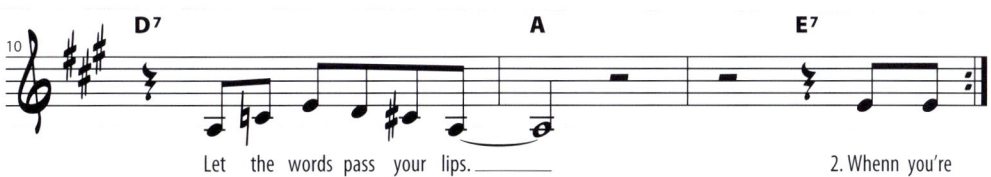

Let the words pass your lips. ___ 2. Whenn you're

2. When you're sitting in your car, destination way too far – relax and sing.
   When you're sitting in your car, destination way too far – relax and sing.
   Let the drummin' of your wheels, change the way how you feel.

3. If your landloard's really mean, meanest man, you've ever seen - turn around and sing.
   If your landloard's far too mean, meanest man, you've ever seen - turn around and sing.
   Close your door, let him ring, go on doing your own thing.

4. Singing the Blues ain't always easy, cause the groove is sometimes teasy – blues up and sing.
   Singing the Blues ain't always easy, cause the groove is sometimes teasy – blues up and sing.
   If you know, what it's all about, clap your hands, sing out loud.

2. Jazz

Jazz in den Stilrichtungen Ragtime, New Orleans Jazz, Swing, Bebop und Free, Cool oder Modal Jazz ist und war häufig ausschließlich Instrumentalmusik. Versuchten die Instrumentalisten mit ihren Improvisationen dabei den Klang der menschlichen Stimme zu imitieren, so klingt die Stimme im Jazzgesang häufig wie ein Blasinstrument und nutzt die Phrasierungen der Bläser.

Reinheit und Schönheit des Stimmklangs sind dabei nicht unbedingt erforderlich. Ausdruckskraft, Flexibilität, rhythmische und harmonische Sicherheit und melodische Unabhängigkeit sind jedoch von entscheidender Bedeutung für die Songs, die sowohl mit oder ohne Text (Scat), mit vorgegebener Melodie oder auch rein improvisiert gesungen werden. Die Songs des „Great American Songbook", einer inoffiziellen Sammlung wichtiger populärer Kompositionen der 30er bis 60er Jahre, sowie „Latin Jazz"-Songs, vorwiegend brasilianischer oder kubanischer Komponisten oder im Latin-Rhythmus interpretierter Standards, bilden eine wichtige Basis für gesungenen Jazz.

Verwendete Gesangstechnik:

Die unterschiedlichsten musikalischen Ausrichtungen des Jazz lassen dir viel Freiheit bei deiner eigenen Interpretation. Am besten verwendest du die Grundeinstellungen der Stufen 1 bis 3 des Vier-Stufen-Modells. Die Stufe 4 wird und wurde eher selten, aber zum Ausdruck intensivster Emotion durchaus verwendet.

Aus den zur Verfügung stehenden Artikulations- und Soundbausteinen kannst du für den folgenden Song zunächst einmal die intime, „luftige" und vibratolose Jazzvariante à la Astrud Gilberto verwenden. Der Text geht ja auch in diese Richtung.

Grundsätzlich möglich sind im Jazz aber fast alle Bausteine, bis hin zum „Growl" von Louis Armstrong und dem „Geschnatter" von Flora Purim oder Diamanda Galas.

Wichtige Künstler/innen:

Ethel Waters, Louis Armstrong, Lena Horne, Billie Holliday, Ella Fitzgerald

Sarah Vaughn, Lambert, Hendricks & Ross, Frank Sinatra, Tony Bennett, Nina Simone, Betty Carter, Nat King Cole, Al Jarreau, Manhattan Transfer, Abbey Lincoln, Diane Reeves, Dee Dee Bridgewater, Cassandra Wilson, Bobby McFerrin, Norah Jones, Diana Krall, Lalah Hathaway, Rachelle Ferrelle, Kurt Elling, Gregory Porter Jr., Jamie Cullum

Astrud Gilberto, Antonio Carlos Jobim, João Gilberto, Flora Purim, Maria João

Song – Empfehlungen:

It Don't Mean a Thing (If It Ain't Got that Swing), How High the Moon, My Funny Valentine, Stormy Weather, Caravan, Lullaby of Birdland, God Bless the Child, Nature Boy, Birdland, The Girl from Ipanema, Autum Leaves, All of me

Musikalische Merkmale:

Jazz-Harmonien und Skalen
Swingfeel (ternär) und Latin Grooves (binär)

Sing like a Bird

Renate Braun

Latin
♩ = 140
8 Takte Intro

If you want to sing like a bird, just swing through your

world, just spread your wings and fly. ___ You don't have to

cling to ___ the world, don't need no mon-ey and no work, just

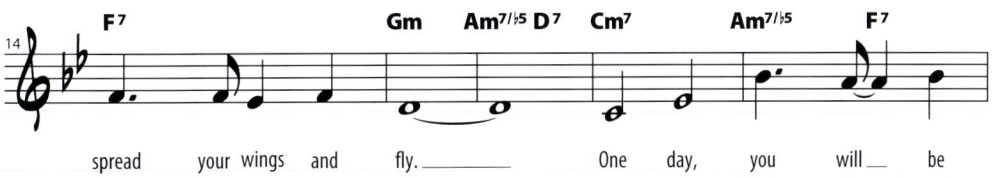

spread your wings and fly. ___ One day, you will ___ be

free, and one day you will see, the earth from high a-

bove. ___ So, if you want to sing like ___ a bird, fly

high, strong and proud, and sing out loud. ___

103

3. Gospel

Die Gospelmusik, wie wir sie heute kennen, ist eine christlich geprägte Musikgattung, die ihren Ursprung in den Spirituals der Sklaven im Amerika des 17. Jahrhunderts hat.

Gospels und Spirituals sind aus der afroamerikanischen Musikkultur heraus entstanden und haben meist keine festgelegte Form. Gospelmusik war ursprünglich eine ausschließlich gesungene „A Cappella"-Gottesdienstuntermalung, die von rhythmischem Klatschen und Stampfen begleitet wurde. Erst später kamen Instrumente oder eine Begleitband dazu. Die häufig verwendeten Calls und Responses, Improvisationen und Ad-Libs, sowie die Mehrstimmigkeit und afrikanische Rhythmik haben die moderne Popmusik und vor allem Soul und Funk nachhaltig beeinflusst.

Allerdings gibt es auch in der Gospelmusik selbst zahlreiche Einflüsse und stilistische Untergruppen, wie Urban Contemporary Gospel, Gospel Blues, Southern Gospel, Christian Country und sogar Bluegrass Gospel.

Verwendete Gesangstechnik:

Diese unterschiedlichen Stilistiken lassen dir auch hier einen großen Spielraum bei der Gestaltung deiner Interpretation. Die Stufen 2 und 3 des Vier-Stufen-Modells sind am besten geeignet, weil sie die stimmliche Dichte und emotionale Tiefe am besten wiedergeben.

Besonders emotionale und ausdrucksstarke Stellen können aber durchaus auch mit den Stufen 1 und 4 herausgearbeitet werden.

Für den folgenden Song kannst du aus den zur Verfügung stehenden Artikulations- und Soundbausteinen vor allem den „Twang", eine weite und tiefe Rachenöffnung, den gehobenen Gaumen, ein intensives Vibrato, ausgeprägtes Ad-Libbing wie „Oh Lord" oder „Amen", aber auch dreckige Töne bei den „Moans" verwenden.

Für eine Country- und Bluegrass inspirierte Interpretation bietet sich eher eine leichtere und helle Einstellung, vielleicht sogar mit einem kleinen Yodel, an.

Wichtige Künstler/innen:

The Carter Family, Mahalia Jackson, The Golden Gate Quartett, The Five Blind Boys of Alabama, The Five Blind Boys of Mississippi, Edwin Hawkins, James Brown, Cissy und Whitney Houston, Yolanda und Oleta Adams, Solomon Burke, Reverend Gary Davis, Mary Mary, Gaither Vocal Band

Song-Empfehlungen:

Swing Low Sweet Chariot, Go Down Moses, Amazing Grace, Oh When the Saints Go Marching In, Deep River, Nobody Knows the Trouble I've Seen, Oh Happy Day

Musikalische Merkmale:

Pentatonische Skalen und ausgefeilte Mehrstimmigkeit
Ternäres Feel und deutlicher Schwerpunkt beim Klatschen auf der Zählzeit 2 und 4 beim Black Gospel (Backbeat); 4/4-, 3/4-, 6/8-Takt

Like the Angels in Heaven

Renate Braun

Gospel Waltz
♩ = 95
4 Takte Intro

If you wan-na feel like the an - gels in hea-ven,

join in and sing with the cho-ir a - bove.

Tune in your heart_____ to the hea - ven-ly po - wer,_____

Go, raise your voi - ces_____ de - di - ca-ted to love.

2. *If you wanna sing with the angels in heaven,*
   bundle your heart and set free your feet.
   Tune your voice to the sound of nature,
   walk down the road to the heavenly beat.

Text und Melodie: Renate Braun
© Voggenreiter Verlag GmbH, 53343 Wachtberg

4. Vom Soul zu Funk und R&B

Aus Elementen des weltlichen Blues und des kirchlichen Gospel entwickelte sich um 1960 eine Stilrichtung, die schnell zur dominierenden afroamerikanischen Pop-Musik wurde.
Viele Soul-Sängerinnen und Sänger begannen ihre Karriere als Gospel-Sänger. Die energiegeladenen Soul-Songs werden ausdrucksstark interpretiert und dramatisch und dynamisch dargeboten. Ein treibender Groove und charakteristische Bläser-Riffs sind wesentliche Merkmale.
Seit Anfang der 70er gingen aus der Soulmusik oder dem Rhythm & Blues allmählich Funk, Disco-Musik und der moderne Hip-Hop und R&B hervor.
Im Soul, so wie im klassischen und modernen R&B, dominieren die wirklich „großen" Stimmen, die scheinbar keine Begrenzung in Höhe und Ausdruckskraft kennen.
Die Stimme in der Funkmusik übernimmt oft eher eine perkussive Funktion, es wird weniger melodiebezogen, sondern sehr akzentuiert, hoch und oft mehrstimmig gesungen.

Verwendete Gesangstechnik:

In diesen Stilrichtungen werden fast ausschließlich die Stufen 2 und 3 des Vier-Stufen-Modells verwendet, weil sie, wie beim Gospel, die stimmliche Dichte und emotionale Tiefe erst ermöglichen. Für besonders ausdrucksstarke Stellen werden aber auch die Stufen 1 oder 4 verwendet. Der wiederholte oder ausschließliche Einsatz der Falsett-Stimme (s. Seite 66) ist dabei fast unumgänglich.
Aus den Artikulations- und Soundbausteinen kannst du vor allem den „Twang", den gehobenen Gaumen und die „Apfel-Biss-Stellung" nutzen, häufig ein sehr ausgeprägtes Ad-Libbing (Pop-Koloratur), aber auch emotionsgeladene Schluchzer sowie soulig dreckige Töne und Stöhnen. Die perkussive Qualität der Konsonanten kommt bei dieser sehr rhythmischen Art zu singen ebenfalls häufig zum Einsatz.

Wichtige Künstler/innen:

Ray Charles, Aretha Franklin, Curtis Mayfield, Esther Phillips, Diana Ross, Al Green, Marvin Gaye, Barry White, Martha Reeves, James Brown, Jackson Five, The Temptations, Luther Vandross, Gloria Gaynor, Patti LaBelle, Stevie Wonder, Tina Turner, Amy Winehouse
Betty Davis, Kool & the Gang, Sly & the Family Stone, Chic, Rose Royce, Earth, Wind & Fire, Funkadelic, Prince, Chaka Khan, Erykah Badu, Cee Lo
Michael Jackson, Rihanna, R.Kelly, Beyoncé, Usher, Justin Timberlake, Jennifer Hudson, Mary J. Blige, Fergie, Missy Elliott, Alicia Keys, Chris Brown, John Legend, Bruno Mars

Song-Empfehlungen:

Georgia, Respect, Stand by Me, When a Man Loves a Woman, The Dock of the Bay, Mustang Sally, Soul Man, Papa Was a Rolling Stone, I Heard It Through the Grapevine, Proud Mary, Sex Machine, Get Ready, We Are Family, Lady's Night, Thriller, September, Lady Marmalade, Superstition, Purple Rain, Celebration, Unfaithful, Halo, Uptown Funk

Musikalische Merkmale:

Pentatonische Skalen, „Blue Notes" und häufige Mehrstimmigkeit
Ausgeprägte Rhythmik in Achtel- und Sechzehntelphrasierungen

AUDIO 65

Daytime, Nighttime

Renate Braun

Playback 66

Soul
♩ = 96
4 Takte Intro

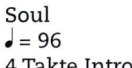

1./3. Good morn ing mid – night, I call you, I'm a-com-ing home.
2. Good morn-ing moon – light, I call you, I'm a-com-ing home.

Good morn-ing star – light, I call you, I'm a-com-ing home.
Good morn-ing night – time, I call you, I'm a-com-ing home.

Sun – shine was a nice _____ place, and I want-ed you to stay,
Night was bright as sun – light, and I beg – ged you to stay,

but day – light did – n't want _____ me, _____ so
but soon the east was turn – ing red, and

good-night day! _____
you went a – way!

Day – time, night-time, tell me the right time,
Day – time, night-time, tell me the right time,

day – time, night – time, you went a – way.
day – time, night – time, want you to stay.

Day – time, night – time,
Day – time, night – time,

tell me the right time, day – time, night – time, good-night day.
tell me the right time, day – time, night – time, good-night day. _____

Text und Melodie: Renate Braun
© Voggenreiter Verlag GmbH, 53343 Wachtberg

107

5. Rock 'n' Roll

In seinem Ursprung eine Mixtur aus Elementen des schwarzen Rhythm & Blues und der weißen Country Music, entwickelte sich diese Urform der Rockmusik schnell zu einem Synonym der Jugend-Protestkultur der 1950er und frühen 60er. Ab Mitte der 60er wurde der Rock'n'Roll in seiner Bedeutung durch die aufkommende Beatmusik ersetzt, fand aber in der Rockmusik seine stilistische Fortsetzung.

Kennzeichnend für den Rock'n'Roll ist der harte, tanzbare Beat und sich wiederholende Gitarren- oder Klavier-Riffs, die der Gesangsstimme einen sehr festen Rahmen geben. Die Stimme wird dabei meist rhythmisch und in kurzen Phrasen verwendet und klingt häufig rockig und dreckig. Nur bei den Balladen sind große, emotionale Gesangsbögen möglich. Eine Ausnahme machten die ursprünglich vom Blues, Gospel und „Barbershop-Gesang" kommenden, afroamerikanischen „Doo Wop"-Gruppen, bei denen in mehrstimmigen Gesangssätzen der Instrumentenklang durch Nonsens-Silben wie „Doo-Wah" oder „Wop" imitiert wurde.

Verwendete Gesangstechnik:

Die verschiedenen Untergruppen des Rock'n'Roll lassen dir viel Spielraum bei der Gestaltung deiner Interpretation. Die Stufen 2 und 3 des Vier-Stufen-Modells sind am besten geeignet, aber du kannst für ausdrucksstarke Stellen auch die Stufe 4 verwenden. Der Einsatz der Falsett-Stimme ist im Rock'n'Roll und vor allem im Doo-Wop ein beliebtes Stilmittel.

Aus den Artikulations- und Soundbausteinen solltest du viel „Twang", den gehobenen Gaumen und die „Apfel-Biss-Stellung" benutzen. Ein dreckiger Stimmklang und perkussive Konsonanten kommen bei dieser sehr rhythmischen Art zu singen häufig zum Einsatz. Ausgeprägteres Ad-Libbing sowie emotionale Schluchzer und Kieckser werden hauptsächlich in den Balladen verwendet.

Wichtige Künstler/innen:

Bill Haley, Elvis Presley, Chuck Berry, Jerry Lee Lewis, Little Richard, Wanda Jackson, Gene Vincent, Eddy Cochran, Buddy Holly, Richie Valens, Buddy Holly, Carl Perkins, Bo Diddley, Ruth Brown, Peggy Lee, Irma Thomas

The Ink Spots, The Platters, The Drifters, The Dells, The Chantels, The Ronnettes, The Shirelles, The Chiffons, The Chordettes, Showaddywaddy

Song-Empfehlungen:

Rock Around the Clock, All Shook Up, Johnny B.Goode, Good Golly Miss Molly, Sweet Little Sixteen, Summertime Blues, Hound Dog, Roll Over Beethoven, Whole Lotta Shakin' Goin' On, Peggy Sue

Oh Darling, At the Hop, That'll Be the Day, Be-Bop-A-Lu-La, Cryin' In the Chapel, Only You, Why Do Fools Fall In Love, Lollipop, Under the Boardwalk, Rama-Lama-Ding-Dong

Musikalische Merkmale:

Bluesform und Bluestonleiter sowie Pentatonik, Mehrstimmigkeit
Binäre und ternäre Rhythmik mit ausgeprägter Backbeat-Betonung der Viertel

Do that Rock'n'Roll

Renate Braun

Rock 'n' Roll
♩ = 165
4 Takte Intro

Come on ev'-ry - bo-dy, do that Rock -'n' - Roll.

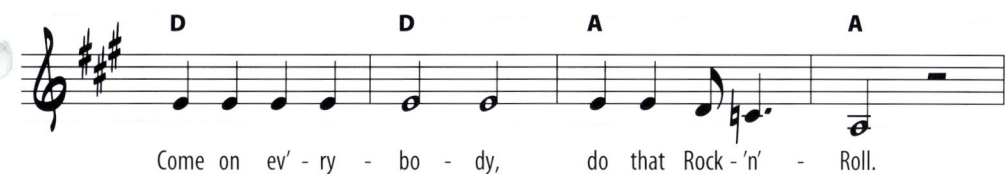

Come on ev'-ry - bo-dy, do that Rock -'n' - Roll.

Shake it up Ba - by, to sa-tis-fy your soul.

2. *Roll it over Beethoven, and do that Rhythm 'n' Blues.*
   Roll it over Beethoven, and do that Rhythm 'n' Blues.
   Shake it up, baby. Them cats will get the news.

3. *Let the music play, it's only Rock 'n' Roll.*
   Let the music play, it's only Rock 'n' Roll.
   The razzle and the dazzle is gonna thrill your soul.

4. *Shake it up, baby, do that Rock'n'Roll,*
   the movin' and the groovin' gonna satisfy your soul.
   Well, shout it out baby and do that Rock'n'Roll.

Text und Melodie: Renate Braun
© Voggenreiter Verlag GmbH, 53343 Wachtberg

6. Vom Classic Rock zu Hardrock, Heavy Metal, Punk, Grunge

Unter dem Begriff Rockmusik muss man wohl eher ein Sammelbecken verschiedenster Stilrichtungen und Strömungen verstehen als eine klar definierte Stilistik. In den 60er Jahren aus amerikanischem Rock 'n' Roll, Blues und britischer Beatmusik entstanden, spaltete sich dieses Genre Mitte der 60er in zwei Hauptströmungen auf.

Auf der einen Seite steht dabei die vom Blues beeinflusste „klassische" Rockmusik mit eingängigen Melodien und Songstrukturen, wie sie aus der Musik der Beatles, Stones oder Animals hervorging. AC/DC, Aerosmith und Guns n' Roses prägten dieses Genre.

Auf der anderen Seite entwickelte sich mit Beginn der 70er Jahre der Hardrock unter dem Einfluss von Bands wie Black Sabbath, Led Zeppelin oder Deep Purple. Diese Bands waren die Keimzelle des Heavy Metal der 80er (u. a. Metallica, Iron Maiden) und Nu Metal der 90er. Punk und Grunge mit ihren simpleren Songstrukturen, aber ähnlich ungezügelter musikalischer Energie, entwickelten rebellische Gegenentwürfe zu den etablierten Stilen.

Im Rock überwiegt der Typus des „Shouters" mit seinem charakteristischen, lauten und rauen Stimmklang und oft sehr hoher Stimmlage. Durch den wachsenden Einfluss der Rap-Musik entwickelte sich eine moderne Strömung mit klarer Teilung im Songaufbau: Growl- und Rap-Techniken in den Strophen und gesungene Passagen in Refrains und Hook-lines.

Verwendete Gesangstechnik:

Die Vielfalt der unterschiedlichen Rock-Stimmen und Untergruppen der Rockmusik gibt dir die Möglichkeit, prinzipiell jede Grundeinstellung des Vier-Stufen-Modells zur Gestaltung deiner Interpretation zu benutzen. Die Stufen 2, 3 und 4 sind alle hervorragend geeignet, die neutrale Stimme der Stufe 1 wird eher für Rap-Passagen verwendet. Der Einsatz der Falsett-Stimme, entweder klar oder angezerrt im „Overdrive", ist im Hard and Heavy Rock und in den mehrstimmigen Passagen ein häufig eingesetztes Stilmittel.

Fast alle Artikulations- und Soundbausteine können benutzt werden, besonders intensiv der „Twang", der gehobene Gaumen, die „Apfel-Biss-Stellung", der weit geöffnete Rachenraum, eine abgesenkte oder angehobene Zunge und, bei Bedarf, starker Druckaufbau. Ein dreckiger Stimmklang mit viel Soundeinsatz wie Screams, Growls und Breaks wird meist bevorzugt.

Wichtige Künstler/innen:

The Beatles, Cream, Mick Jagger, Eric Burdon, Robert Plant, David Bowie, Steven Tyler, Joe Cocker, Roger Daltrey, Jim Morrison, Freddy Mercury, Paul Rogers, Ian Gillan, Axl Rose, Kurt Cobain, David Lee Roth, Jon Bon Jovi, Eddi Vedder, James Hetfield, Ozzy Osbourne, Ronnie James Dio, Bruce Dickinson, Bon Scott, David Coverdale, Klaus Meine, Phil Anselmo, Patti Smith, Janis Joplin, Chrissie Hynde, Annie Lennox, Grace Slick, Ann Wilson, Nina Hagen, Joan Jett, Courtney Love, Pink, Gwen Stefani, Doro Pesch, Angela Gossow, Beth Ditto, Rage Against The Machine, System Of A Down

Song-Empfehlungen:

I Can't Get No (Satisfaction), Highway to Hell, Whole Lotta Love, Here I Go Again, Child In Time, Paranoid, Run to the Hills, Cry Baby, Because the Night, Somebody to Love, Barracuda, I Love Rock'n'Roll, Smells like Teenspirit, Enter Sandman, Bohemian Rhapsody, Try

Musikalische Merkmale:

Powerchords, Riffs, klassische Harmonielehre und Blues-Pentatonik, Chromatik
Binäre Rhythmik, 4/4-Takt mit treibenden Achtel-Figuren, starke Backbeat-Betonung

Sirens

Renate Braun

Metal
♩ = 120
2 Takte Intro

1. When you think your jour-ney's at an end, you hear some-thing round the

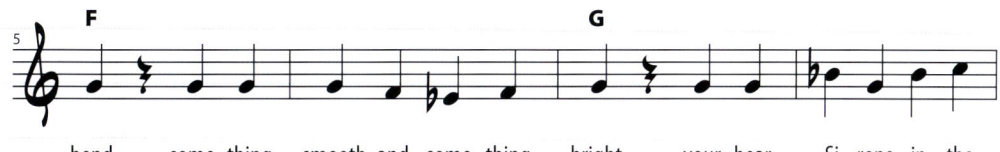

bend, some-thing smooth and some-thing bright, your hear Si-rens in the

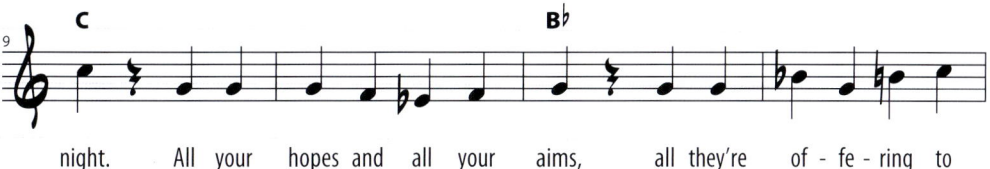

night. All your hopes and all your aims, all they're of-fe-ring to

you, like the end of all your pains, noth-ing will come true.

If you reach for ho-nour and for fame: Hear the Si-rens in the

night, soft-ly cal-ling out your name. Si-rens in the night. 2. All your

Spiele Powerchords (siehe Seite 194)

Text und Melodie: Renate Braun
© Voggenreiter Verlag GmbH, 53343 Wachtberg

7. Vom Folk zu Folkrock, Art-Rock, Pop-Rock und New Folk

Die traditionelle amerikanische Musik der 1920er, die Musik der anglo-keltischen Folkbands und der politischen Liedermacher der 60er, entwickelte sich in den 70er-Jahren in Amerika über den Folkrock der Byrds hin zu Bands wie den Eagles oder Fleetwood Mac, in England dagegen von Fairport Convention mehr in Richtung der Art-Rock Bands wie Genesis, Gentle Giant oder Yes. Immer schon sehr nahe am Pop, ist die Folkmusic seit den 90ern auch im Crossover der aktuellen New Folk- und Gitarrenbands angekommen.

Geprägt von häufig sehr klaren, hellen Stimmen und ausgefeiltem mehrstimmigen Harmoniegesang führte letztendlich die Art des Gesangs dieser Bands und der Stimmklang der Leadsänger und Solokünstler hin zum populären Pop-Rock, damit zur Mainstream-Rockmusik und zum modernen, nicht Black-Music-beeinflussten Pop. Auch hier sind seit den 90er Jahren die Grenzen zur Weltmusik, Roots Music, Jazz-Rock, Metal, Hip-Hop, Techno und Electro fließend, aber die eher natürliche, folkmusic-basierte Stimme überwiegt in diesen Stilistiken.

Verwendete Gesangstechnik:

Die neutrale Stimme der Stufe 1 bei eher erzählenden Songs und die Grundeinstellungen der Stufen 2 und 3 des Vier-Stufen-Modells sind gut geeignet zur Gestaltung deiner Interpretation. Die klare Falsett-Stimme ist ein häufig eingesetztes Stilmittel.

Fast alle Artikulations- und Soundbausteine von luftig bis dreckig können benutzt werden, der „Twang" ist dabei Voraussetzung für druckvolle hohe Passagen, ebenso die „Apfel-Biss-Stellung", der gehobene Gaumen, der weit geöffnete Rachenraum und der angehobene Kehlkopf für den hellen Klang.

Wichtige Künstler/innen:

Woody Guthrie, Leadbelly, Bob Dylan, Joan Baez, Pete Seeger, Joni Mitchell, Melissa Etheridge, Carol King, James Taylor, Judy Collins, Leonard Cohen, CCR, The Byrds, Kansas, The Eagles, The Mamas & The Papas, Crosby, Stills, Nash & Young, Simon & Garfunkel, Don McLean, Gordon Lightfoot, Pentangle, Renaissance, Fairport Convention, Steeleye Span, Jethro Tull, Fleetwood Mac, Gentle Giant, Pink Floyd, Yes, Genesis, Barkley James Harvest, Wishbone Ash, The Corrs, Donovan, Cat Stevens, Ani DiFranco, Tracy Chapman, Peter Gabriel, Sting, Hannes Wader, Reinhard Mey

The Lumineers, Mumford & Sons, Vampire Weekend, Foster The People, Of Monsters And Men, Florence And The Machine, Bon Iver, The National, Fleet Foxes, Passenger, Ed Sheeran, Tim Bendzko, Pohlmann, Clueso

Song-Empfehlungen:

This Land Is Your Land, Turn! Turn! Turn!, Mr. Tambourine Man, Where Have All the Flowers Gone, Woodstock, California Dreaming, Dreams, One of these Nights, You've Got a Friend, The Musical Box, Father and Son, Atlantis, Solsbury Hill, Bridge Over Troubled Water, Dust in the Wind, Owner of the Lonely Heart, Hallelujah, Let Her Go, Ho Hey, I See Fire, The Shrine, Chicago

Musikalische Merkmale:

Traditionelle Harmonielehre (Folk/Folk Rock), Klassik-beeinflusster Songaufbau (Art-Rock) Binäre Rhythmik, 4/4, 3/4, 6/8 -Takt (Folk), ungerade Metren (Art-Rock)

Wie Fred Astaire

Renate Braun

New Folk
♩ = 120
4 Takte Intro

Dmaj7 · Gmaj7 · Dmaj7

1. Bist heu-te auf-ge-wacht, hast ge-träumt, die
2. In dei-nen Träu-men tanzt du froh

Gmaj7 · Dmaj7 · Gmaj7

gan-ze Nacht von Wär-me und Licht, von Meer und
durch den Tag, du fühlst die Wär-me, das Meer, den

Dmaj7 · Gmaj7 · Dmaj7

Son-nen-schein. von Men-schen, die
Son-nen-schein, um-ge-ben von Freun-

Gmaj7 · Dmaj7 · Gmaj7

tan-zen, von Kin-dern, die la-chen, kei-ner ist al-lein.
den, die sin-gen und la - chen bist du nicht al-lein.

Em · F#m · Em

Doch dann wird's dir plötz-lich klar, und du weißt, das ist
Doch nun siehst du völ-lig klar, ja du weißt, das ist

F#m · Em · F#m

al-les nicht wahr, du gehst raus aus dem Haus auf die Stra-ße und du
al-les nicht wahr, denn du stehst im-mer noch auf der Stra-ße, doch du

114

Text und Melodie: Renate Braun
© Voggenreiter Verlag GmbH, 53343 Wachtberg

8. Vom Country zu New Country und Country-House

Auch die Country-Musik, zu Beginn des 20. Jahrhunderts hervorgegangen aus der Folkmusic der irischen und englischen Einwanderer und ein Schmelztiegel verschiedenster Einflüsse, hat ihrerseits die moderne Pop- und Rockmusik nachhaltig geprägt. Vom ursprünglich rein akustischen Bluegrass über den verstärkten Honky Tonk und Jazz-inspirierten Western Swing entwickelten sich seit den 60ern der Nashville Sound und Country-Pop, bis heute die kommerziellsten Vertreter der aktuellen Country-Musik. Mit seiner Mischung aus Rockabilly, Blues-Elementen und harter Rockmusik ist der Country-Rock oder New Country inzwischen ebenfalls im Mainstream angekommen, und seit „Hey Brother", der Zusammenarbeit von DJ Avicii mit dem Country-Sänger Dan Tyminski auch in den Pop-Charts und Discos. Vom mehrstimmigen Satzgesang der traditionellen „Old-Time Music" und des Country Gospel, dem „Yodeling" der singenden Cowboys, vom Rock'n'Roll-Gesang der 50er über den geschliffenen Nashville-Crooner, bis hin zu den eher rockigen, dreckigeren Stimmen der Country-Outlaws und Alternative-Country-Sänger bietet dieses Genre eine riesige stimmliche Vielfalt.

Verwendete Gesangstechnik:
Die verschiedenen Untergruppen der Country-Music lassen dir viel Spielraum bei der Gestaltung deiner Interpretation. Die Stufen 2 und 3 des Vier-Stufen-Modells sind dabei bestens geeignet, aber auch die Stufe 1 ist durchaus üblich. Der Einsatz der Falsett-Stimme und einer tiefen Bass-Stimme sind beim Harmonie-Gesang ein wichtiges Element.
Fast alle Artikulations- und Soundbausteine von luftig bis dreckig können benutzt werden, der country-typische „Twang" ist Voraussetzung für druckvolle hohe Passagen, ebenso die „Apfel-Biss-Stellung", der gehobene Gaumen, der weit geöffnete Rachenraum und der angehobene Kehlkopf für den hellen Klang. Emotionale Schluchzer und Yodeling werden hauptsächlich in den Balladen verwendet. Ein leichtes „Anknarren" oder Quetschen (Knödeln) der Stimme gehört ebenfalls zum typischen Country-Gesang.

Wichtige Künstler/innen:
The Carter Family, Hank Williams, Patsy Cline, Hank Snow, Charley Pride, Johnny Cash, Loretta Lynn, Dolly Parton, Brenda Lee, Kenny Rogers, Steve Earl, Willie Nelson, Linda Ronstadt, Merle Haggard, Waylon Jennings, Kris Kristofferson, Wynonna Judd, Bobby Gentry, Rita Coolidge, Tammy Wynette, Reba McEntire, Emmilou Harris, Alison Krauss, Garth Brooks, Dan Tyminski, Keith Urban, Dixie Chicks, Carrie Unterwood, Shania Twain, Faith Hill, LeAnn Rimes, Taylor Swift

Song-Empfehlungen:
Crazy, Jackson, Me and Bobby McGee, Good Hearted Woman, Wabash Cannonball, Sunday Morning Coming Down, Friends In Low Places, On The Road Again, Ode to Billie Joe, The Gambler, Stand By Your Man, Jolene, Ring of Fire, That Don't Impress Me Much, Delta Dawn, Coleminer's Daughter, Lodi, Down to The River to Pray, A Man of Constant Sorrow

Musikalische Merkmale:
Traditionelle Harmonielehre und Songstrukturen, Dur-Pentatonik
Binäre und ternäre Rhythmik, 2/4, 3/4, 4/4 -Takt

AUDIO 73

Playback 74

At the Foot of the Mountain

Renate Braun

Country Ballad
♩ = 80

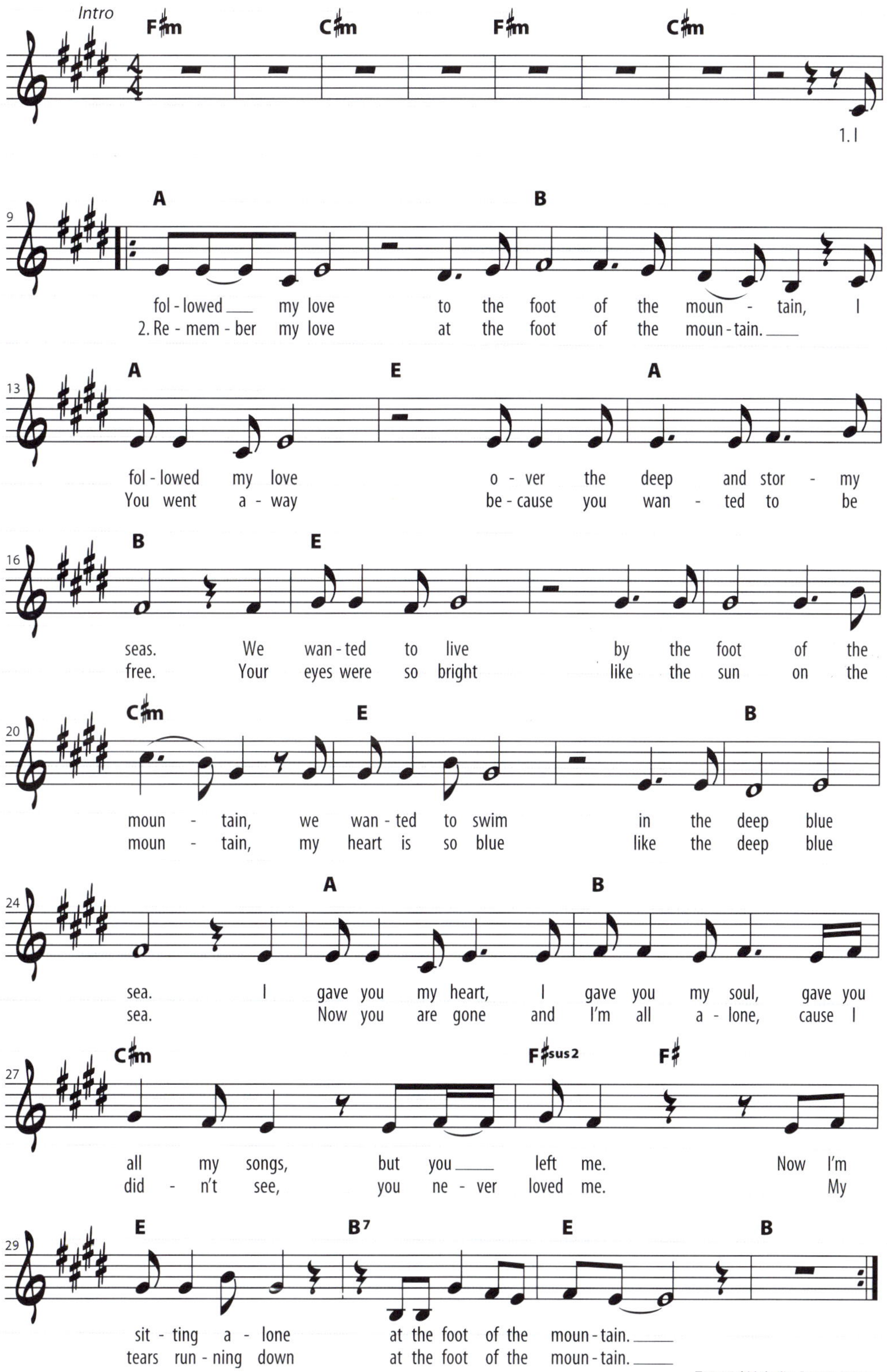

Intro F♯m   C♯m   F♯m   C♯m

1. I

A   B

fol - lowed ___ my love   to the foot of the moun - tain, I
2. Re - mem - ber my love   at the foot of the moun - tain. ___

A   E   A

fol - lowed my love   o - ver the deep and stor - my
You went a - way   be - cause you wan - ted to be

B   E

seas.   We wan - ted to live   by the foot of the
free.   Your eyes were so bright   like the sun on the

C♯m   E   B

moun - tain, we wan - ted to swim   in the deep blue
moun - tain, my heart is so blue   like the deep blue

A   B

sea.   I gave you my heart,   I gave you my soul, gave you
sea.   Now you are gone   and I'm all a - lone, cause I

C♯m   F♯sus2   F♯

all my songs,   but you ___ left me.   Now I'm
did - n't see,   you ne - ver loved me.   My

E   B⁷   E   B

sit - ting a - lone   at the foot of the moun - tain. ___
tears run - ning down   at the foot of the moun - tain. ___

9. Rap und Hip Hop

Hip-Hop ist eine Kunstrichtung und Lebenseinstellung, die aus der afroamerikanischen Musikkultur und der aktuellen Pop-Musik nicht mehr wegzudenken ist. Die DJs der karibischen Einwanderer unterhielten etwa ab Mitte der 70er Jahre ihr Publikum bei Block-Parties in New York mit Breakbeats, tanzbaren Soundschnipseln aus Funk und R&B, und animierten mit Hilfe der MCs (Masters of Ceremony) und ihren Raps (Plaudereien) zu Breakdance Battles. Die Tradition des „Toasting", des Sprechgesangs, kam ursprünglich aus Jamaika und wurde von den Rappern rhythmisch erzählend zu den Samples, Loops und Scratches der Plattenspieler und Mischpulte der DJs dargeboten. Aus dieser Partymusik entwickelte sich Ende der 80er der sozialkritische, politische „Conscious Rap" der Ostküste, der jedoch bald vom aggressiven „Gangsta-Rap" der Westküste überlagert wurde, was in einer jahrelangen, gewaltgeladenen Fehde zwischen „Eastcoast" und „Westcoast" gipfelte.

Die „Skills", das stimmliche Können der Rapper, zeigen sich in der gekonnten Kombination von Textinhalt und rhythmischer Sprache mit dem Breakbeat. Viele Rapper erweisen sich inzwischen auch als hervorragende Sänger/innen, der Übergang zwischen Hip-Hop, R&B, Reggae, Rock und Pop ist längst fließend geworden.

Verwendete Gesangstechnik:
Die druckvolle, deutlich artikulierte Sprechstimme beim Rap muss durchgehend auf einer gut verständlichen Tonhöhe gehalten werden. Dazu sind die Stufen 2 und 3 des Vier-Stufen-Modells am besten geeignet. Die entspannte Stufe 1 ist weniger durchsetzungsfähig, aber durchaus möglich. Stufe 4 wird kaum verwendet.

Aus dem Bereich der Artikulations- und Soundbausteine wird die klare Sprechstimme ebenso benutzt wie der „Twang" für druckvolle Passagen. Auch die „Apfel-Biss-Stellung", der gehobene Gaumen, der weit geöffnete Rachenraum und der angehobene Kehlkopf für einen hellen Klang werden häufig verwendet. Besonders wichtig bei diesem sehr rhythmischen Musikstil sind perkussive Konsonanten bis hin zu Vocal Percussion und Beatboxing. Bei gesungenen Parts kann die Stimme ein wenig dreckiger oder luftiger werden. Viele Songteile werden gedoppelt und auch live durch eine oder mehrere Stimmen verstärkt. Fast jeder Rapper benutzt seine eigenen, charakteristischen Ad-Libs.

Wichtige Künstler/innen:
Afrika Bambaataa, The Sugarhill Gang, Grandmaster Flash, Run-D.M.C, MC Hammer, Coolio, Kurtis Blow, N.W.E, Tupac Shakur, LL Cool-J, Nas, Beastie Boys, Wu-Tang Clan, Snoop Dog, Puff Daddy, 50 Cent, Eminem, TLC, Jay-Z, Lil' Kim, Notorious B.I.G., Queen Latifah, Missy Eliott, Fugees, Salt-N-Pepa, Falco, Die Fantastischen Vier, Sabrina Setlur, Bushido, Sido, Blumentopf, Die Söhne Mannheims, Freundeskreis, Seeed, Marteria, Casper, Cro

Song-Empfehlungen:
Planet Rock, Rapper's Delight, The Message, Walk This Way, Gangster's Paradise, Can't Touch This, California Love, Ladies First, Get Ur Freak On, Fu-Gee-La, Push It, The Real Slim Shady, Keep Your Head Up, Big Poppa, Empire State Of Mind, No Sleep Till Brooklyn, Du liebst mich nicht, Höha – schnella – weita, MfG, Mein Block, Der Druck steigt

Musikalische Merkmale:
Oft klassische Pop- und Rock-Songstrukturen, auf Loops und Samples aufgebaut.
Binäre Rhythmik, 4/4 -Takt mit Hip-Hop-typischen Drumloops und ausgeprägtem Backbeat

Ja, sie singt

Renate Braun

HipHop
♩ = 136
4 Takte Intro

Kei - ner hat ihr je ge - glaubt, kei - ner

hat ihr je ver - traut, je - der hätt' ihr gern ver - saut, ihr schö - nes

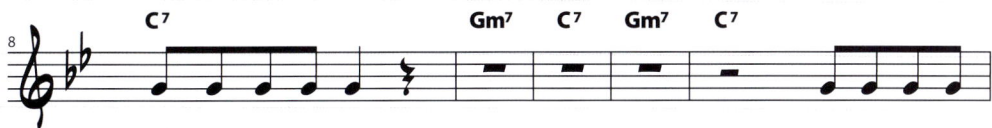

Schloss auf Sand ge - baut. Sie hat ge - dacht,

sie weiß, wie's geht,____ sich tau - send Mal im Kreis ge - dreht, tau - send

Um - we - ge ge - macht, tau - send Näch - te wach ver - bracht.

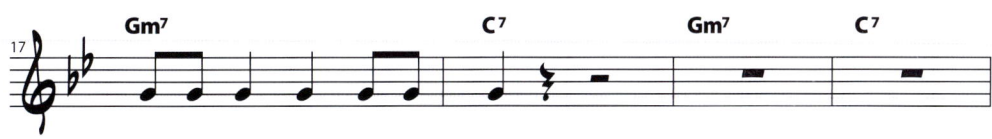

Und nun fragt ihr, wie's ihr geht?

Sie steht im-mer noch.   Na, ihr seht sie doch.   Sie singt im-mer noch.

Ja, ihr hört sie doch.   Sie lebt im-mer noch   und   sie ___ singt.

Sie steht im-mer noch.   Na, ihr seht sie doch.   Sie singt im-mer noch.

Ja, ihr hört sie doch.   Sie lebt im-mer noch,   da - rauf ein drei-fach Hoch.

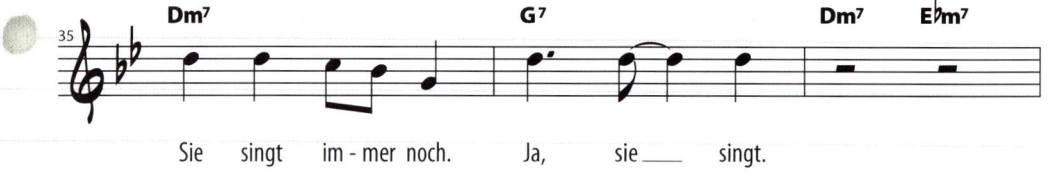

Sie singt im-mer noch.   Ja,   sie ___ singt.

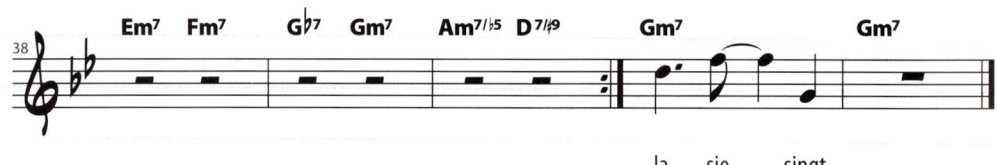

Ja, sie ___ singt.

Text und Melodie: Renate Braun
© Voggenreiter Verlag GmbH, 53343 Wachtberg

Kapitel 3

Die Kunst

1. Künstlerische Entwicklung und Kreativität

Talent und Hingabe – oder was macht gute Sänger/innen aus?

Wir haben es bereits am Anfang dieses Buchs festgestellt: Jeder Mensch kann singen – oder vielleicht sollte man besser sagen, alle stimmgesunden Menschen haben eigentlich die gleichen körperlichen Voraussetzungen dazu. Warum gibt es nun Menschen, denen man liebend gerne beim Singen zuhört, die uns mit ihrer Stimme gewissermaßen verzaubern, und wieder andere, die „keinen geraden Ton treffen" und deren Gesangsdarbietung man so schnell wie möglich entfliehen möchte?

Talent ist sicher ein wesentlicher Faktor auf dem Weg zur eigenen Stimme, aber es ist nicht allein-selig-machend. Mancher Sänger, dem zu Anfang seiner Laufbahn großes Talent bescheinigt wurde, scheitert kläglich, weil ihm der Mut, der gesunde Ehrgeiz, die Hingabe für die oft beschwerliche Arbeit mit der Stimme fehlt. Und manche Sängerin, die schon auf dem Weg zum Profi ist, macht einen Rückzieher, wenn sie merkt, wie viel Konsequenz, Fleiß, Durchhaltevermögen und Eigeninitiative dafür erforderlich ist. Manchmal sind es gerade die Menschen, die zunächst vielleicht eher durchschnittlich singen, aber nichts anderes kennen, als ihre Musik und ihre Liebe zum Singen, die diesen Weg zu ihrer Stimme mit Bravour beschreiten.

Was brauchst du, um eine gute Sängerin oder ein guter Sänger zu werden?

- Liebe zur Musik
- Eine Portion Talent
- Bewusstsein für die Bedürfnisse deines Körpers und deiner Stimme
- Eine gute, gesunde Gesangstechnik
- Ein Ziel und Durchsetzungsfähigkeit
- Geduld und Durchhaltevermögen
- Fleiß und Ausdauer
- Selbstwertgefühl und Glaube an dich selbst
- Liebe zum Detail und Gespür für das große Ganze
- Kreativität
- Risikobereitschaft und Frustrationstoleranz
- Kritikfähigkeit
- Geschäftssinn
- Eine stabile Persönlichkeit
- Individualität und Eigeninitiative
- Teamgeist und Egoismus
- Ein Händchen für die passenden Songs
- Jede Menge Glück

Lernen

Singen lernen ist immer ein ganzheitlicher, den Körper und die Seele betreffender Vorgang. Die intensive Beschäftigung mit der Stimme bedeutet für fast alle Menschen, die sich damit auseinandersetzen, lebenslanges Lernen. Lernen wollen bedeutet wiederum, sich der Sache, die man ständig weiterentwickeln möchte, ganz zu verschreiben – mit allen Konsequenzen, die das für den Menschen mit sich bringt.

Mit dem Fortschreiten der Wissenschaften um die Stimme und den Gesang ist auch das Verständnis für die damit verknüpften Aspekte Körperarbeit, Psyche und Pädagogik gewachsen. Verglichen mit der klassischen Gesangsausbildung kam es im Lauf der Jahre zum Teil zu deutlichen Veränderungen in der Herangehensweise. Wer heute singen lernt, hat alle Möglichkeiten zur Verfügung, die die Forschung und die modernen Medien zu bieten haben – und muss doch seinen ganz eigenen Weg durch diesen Dschungel finden und beschreiten. Singen lernen heißt auch Lernen lernen, und damit offen sein für neue Wege, die vielleicht ebenso zum Ziel führen. Ja, sogar offen sein dafür, das ursprüngliche Ziel zu überdenken und möglicherweise komplett neu zu definieren.

Stimme, Körper und Seele sind so eng miteinander verbunden, dass Menschen, die mehr über das Instrument Stimme erfahren wollen, sich automatisch mit den anderen Komponenten auseinandersetzen müssen. In jedem Fall bedeutet das Singen-Lernen, wie das Erlernen jedes Instruments, viel und harte Arbeit und: Üben, üben, üben.

Vielleicht hilft dir dabei mein Wahlspruch (frei übersetzt nach Scott McCloud):

- Lerne aus Allem und von Jedem.
- Lasse dich von keiner Lehrmeinung vereinnahmen.
- Halte Ausschau nach Mustern, die sich wiederholen.
- Arbeite wie verrückt.

Ziele und Wege

Was kannst du selbst tun, um dich stimmlich, musikalisch und persönlich weiter zu entwickeln?

- **Setze dir erreichbare Ziele.**
Überlege dir, wo du in einigen Wochen, in einigen Monaten, einem Jahr und in mehreren Jahren als Sängerin oder Sänger stehen möchtest. Natürlich sind dabei der Phantasie keine Grenzen gesetzt, aber versuche so genau wie möglich dein nächstliegendes und dein weitestes Ziel zu beschreiben. Wenn das Ziel oder der Weg dorthin sich irgendwann ganz natürlich verändert, solltest du nicht mit Gewalt an deiner Ursprungsidee festhalten.

- **Informiere dich über verschiedene Unterrichts- und Lernmethoden.**
Versuche herauszufinden, welche Lernmethode im Augenblick für dich am besten geeignet wäre. Scheue dich nicht, neue Wege zu betreten, aber wirf nicht bei der ersten Schwierigkeit sofort alles hin. Manchmal wirst du Umwege machen müssen, um an dein Ziel zu kommen.

- **Suche dir jemanden, der dich auf deinem Stimm-Weg begleitet.**
Da es sehr zeitraubend und mühsam ist, sich alles selbst beizubringen, solltest du dich auf die Suche nach jemandem machen , der dir die Lerninhalte vermitteln kann. Wenn du dir einen Lehrer oder einen Coach suchst, so achte darauf, dass zwischen euch menschlich und stilistisch die „Chemie" stimmt. Dein Lehrer sollte deinen bisherigen Werdegang respektieren und nicht versuchen, dich zu verbiegen. Sei offen für Vorschläge und Korrekturen, aber scheue dich nicht, zu hinterfragen. Es wird sicher nicht bei diesem einen Begleiter auf deinem Weg bleiben, aber jedes Stück Weg hat auch hier seine Berechtigung.

- **Mache dir einen Übeplan, mit dessen Hilfe du deine Arbeit kontrollierst.**
Versuche mit der größtmöglichen Konsequenz zu lernen. Schreibe dir zumindest für eine Weile genau auf, woran du wie lange gearbeitet hast und vermerke, wo nachgebessert und vertieft werden muss. Dieser Plan gibt dir die Sicherheit, dich nicht selbst zu überlisten, was deine Übedauer, Häufigkeit, Übeintensität und dein Zeitmanagement anbetrifft.

- **Teile dir deine Übungs-Zeit gut ein – nicht Quantität, sondern Qualität zählt.**
Vermeide oberflächliches Üben, das dir keine tieferen Einsichten bringt, aber deine Stimme unverhältnismäßig stark beansprucht. Übe nur, wenn du wirklich bei der Sache bist. Mehrere kurze Zeitspannen, in denen du konsequent und gleichmäßig an einem Thema arbeitest, bringen dir ein schnelleres und besseres, vor allem aber ein dauerhaftes Ergebnis.

- **Mache dir eine Song- und Repertoireliste.**
Bei der Arbeit an deiner Stimme werden auch Songs und Sänger/innen deinen Weg kreuzen, die du interessant findest. Schreibe eine Liste mit Songs, an denen du gern arbeiten möchtest oder picke dir eine spezielle Stilrichtung oder einen bestimmten Künstler heraus und vertiefe dein Wissen darüber. (siehe auch S. 128ff)

- **Beobachte und kontrolliere dich und deinen Fortschritt.**
Für manche Gesangsschüler/innen ist es anfangs fast unerträglich, wenn sie ihre eigenen Gesangsdarbietungen aus dem Unterricht oder aus einer Probe anhören müssen. Scheue dich nicht davor, dich selbst während deiner Übungen, während des Unterrichts und auch bei Proben mit Hilfe eines Spiegels zu kontrollieren. Nimm dich so oft wie möglich mit deinem PC, einem Fieldrecorder oder einem Videorecorder auf und höre und schaue dir die Aufnahmen ohne „Vor"-Urteil und so objektiv wie möglich an. Nur so kannst du feststellen, ob du deinen eigenen Klang-Ansprüchen entsprichst und ob deine Performance dich selbst als Zuschauer ansprechen würde.

- **Akzeptiere den Klang deiner Stimme und lerne sie lieben.**
Durch die häufige Kontrolle deiner Stimme gewöhnst du dich an deinen eigenen „äußeren" Stimmklang und kannst sowohl Veränderungen besser einschätzen, als auch wissentlich und willentlich selbst herbeiführen. Gehe achtsam mit dir um und kritisiere dich nicht ständig. Du befindest dich in einem Lernprozess, der dich jeden Tag einen Schritt weiter zu dir selbst und zu deinem eigenen Stimmklang führt. Sei offen für alle Veränderungen und habe Vertrauen zu deinem Körper und zu deiner Stimme. Sei dankbar für dein Talent und freue dich darüber, wenn du es mit anderen Menschen teilen kannst.

- **Erweitere deinen musikalischen Horizont.**
Lerne den musikalischen Hintergrund der Songs kennen, die du singst. Vertiefe deine Kenntnisse in Harmonielehre und Musiktheorie. Lerne rhythmisch zu denken und höre nicht nur die Gesangsstimmen, sondern auch andere Instrumente, wie den Bass, heraus. Lerne Noten und Klavier oder ein anderes Harmonieinstrument, das dich auch bei deiner stimmlichen Entwicklung unterstützt.

- **Erweitere deinen persönlichen Horizont.**
Hole dir Inspirationen aus den verschiedensten Bereichen wie Tanz, Gymnastik, Sport, Yoga, Meditation, kreatives Schreiben, Gedichte verfassen oder lesen, Theater spielen. Wenn du mit dir selbst im Einklang bist, deine Psyche stabil ist und du guter Stimmung (!) bist, so wirkt sich das in jedem Fall positiv auf deine Stimme aus.

- **Lasse dich inspirieren, analysiere und imitiere.**
Höre und genieße Musik aus den verschiedensten Stilrichtungen, gesungen von den unterschiedlichsten Interpret/innen, und analysiere dabei ihre musikalische Herangehensweise und ihr stimmliches Werkzeug. Versuche, die Funktionsweise der Stimme zu ergründen und zu imitieren – aber nur um das stimmliche Vokabular zu erlernen. Keinesfalls sollst du zum „Stimm-Klon" irgendeines Stars werden – es sei denn, dein musikalischer Weg als Stimmenimitator ist vorgezeichnet.

- **Entdecke und entwickle deine eigene Stimme und musikalische Sprache.**
Beschäftige dich mit den Eigenheiten, Stärken und Schwächen deiner Stimme. Auch Besonderheiten, die dich (oder andere) vielleicht zunächst stören, können sich zu deinem charakteristischen Stimmklang entwickeln, den du nicht mehr missen möchtest. Roger Chapman, Asaf Avidan, Passenger oder Shakira etwa sind Musikerpersönlichkeiten, die ihre im klassischen Sinn sehr außergewöhnlichen Stimmen zu ihrem Markenzeichen gemacht, ihre eigene musikalische Sprache gefunden, und damit ihren dauerhaften Erfolg begründet haben.

- **Entdecke und entwickle deine Bühnen-Persönlichkeit.**
  Nicht nur deine charakteristische Stimme, sondern auch deine ganz persönliche Art, dich auf einer Bühne zu bewegen und vor Publikum zu präsentieren, unterscheidet dich von jedem anderen Musiker. Spüre in dich hinein und finde auch hier deinen eigenen Weg. (Mehr dazu auch auf S. 143)

- **Gestalte deinen privaten Wohlfühl-Übungs-Bereich.**
  Um in Ruhe und mit der größtmöglichen Konzentration üben und an deiner Musik arbeiten zu können, solltest du dir einen Raum schaffen, in dem du zumindest zeitweise ungestört sein kannst und nicht unter ständiger Beobachtung bist. Sprich dich mit deinen Nachbarn oder Familienangehörigen ab, wann und wie lange du am besten üben kannst. Sollte da kein Entgegenkommen zu erwarten sein, lohnt es sich, einen externen Raum (z.B. der Proberaum deiner Band) zu suchen, um auch einmal in voller Lautstärke loslegen zu können. Letzte Rettung, um ungestört singen und Stimmübungen machen zu können, ist manchmal nur das Auto. Leider ist dabei die Bewegungsfreiheit doch eher eingeschränkt und die permanente Sitzposition für Körper- und Dehnungsübungen auch nur bedingt geeignet.

Wenn du mit einem Keyboard oder Klavier arbeitest, hast du bereits einen „Arbeitsplatz", um den herum du auch deine weiteren Utensilien aufbauen kannst. Empfehlenswert ist weiterhin ein Spiegel, in dem du Mundöffnung und Körperhaltung kontrollieren kannst, ebenso ein Stuhl oder Gymnastikball, um entspannt zu sitzen, und eine Gymnastikmatte oder weiche Decke, um bestimmte Übungen im Liegen ausprobieren zu können.

- **Entdecke und nutze technische Hilfen.**

Ein moderner privater Übungs- oder auch Unterrichtsraum sieht heute manchmal eher wie ein kleines Tonstudio aus, mit allen zur Verfügung stehenden technischen Möglichkeiten. Im klassischen Unterrichtsbetrieb haben sich diese Hilfsmittel noch nicht wirklich durchgesetzt, in allen nicht-klassischen Bereichen werden sie gern und mehr oder weniger intensiv genutzt.

Nützlich, um an Songs zu arbeiten, ist in jedem Fall eine kleine Anlage oder ein Computer, um die Originale und Playbacks deiner Übe-Songs abzuspielen. Ein Kopfhörer hilft, genau hinzuhören.

Um dich besser kontrollieren zu können, wirst du hin und wieder auch Aufnahmen von deiner Stimme machen wollen. Mit der kostenlosen Software „Audio Recorder" geht das relativ einfach über das eingebaute Mikrofon in deinem PC, für hochwertigere Aufnahmen mit ansprechenderem Klang benötigst du ein externes Aufnahmegerät oder Mikrofon und die dazugehörige Computer-Software. Näheres dazu erfährst du ab Seite 150 unter dem Überbegriff **Homerecording.**

Solltest du an einem schwierigen Song arbeiten, oder Probleme damit haben, ein Lied in der Originaltonart zu singen, so ist es sehr hilfreich, eine Software zu installieren, die die Songdatei stufenlos verlangsamen oder die Tonart schrittweise an die Bedürfnisse deiner Stimme anpassen kann. Am besten dafür geeignet sind die Programme „Transcribe!", oder „Amazing Slow Downer". Beide können sowohl für PC als auch für Mac im Internet erworben werden und sind mit einem Preis von unter 50 € in jedem Fall ihr Geld wert. Natürlich kannst du es auch zuerst einmal mit Freeware versuchen. „Audacity" ist eine kostenlose Aufnahme-Software, die ständig weiterentwickelt wird und auch zum Transponieren oder Verlangsamen hervorragend geeignet ist.

Wenn du dir dann über einen gewissen Zeitraum die für dich passende Gesangstechnik erarbeitet, vielleicht Unterricht genommen und die Besonderheiten und Bedürfnisse deiner Stimme kennengelernt hast, ist es schließlich an der Zeit, dich um die Arbeit an deiner Musik, deinem Song und deinem Repertoire zu kümmern.

2. Dein Song

Natürlich wirst du auf deiner sängerischen Laufbahn mit einem einzigen Song nicht sehr weit kommen, auch wenn mancher Künstler durch ein ganz spezielles Lied berühmt und sogar im besten Sinne „unsterblich" wird – man denke nur einmal an *Somewhere Over The Rainbow*, die geniale Kombination und Interpretation der beiden Songs *Over The Rainbow* (Judy Garland, *The Wizard of Oz*) und *What a Wonderful World* (Louis Armstrong) durch den hawaiianischen Sänger und Ukulelespieler Israel Kamakawiwo'ole.

Du brauchst also eine Aneinanderreihung vieler Songs, die deinen musikalischen Weg bereiten und die im Lauf der Jahre und Jahrzehnte deine Kreativität und Entwicklung als Sänger/in fordern und fördern. Das können mehrere hundert oder sogar mehrere tausend sein.

Jedes Lied, mit dem du dich auseinandersetzt, bringt dich stimmlich und musikalisch wieder ein Stückchen weiter, eröffnet dir zum Teil völlig neue Welten, oder vertieft dein Wissen über eine bestimmte Stilistik oder Stimmtechnik. Bei manchen Songs wirst du länger verweilen, manche kreuzen vielleicht nur einmal deinen Weg. Dennoch hat jeder Song zu seiner Zeit seine ganz spezielle Berechtigung.

Dabei ist es auch nicht entscheidend, ob du deine eigenen Lieder schreibst, oder die Songs anderer Künstler interpretierst, und damit zu deiner persönlichen Sammlung hinzufügst. Ob du ein Lied nun möglichst originalgetreu „coverst", oder eine völlig neue, ungewöhnliche Interpretation bevorzugst, bleibt sowohl deinem Geschmack, als auch deinen musikalischen Fähigkeiten überlassen.

Jeder für dich wichtige Song findet sicher den Weg zu dir – als geplanter Programmpunkt des nächsten Konzerts deiner Band oder deines Ensembles, als Vorschlag deines Gesangslehrers, als aktuelles Lieblingslied deiner besten Freundin, beim Autoradio hören, im Konzert und natürlich beim Surfen im Internet. War es früher noch unglaublich viel schwieriger und aufwändiger, an Songs und Notenmaterial heranzukommen, so bieten dir heute unzählige Songbooks und die schier unüberschaubare Anzahl von Download-Möglichkeiten via Internet jeden nur denkbaren Zugang zu deiner Wunschmusik.

Hast du deinen Song dann gefunden oder selbst geschrieben, folgt der nächste Schritt – das Interpretieren.

Beachte! Informationen über musiktheoretische Grundlagen, Songaufbau und die passende Tonart für deinen Song findest du ab S. 196 im Kapitel 7.

Interpretieren

Unter einer Interpretation versteht man zunächst im Allgemeinen die ganz persönliche Ausgestaltung und Darbietung eines Lieds durch einen Künstler. Das gilt für „Originals", also deine eigenen Songs, genauso wie für „Covers", Songs eines anderen Autoren. Du interpretierst in jedem Fall Text, Stimmung, Tempo und Groove nach deinem jeweiligen Empfinden jedes Mal dann neu, wenn du das Lied singst.

Als Hauptkriterium gilt dabei zuerst einmal dein musikalisches und stimmliches Können und deine musikalische Ausrichtung. Eine Art der Interpretation, die deine Stimme nicht mitmacht, ohne Schaden zu nehmen, wäre einfach sinnlos, selbst wenn du sie noch so wünschenswert findest. Beim Interpretieren ist es grundsätzlich von großem Nutzen, das Liedmaterial, und damit die grundlegenden Bereiche **Stilistik**, **Rhythmik**, **Harmonik** und **Lyrik** gut zu kennen und zu verstehen. Nur wer weiß, wovon ein Lied handelt, kann etwas Eigenes daraus entwickeln.

Beim Interpretieren dieser Bereiche kannst du eine völlig andere musikalische Stilrichtung wählen und damit vielleicht auch schon die Rhythmik ändern, das Tempo und die Tonart des Songs deinen Bedürfnissen anpassen oder die Akkordstruktur komplett reharmonisieren. Die Einteilung der Phrasen (die Phrasierung), entweder nach textlichen oder melodischen Gesichtspunkten, bleibt ebenfalls deinem Geschmack als Interpret/in überlassen.

Das wahrscheinlich beste Beispiel für unendlich viele unterschiedliche Interpretationen eines einzigen Liedes, durch mehrere Jahrhunderte, Textversionen, Rhythmen und Stilistiken hindurch, ist das Traditional *House of the Rising Sun*. Die Melodie wurde im England des 17. Jahrhunderts komponiert, von den Auswanderern als Folksong nach Amerika mitgebracht und dort mit neuem Titel und Text versehen. Im Country-, Folk- oder Rock-Kontext, sowohl als 4/4-, 3/4-, oder 12/8-Takt interpretiert, mit Folk-, Blues-, Pop- und Rock-Gesang und passenden Instrumenten garniert, landete es schließlich in den verschiedensten Genres wie Hard Rock, Jazz, Disco, Pseudo-Klassik, Electro oder Independent. Sogar das französische Chanson und der deutsche Schlager machten vor zum Teil hanebüchenen Übersetzungen und Umdeutungen nicht Halt.

Jede dieser Interpretationen ist somit auch ein „Cover", eine Neufassung dieses Songs eines unbekannten Autors durch unendlich viele andere Interpreten.

Covern

Kann man eigentlich jede Interpretation durch einen anderen Künstler auch als „Cover" bezeichnen, so versteht man unter einem „Coversong" doch meist eher ein Lied, bei dem Melodie und Text möglichst identisch mit dem Original wiedergegeben, und vielleicht von einer „Coverband" gespielt werden. Eine Tonartänderung lässt sich manchmal trotzdem, mit Rücksicht auf die Stimmlage des Sängers oder der Sängerin, nicht ganz vermeiden, wenngleich auch das den Charakter eines Liedes ziemlich verändern kann.

Noch intensiver, und noch genauer als bei einer relativ frei gestalteten Interpretation, muss man sich beim Covern das Original in Bezug auf Stilistik, Rhythmik, Harmonik und Lyrik mit Hilfe von Originalaufnahmen, Noten, Leadsheets oder Textblatt erarbeiten und verinnerlichen.

Mache dir dabei Vermerke über Melodieverlauf und Sprünge, Rhythmik, Groove und Dynamik. Pausen und Stops müssen ausgezählt und eingezeichnet werden. Vermerke stimmliche Besonderheiten des Originals, wie deutliche Registerwechsel zwischen Kopf- und Bruststimme, Rap- oder Scream-Parts. Wird eher entspannt, luftig oder mit Power gesungen, welche stilistischen Besonderheiten und Verzierungen wie Ad-Libs werden verwendet? Wo gibt es mehrstimmige Parts, und wer kann sie mit dir singen?

Wenn du diese Aufgaben erledigt hast, steht dir die wichtigste Grundlage einer guten Interpretation, ganz gleich ob Original oder Cover, bevor: die Arbeit am Text.

Textarbeit

Interpretierst du ein Cover, solltest du in jedem Fall verstehen, wovon du singst. Bei Songs in deiner Muttersprache ist das meist kein Problem, wobei es zum Beispiel für Süddeutsche durchaus schwierig sein kann, Herbert Grönemeyer oder Jan Delay zu verstehen. Songs, die in einem Dialekt gesungen werden, der nicht der eigene ist, sei es nun ein alpenländischer oder ein plattdeutscher, müssen manchmal wie fremdsprachliche Lieder behandelt werden.

Mache dir die Mühe, den Text gründlich herauszuarbeiten und lasse ihn dir übersetzen, wenn du der Sprache, in der du singen willst oder musst, selbst nicht mächtig bist. Das kann im Ernstfall ein ganzes Programm mit spanischer oder lateinamerikanischer Musik sein oder ein komplettes russisches Chorprogramm. Nur dann kannst du die Worte richtig aussprechen, betonen und, was am Wichtigsten ist, mit Inhalt und Seele füllen.

Bei der Textarbeit gibt es zwei unterschiedliche Herangehensweisen:

Wird der Text der Melodie übergeordnet, übernimmt die Artikulation und der Sprachrhythmus die Zuordnung der Worte und deren rhythmische Aufteilung. Die Worte spielen in diesem Fall die Hauptrolle.

Lerne perfekt zu artikulieren – das erleichtert dir die Arbeit.

Soll die Melodie dem Text übergeordnet sein, so gelten andere Regeln. Der Rhythmus der Musik, größere Legatobögen über nur einem Vokal und generell intensivere Ausgestaltung der Vokale als Klangträger unterstützen den Melodiefluss. Die Worte können dadurch vielleicht manchmal etwas zusammenhanglos wirken oder mehr komprimiert werden. Auch wenn die Melodieführung dabei im Vordergrund steht, solltest du durch deine Kenntnis des Inhalts immer in der Lage sein, die Stimmung des Liedes vermitteln können.

Hierbei ist wiederum eine gute Artikulation, aber ebenso die Aufteilung des Luftstroms und die Arbeit mit den Resonanzräumen sehr hilfreich. (Siehe auch Seite 198)

Songwriting

Bei manchen Sängerinnen und Sängern führt die intensive Beschäftigung mit der Textarbeit und das Bemühen um eine innovative Interpretation eines gecoverten Songs dazu, dass sie Lust darauf bekommen, eigene Texte und eigene Songs zu schreiben. Wenn du dich lange genug mit einer Thematik, einer bestimmten Harmoniefolge oder Rhythmik, oder einem netten kleinen Gitarrenmotiv beschäftigst, purzeln plötzlich die eigenen Ideen. Wenn du intensiv versucht hast, dich in die Gefühlswelt anderer Musiker oder Komponisten hineinzuversetzen, hast du vielleicht eines Tages das dringende Bedürfnis, deine eigenen Ideen in Worte zu fassen und die Melodie, die dir seit Tagen im Kopf herumspukt, findet ganz von selbst den Weg zu deinem Instrument oder in dein Recording-Programm.

Um einen guten Song zu schreiben, sollte man zuallererst einmal das **Bedürfnis haben, zu schreiben**. Songwriting ist eine eigene Kunstform, die man zwar durchaus lernen kann und muss, die aber wie jede andere Kunstform eine gewisse Begabung erfordert.

130

Gute Basiskenntnisse in Harmonielehre und Rhythmik sind dabei sehr nützlich, ein Gespür für Sprache und Reime ebenfalls. (Siehe auch Seite 174ff)

In hervorragenden Kursen werden Tools und Tricks für das Songwriting vermittelt und mit Hilfe einiger guter Bücher zu diesem Thema kann man sich das nötige Handwerkszeug auch selbst beibringen. Der Wille zum Üben und die Freude am Improvisieren gehören in jedem Fall mit dazu.

Wenn dir die Töne und Worte beim Abspülen oder Autofahren, im Traum, beim Wandern oder in der Sauna einfallen, solltest du versuchen, sie so lange in deinem geistigen Arbeitsspeicher zu behalten, bis du die Möglichkeit hast, sie irgendwo zu notieren. Ein schickes Notizbüchlein, dein Smartphone als Diktiergerät oder ein kleines, unkompliziertes Aufnahmeprogramm für den Laptop oder PC sind dafür bestens geeignet. Groove- und Harmonie-Ideen lassen sich auch mit einem Looper gut entwickeln und festhalten.

Loop-Station mit Audio-Interface als musikalischer Notizblock

Jeder Song besteht aus den Elementen Musik und Text, und jeder Künstler hat seine ganz eigene Vorstellung davon, ob es besser und sinnvoller ist, zuerst die Musik oder den Text zu schreiben. Im Idealfall entsteht beides gleichzeitig und Inhalt, Groove und Harmonien loggen perfekt ein. Sängerinnen und Sänger werden möglicherweise mehr textlastig arbeiten, während Instumentalisten eher von der Melodie oder Tonart her kommen.

Dein Song kann inhaltlich völlig sinnfrei sein („Da-Da-Da"), eine politische oder soziale Message haben, oder deine ganz alltäglichen Erfahrungen, Eindrücke und Gefühle widerspiegeln. Deine Songs sollten eine coole Hook-Line haben, gut verständlich, nachvollziehbar, natürlich und originell sein – oder eben auch nicht! Auf jeden Fall sollten sie unterhaltsam sein und den Hörern Freude machen.

Wie beim Singen gilt auch beim Songwriting – sei authentisch und einzigartig und lass dir auf keinen Fall die Freude an deiner Kreativität nehmen. Sicher will niemand den x-ten Aufguss von „Baby, I love you" oder „I woke up in the morning" hören, aber mit dem entsprechenden Augenzwinkern, einer komplett neuen Wendung der Story und einem völlig abgedrehten Groove wird der Abklatsch vielleicht zum nächsten Hit.

Dein Repertoire – Ein Lied für jede Gelegenheit

Verfügst du nun über einen kleineren oder größeren Fundus verschiedenster Songs, die du gut kennst, oder zumindest irgendwann einmal bearbeitet hast, so wird es deine nächste Aufgabe sein, daraus dein Repertoire zusammenzustellen.

Ein Repertoire umfasst alle Songs, die du jederzeit abrufbar auf einer Bühne präsentieren kannst – immer vorausgesetzt, sie passen in den jeweiligen musikalischen Rahmen. Wenn du eine relativ große Lieder-Sammlung aus ganz unterschiedlichen Stilrichtungen beherrschst, wird das wahrscheinlich bedeuten, dass du mehrere Repertoire-Variationen für verschiedene Anlässe ausarbeitest. Dein Repertoire für Hochzeiten unterscheidet sich sicher vom Repertoire mit „Top-40-Covers" und sollte sowohl deinen eigenen Qualitätsansprüchen als auch den musikalischen Rahmenbedingungen des jeweiligen Genres entsprechen. Aus dem passenden Repertoire kannst du dann nach Bedarf dein Programm für das nächste Konzert zusammenstellen.

Kapitel 4

Die Technik

Du möchtest am liebsten in einer Band singen? Du bevorzugst ein A-Capella-Vokalensemble oder einen Pop-Chor? Du möchtest eine CD mit eigenen Songs im Studio aufnehmen? Dein persönlicher Favorit ist die Arbeit mit deinem Computer, und du bastelst lieber mit Sounds und Loops? Dein großer Wunsch ist, ein cooles Video deiner Interpretation eines Coversongs im sozialen Netzwerk zu posten? Singen ist für dich ein tolles Hobby oder dein Berufswunsch?

Wenn du ausdauernd und intensiv mit deiner Stimme gearbeitet und experimentiert und deine ganz persönliche Stilrichtung gefunden hast, dann möchtest du mit deiner Musik sicher auch einmal an die Öffentlichkeit gehen. Die angestrebten Ziele können dabei natürlich ganz unterschiedlich sein.

In jedem Fall möchtest du dich immer optimal präsentieren und dich auf die Qualität deiner Stimme, aber auch auf das dafür nötige und hilfreiche Handwerkszeug verlassen können. Es ist also durchaus sinnvoll, sich bereits im Voraus über technische Möglichkeiten und Abläufe zu informieren, oder sich Gedanken zu machen, wie manche Dinge optimiert werden könnten.

In einer Band oder einem Ensemble zu singen, macht sicher den meisten Sängerinnen und Sängern großen Spaß. Vielleicht wirst du ja von einer schon bestehenden Band gefragt, ob du mitmachen möchtest. Meistens dauert es aber eine geraume Weile, bis du die passenden Mitmusiker/innen gefunden hast. Mit einem Aushang im örtlichen Musikgeschäft, einer Musikkneipe oder in der Musikschule, bei einer Jam-Session, in einer Fachzeitschrift oder einer Musiker-Plattform im Internet kommst du sicher in Kontakt mit Leuten, die bereits in einer Band spielen oder Lust hätten, eine Band neu zu gründen. Das erfordert allerdings fast immer jede Menge harte Arbeit, viel Geduld und Einfühlungsvermögen, sowie den Willen, etwas gemeinsam zu schaffen.

Beachte! Wenn ich auf den folgenden Seiten von „Band" spreche, so sind damit alle Arten musikalischer Ensembles gemeint.

1. Die Probe

Um auf den großen und kleinen Bühnen dieser Welt bestehen zu können, werdet ihr zuerst einmal während der Bandproben in einem Proberaum an Songs und Programm arbeiten müssen. Hier startet die Karriere jeder Band – und manchmal endet sie dort leider auch ganz schnell wieder, weil man sich über grundlegende Dinge, wie Probentermine, Repertoire, Finanzierung oder Kompetenzen nicht einig werden kann.

Probenarbeit

Vorbereitung

Deine Arbeit als Sängerin oder Sänger beginnt schon lange vor der eigentlichen Probe. Du solltest die Songs, wenn sie dir bereits bekannt sind, sorgfältig vorbereiten und üben. Das kannst du mit Hilfe von Noten, Leadsheets oder zumindest eines Textblattes mit Tonartangabe machen – die für dich passende Tonart habt ihr sicher bereits festgelegt. Sollte sie von der Tonart des Originals, mit dem du üben möchtest, abweichen, so erinnere dich an die Hilfsmittel „Amazing Slowdowner" oder „Transcribe!" aus dem vorherigen Kapitel oder beschäftige dich mit dem Thema „Transponieren" (ab Seite 199).
Mache dir Interpretationsvermerke und schreibe dir wichtige Details wie Breaks, Solos oder Wiederholungen auf dein Noten- oder Textblatt. Wenn du deiner Band einen neuen Song vorstellen willst, hast du für alle Mitglieder Leadsheets in der passenden Tonart dabei und, wenn möglich oder nötig, eine Aufnahme des Originals. Sei dir bewusst, dass du imstande sein solltest, das Lied vorzusingen, Groove und Abläufe zu kennen und zu erklären. Das nötige Handwerkszeug dazu bekommst du im Kapitel 7 „Die Theorie".

Warm-Ups

Bevor du in den Proberaum gehst, kannst du schon zuhause ein paar deiner bevorzugten Warm-Ups und Lieblings-Stimmübungen machen, um damit deine Stimme auf die bevorstehende Probe einzustimmen und dich zu fokussieren. Im Kapitel 1 „Dein Instrument", im Kapitel 6 „Der Vocal-Workout" und bei den Audiotracks findest du dazu reichlich Material.

Ablauf, Leitung und Effizienz

Konzentration und Zeitmanagement, die gute Vorbereitung aller Mitmusiker/innen und eine respektvolle Zusammenarbeit erleichtern den Ablauf der Probe ungemein. Eine Probe, in der man erst mühsam alle wichtigen Details zusammentragen oder bereits Abgesprochenes wieder rekonstruieren muss, kann äußerst zäh und ineffektiv werden. Für Feinarbeiten bleibt dann oft keine Zeit mehr.
Ein Probenplan, z. B. die Songliste für den nächsten Auftritt, und ein Probenleiter, der Plan und Zeit im Auge behält, erhöhen die Effizienz. Lange Debatten über Unwichtiges machen niemandem Spaß. Auch wenn du als Sänger/in nicht automatisch Bandleader sein musst, solltest du doch immer einen Überblick über Songstrukturen und Abläufe haben – auf der Bühne wirst du schließlich doch im Mittelpunkt des Interesses deines Publikums stehen und solltest nicht im musikalischen Nebel waten.

Proberaumtechnik

Raum

Die Suche nach einem bezahlbaren und einigermaßen komfortablen Proberaum gestaltet sich häufig recht schwierig. Nicht jeder Kellerraum ist trocken und warm genug und verfügt über eine ausreichende Stromversorgung. Und nicht jeder Raum in einem Wohn- oder Bürohaus ist ausreichend schallisoliert, so dass man der Umgebung akustisch nicht zu sehr auf die Nerven geht. Ein Vokalensemble findet sicher schneller einen passenden Raum als eine laute Metal-Band. Meistens ist es auch hier das Beste, mit anderen Musikern zu sprechen oder den Kontakt über Musikläden oder Musikerboards zu suchen. Da nicht jede Band täglich probt, können sich mehrere Bands auch gut einen Proberaum teilen.

Instrumente und Verstärkung im Proberaum

Wenn ihr euren eigenen Proberaum habt, seid ihr vielleicht in der glücklichen Lage, die Verstärker für Gitarren und Bass, das Schlagzeug, die PA (die Verstärkeranlage für Gesang und Keyboards) und sogar die Mikrofone aufgebaut und verkabelt bis zur nächsten Probe stehen zu lassen. Jeder Auf- und Abbau und das Verkabeln kostet Zeit und muss bei der Probenplanung einkalkuliert werden. Schneller geht es natürlich, wenn alle gemeinsam anpacken und sich gegenseitig helfen.

Für eine laute Band mit verstärkten Gitarren, Bass und Drum-Set ist es in jedem Fall nötig, auch bei den Proben eine einigermaßen ausreichende und gut klingende Gesangs-Anlage zur Verfügung zu haben. Sollte das nicht der Fall sein, musst du als akustisch schwächstes Glied einer Band dafür Sorge tragen, dass deine Stimme ausreichend verstärkt werden kann. Es würde sich sicher lohnen, zumindest in eine mobile Mini-PA oder einen Akustikverstärker mit Mikrofoneingang zu investieren. Eine nicht mehr ganz taufrische Secondhand-PA kann noch jahrelang gute Proberaum-Dienste tun und auch eine Paar Aktiv-Boxen, die man beim Auftritt als Monitore verwenden kann, sind nützlich und sinnvoll.

Solltet ihr in eurer Band mehrstimmig singen wollen, mit Bläsern spielen und vielleicht auch noch Keyboards verwenden, so kommt ihr um ein kleines oder mittelgroßes Mischpult mit mehreren Eingängen für Mikrofone und Instrumente (XLR und Klinke) nicht herum. Ein gutes Hallgerät ist eine weitere, sehr sinnvolle Investition, um den Gesangssound abzurunden. Lasse dich in einem guten Musikgeschäft beraten und informiere dich im Internet über passende und finanzierbare Möglichkeiten.

Mikrofone

Dein Instrument ist deine Stimme und dein persönliches Mikrofon mit einem dazu passenden XLR-Kabel und ein stabiler Mikrofonständer sind in jedem Fall sängerische Grundausstattung, wenn du nicht ausschließlich in einem Chor oder A-Capella-Ensemble singst. Für nicht-klassische Musik ist es unverzichtbar, mit Mikrofon zu singen, um mit den verstärkten Instrumenten deiner Band mithalten zu können. Bestimmte Stimmsounds, wie sie im Kapitel „Die Pop-Stimme" erklärt sind, werden durch den Gebrauch eines Mikrofons überhaupt erst ermöglicht.

Da Mikrofone meist sehr nah an den Mund gehalten werden und auch nicht allzu häufig und bequem gereinigt werden können, verwende ich nicht nur in der Probe lieber mein eigenes Mikrofon, sondern sogar auch dann, wenn bei einem Auftritt ein PA-Verleih die komplette Anlage stellt oder ein Musikclub gut ausgerüstet ist.

Für die Suche nach deinem Mikrofon solltest du dir viel Zeit nehmen. Auch wenn es inzwischen durchaus möglich und üblich ist, alles online zu bestellen und bei Nichtgefallen wieder zurückzusenden, bevorzuge ich ein gut ausgerüstetes Fachgeschäft, in dem man nach Herzenslust Mikrofone der verschiedensten Qualitäts- und Preisklassen miteinander vergleichen und Sounds abwägen kann.

Dabei ist das teuerste Mikro nicht notwenigerweise auch das beste für dich – es kommt immer darauf an, welche Frequenzen deiner Stimme hervorgehoben oder abgesenkt werden sollen. Singst du eher verhalten und luftiger, vielleicht in einer Folk- oder Jazzband, so wirst du ein anderes Mikrofon wählen, als jemand mit einer eher rockigen Power-Stimme. Die Sound-Vorstellung, die du selbst von deiner Stimme hast und die Stilistik der Musik, die du singen möchtest, sind also eher ausschlaggebend.

Es gibt die unterschiedlichsten Mikrofone für die verschiedensten Instrumente, Zwecke und Bedürfnisse. Um den Gesang im Proberaum und auf der Bühne zu verstärken, wird man meistens ein sogenanntes **dynamisches Mikrofon** verwenden, das am einfachsten zu handhaben und auch bei größerer Lautstärke weniger empfindlich für unangenehmes Feedback ist – das ist der hohe Pfeifton, den du sicher schon bei Konzerten gehört hast. Ein dynamisches Mikrofon gibt die Frequenzen der Stimme allerdings nie ganz unverändert wieder. **Kondensatormikrofone** sind weitaus klangneutraler und feinzeichnender. Sie benötigen allerdings eine sogenannte Phantomspeisung, also eine Stromversorgung entweder durch eingebaute Batterien oder vom Mischpult, an dem der entsprechende Schalter vor Anschluss des Mikrofons eingeschaltet sein muss. Da sie auf der Bühne manchmal etwas empfindlicher vor allem auf Umgebungsgeräusche reagieren, werden sie häufiger im Studio eingesetzt, ebenso wie die sogenannten **Bändchenmikrofone**.

Manche Sänger/innen besitzen gleich mehrere Mikrofone, passend zum musikalischen Kontext, und eventuell noch ein kabelloses **Sendermikrofon** oder **Headset** für große Bühnen, denn auch sogenannte Allround-Mikrofone, wie etwa das beliebte Shure SM 58, sind nicht für jede Situation und Stimme passend.

Mikrofonarbeit

Damit dein Gesang optimal übertragen wird, solltest du wissen, wie du das Mikro am besten in der Hand hältst oder in welcher Position du vor einem Mikrofonständer stehst. Ob du nun das Mikro mit beiden Händen umfasst, nur mit der rechten oder linken Hand, mit zwei, drei oder vier Fingern, wie einen Stock oder ein Schreibgerät, das ist eigentlich zunächst einmal egal und drückt nur aus, wie selbstbewusst, vorsichtig oder entspannt du damit umgehst. In jedem Fall musst du darauf achten, mit deiner Stimme den zentralen Punkt in der Mitte des Mikrofonkorbs, die Membran, zu treffen, denn nur dort wird der Schall optimal umgewandelt.

Was du nie tun solltest, ist, den Mikrofonkorb ganz oder teilweise mit den Händen abzudecken. Man sieht zwar immer wieder Sänger, die das offensichtlich cool finden, aber die Gefahr eines lauten, gehörschädigenden Feedbacks ist dabei einfach zu groß.

Der Abstand deines Mundes vom Mikrofon hängt davon ab, wie laut oder wie intim du singen oder auch sprechen möchtest. Bist du zu nah dran, klingt der Sound eher verzerrt als warm, volltönend und gut artikuliert. Bist du zu weit entfernt, wird deine Stimme schnell dünn und kraftlos.

Den optimalen Abstand für deine Art zu singen musst du für dich selbst herausfinden. Hältst du das Mikro mehr als etwa drei Finger breit von deinen Lippen weg oder singst konstant darüber hinweg, so wird man kaum mehr etwas von dir hören können und der Soundmann an seinem Mischpult wird verzweifelt an den Reglern drehen.

Unter guter Mikrofonarbeit oder Mikrofontechnik versteht man, wenn eine Sängerin oder ein Sänger in der Lage ist, die Stärken und Schwächen der Stimme und dynamische Veränderungen durch die Position des Mikrofons auszugleichen. Der Bereich, in dem man laute Töne durch einen etwas vergrößerten und leise Töne durch einen verringerten Abstand des Mundes zum Mikrofonkorb ausgleichen kann, ist allerdings sehr gering und muss immer wieder neu definiert und ausprobiert werden.

Hast du dein Mikrofon auf einem Ständer stehen, so gilt auch hier der gleiche optimale Abstand. **Der Mikrofonkorb muss direkt auf deine Mundöffnung ausgerichtet sein.** Mit dem Winkel des „Galgens" kannst du die für dich bequemste Kopfhaltung unterstützen. Wenn du gleichzeitig noch ein Instrument wie Gitarre oder Keyboard spielst, musst du den nötigen Abstand mit der Länge des Galgens ausgleichen. Achte aber immer darauf, deinen Kopf nicht wie eine Schildkröte nach vorn zu strecken!

Expander-Typen singen oft lieber von unten nach oben ins Mikro und nehmen den Kopf dabei minimal in den Nacken, **Kompressor-Typen** neigen eher den Kopf ein wenig nach unten, dem Mikro entgegen. Nimm dir Zeit, die für dich ideale Mikrofonhaltung und Position auszuprobieren.

Expander-Typ

Kompressor-Typ

Wo stehe ich im Proberaum?

Im Proberaum wird meistens eine Aufstellung bevorzugt, bei der sich alle Bandmitglieder gut sehen, hören und aufeinander abstimmen können. Das könnte etwa ein Halbkreis oder sogar ein Kreis sein. Du solltest dir allerdings immer bewusst sein, dass diese Position auf einer Bühne eher unüblich ist und dich daher nicht allzu sehr darauf fixieren. Wenn das Programm steht und die Songs bereits gut geprobt sind, lohnt es sich, hin und wieder einmal eine Durchlaufprobe in Bühnenaufstellung zu machen.

Vielleicht stehst du in der Probe lieber direkt neben den Keyboards, weil du dann die für dich wichtigen Töne besser absprechen kannst, oder neben dem Bass, um dich an der Basslinie zu orientieren? Auf der Bühne wirst du als Frontfrau oder -mann sicher eher zentral vor der Band und mit Blickkontakt zum Publikum stehen.

In jeder Aufstellung, ob Proberaum oder Bühne, muss jedoch auf die Positionierung der Mikrofone im Verhältnis zu den Lautsprechern der Gesangsanlage geachtet werden. Ist der Korb des Mikros in Richtung eines Lautsprechers gedreht, oder steht direkt darunter, wird das unweigerlich zu einer durchdringenden Rückkopplung führen.

Abstimmung zwischen Instrumenten und Stimme

Ebenso wichtig wie die Positionierung der einzelnen Bandmitglieder ist die musikalische Abstimmung zwischen den Instrumenten und vor allem zwischen Instrumenten und Stimme. Das bezieht sich zum einen darauf, wieviel jeder von den anderen hören muss oder möchte, um selbst gut und sicher zu intonieren, aber vor allem darauf, was man von den anderen lieber NICHT hören möchte!

Viele Bands proben grundsätzlich viel zu laut und vergessen dabei, dass die Stimme der Sängerin oder des Sängers keinen Volume-Regler hat, um sich unbegrenzt anzupassen. Deine Stimme sollte im Proberaum das Maß der Dinge sein, was Lautstärke und Hörbarkeit anbetrifft. Belastest du deine Stimme dauerhaft zu stark, um über die Instrumente hinweg zu schreien, so kann das unwiederbringliche Schädigungen nach sich ziehen.

Auch hier ist gegenseitiger Respekt und Rücksichtnahme gefordert – die Ohren aller Beteiligten werden dankbar dafür sein. Gehörschäden bei Musikern sind heute leider schon fast der Normalzustand. Natürlich gibt es inzwischen sehr ausgefeilte Gehörschutzsysteme, die aber in einer Probe eher fehl am Platze sind. Selbst qualitativ hochwertige Systeme können den Sound verändern und verfälschen, so dass du nicht sicher sein kannst, wie realistisch der von dir gehörte Klang ist. Spielen alle gleichermaßen leiser, so ist das sicher der bessere Weg.

Kontrolle durch Video- und Tonaufnahmen

Den besten Eindruck der Sound- und Lautstärkeverhältnisse im Proberaum und davon, welche Fortschritte die Band, die Songs oder auch du persönlich in einer Probe machen, bekommst du, wenn du die Proben regelmäßig mitschneidest. Die Aufnahmen mit einem sogenannten Pocket- oder Fieldrecorder, einem mobilen digitalen Aufnahmegerät oder einem mobilen Videorecorder können leicht am Computer abgehört und geschnitten und anschließend an alle Bandmitglieder gesendet werden. Mit einer Dropbox oder Cloud ist der Zugang für alle sogar noch einfacher. So hat jeder den aktuellen Stand der Dinge zur Verfügung und kann seine Parts noch besser lernen und vorbereiten. Die Geräte von Zoom, wie das HN2, HN4 und das Q2 oder der portable Recorder R-26 von Roland sind unkompliziert zu bedienen und haben eine hervorragende Sound- oder Bildqualität.

2. Die Bühne

Auf einer Bühne zu stehen und für ein tolles Publikum zu singen ist wahrscheinlich das Hauptziel aller Sänger/innen. Es gibt fast nichts Erhebenderes als ein gelungenes Konzert mit glücklichen Musikern und zufriedenem Publikum. Aber … sei dir bewusst, dass ein Konzert, bei dem alles zur Zufriedenheit aller klappt und die damit verbundene Hochstimmung in deiner Musiklaufbahn eher die Ausnahme sein werden. Der Normalzustand bei Gigs, wie die Musiker ihre Auftritte nennen, ist eher das Chaos – mal mehr, mal weniger. Deshalb ist es für alle Beteiligten wichtig, bestimmte Abläufe und Modalitäten zu kennen, um die Zeit vor dem Auftritt gut zu strukturieren. Schließlich möchte niemand schon völlig erschöpft und unter Zeitdruck die Bühne betreten.

Da die wenigsten Bands bereits zu Beginn ihrer Laufbahn eine „Roadcrew" und einen „Bandtruck" haben, beginnt die Arbeit der Bandmitglieder vor einem Auftritt schon Stunden vorher, wenn die Anlage und die Instrumente in die Autos oder den Bandbus verladen werden müssen. Ist alles gut verstaut und sind alle pünktlich zur Abfahrt bereit, kann schon die Anfahrt zum Auftrittsort ihre Tücken haben: Autopanne, ungenaue Wegbeschreibung, Baustellen, Stau im Feierabend- oder Wochenendverkehr, Parkplatzsuche vor dem Auftrittslokal und vieles mehr.

Im positivsten Fall kann man direkt an den Bühneneingang heranfahren und bequem ausladen, im negativsten Fall muss man das gesamte Equipment über eine enge Treppe nach oben schleppen. Auch die Größe oder Form der Bühne entspricht selten den Wunschvorstellungen und die Räumlichkeiten sind nicht immer gleichermaßen gut zu beschallen. Deshalb müssen die Aufstellung auf der Bühne und die Fragen der Beschallung immer wieder neu geklärt und mit den Veranstaltern und Technikern abgesprochen werden.

Zeitliche und organisatorische Abläufe der Veranstaltung müssen geklärt werden, wenn sie nicht schon im Vertrag festgelegt wurden. Wie lang darf der Aufbau dauern, wann ist der Soundcheck geplant, wann ist Einlass für das Publikum, wann Konzertbeginn? Wie viele Pausen sind vorgesehen, wie lang darf oder soll das Konzert dauern, gibt es Lautstärkeauflagen oder empfindliche Nachbarn? Wann und wo essen die Musiker, ist eine Garderobe vorhanden, sind ausreichend Getränke vorbereitet?

Es lohnt sich hier, wenn man nicht in der glücklichen Lage ist, mit einem „Roadmanager" zu reisen, eine gewisse Rollenverteilung vorzunehmen und ein Band- oder Ensemblemitglied für organisatorische Dinge, ein anderes für technische Belange auszuwählen. So spart man Zeit und Nerven.

All diese Themen betreffen natürlich normalerweise alle Musiker/innen und Sänger/innen gleichermaßen und es ist selbstverständlich und eine Frage des Respekts, dass man sich gegenseitig hilft und überall mit anpackt, wo es nötig und sinnvoll ist. Das gilt auch für die Zeit nach dem Konzert, wenn es um den Abbau und das Verladen der Instrumente geht. Allein das Aufwickeln der diversen Kabel ist eine Wissenschaft für sich – also lass dir das bevorzugte Bandsystem am besten vorher von den Kollegen erklären, wenn du zum ersten Mal mit ihnen unterwegs bist.

Bühnenarbeit

Steht schließlich die PA und die Instrumente sind aufgebaut, dann solltest du versuchen, dich eine Weile ganz um dich selbst zu kümmern. Während deine Mitmusiker ihre Instrumente stimmen und vorbereiten, hast du vielleicht ein wenig Zeit, etwa in der Garderobe oder einem anderen separaten Raum, dich und dein Instrument Stimme warm und locker zu machen. Während dieser kurzen oder längeren Auszeit kannst du sowohl die Belastung der Anreise und des Aufbaus abstreifen und innerlich ankommen, als auch deinen Körper und deinen Geist auf die Anstrengungen der Bühnenperformance vorbereiten.

Rituale

Rituale, die du vor jedem Konzert gleich oder ähnlich durchführst, helfen dir, in den entspannten, aber dennoch hochkonzentrierten Zustand zu kommen, den du brauchst, um auf der Bühne eine lange Zeit „voll da" zu sein und Höchstleistungen abrufen zu können. Sie geben dir Sicherheit und unterstützen dich, wenn du zu Bühnenangst und Verspannungen neigst. Ein Ritual könnte eine warme Tasse Kräutertee sein, bestimmte Körperübungen, eine kleine Meditation oder ein Mantra, aber auch das Anziehen deiner Bühnenkleidung oder das Anlegen eines bestimmten Make-ups oder Schmucks. Ich habe schon Bands erlebt, die ein komplettes schamanisches Reinigungsritual durchführen. Alles ist erlaubt, wenn es sich für alle gleichermaßen gut anfühlt.

Entspannung

Spezielle Entspannungsübungen oder Meditationen machen nur dann Sinn, wenn du die Zeit und Ruhe dafür hast und darin bereits geübt bist. Sonst reicht es bereits, die Augen ein wenig zu schließen und dir einen positiven Konzertablauf vorzustellen. Du kannst natürlich auch einen winzigen Power-Nap, ein Konzentrationsschläfchen, machen. Allerdings ist ein längerer Schlaf für die Stimme eher ungünstig, weil du danach umso mehr Zeit benötigst, um deine Schlaf-Stimme wieder schleimfrei und flexibel zu machen.

Warm-Ups

Wenn du dich dann um deine Stimme kümmerst, kannst du als Warm-Up wieder ein paar Lockerungsübungen für deinen Körper und deine Lieblingsübungen aus dem Kapitel „Dein Instrument" oder aus dem Kapitel „Vocal-Workout" auf eine CD oder dein Smartphone ziehen und dich mit Kopfhörer in eine stille Ecke stellen oder ins Auto setzen.

Bühnenpräsenz

Unter Bühnenpräsenz versteht man einerseits deine Ausstrahlung und die Energie- und Körperarbeit, die du auf der Bühne leisten willst und musst, andererseits aber auch eine gewisse Rolle, die du ab dem Moment spielst, wenn du auf der Bühne stehst. Du kannst mit der Anspannung und Aufregung, aber auch mit der Alltags-Welt, die dich bis kurz vor deinem ersten gesungenen Ton des Konzerts begleitet, besser umgehen, wenn du in eine andere Haut schlüpfst. Natürlich solltest du immer noch authentisch und ganz du selbst sein, aber manchmal genügen schon Kleinigkeiten, um aus dir die Bühnenpersönlichkeit zu machen, die mit spielerischer Leichtigkeit, Spontanität und Vitalität eine ausdrucksstarke Performance abliefert. Ein Hut oder ein bestimmter Schal, spezielle Schuhe, Handschuhe, Krawatte oder dicke Klunker bringen den nötigen Kick.

Stil und Optik

Das Publikum schätzt es, wenn du natürlich und authentisch bist, aber vorrangig möchte es unterhalten werden. Deshalb hat es auch nicht unbedingt großes Interesse an deinem Alltagsgesicht. Deine Bühnenkleidung und Optik sollten sich zumindest ein wenig von deinem normalen Aussehen unterscheiden. Es muss ja nicht immer die Sonnenbrille und der berühmte schwarze Anzug der Blues Brothers sein, aber ein bisschen Gedanken sollte man sich schon über den Stil machen, den man auf der Bühne widerspiegeln möchte.

Der Stil deines Outfits sollte zum Stil der Musik und zur Optik deiner Mitmusiker passen. Ein Hip-Hop-Künstler würde sicher nie in typischer Rock'n'Roll-Kluft auf die Bühne gehen, ein klassischer Musiker kaum in Rocker-Klamotten (es sei denn, er heißt Nigel Kennedy). Deine Kleidung und deine Schuhe sollten trotz allem bequem sein, und du solltest nie das Gefühl haben, du musst dich verkleiden, wenn dir das keine Freude macht. Ist deine musikalische Performance über jeden Zweifel erhaben, wird sich sicher niemand Gedanken über fehlendes „Bling-Bling" machen.

Entertainment – ja oder nein?

Ganz ähnlich verhält es sich mit der Frage: „Show – oder nicht Show?". Sind lange Ansagen oder Tanzschritte nicht dein Ding, dann solltest du dich auch nicht dazu zwingen. Gehört eine bestimmte Bühnenshow jedoch zum Konzept der Band oder des Ensembles, so erklärst du dich in dem Moment, in dem du Mitglied wirst, dazu bereit, dieses Konzept mitzutragen – oder in Absprache mit den Anderen für dich eine Rolle zu definieren, die dir mehr entspricht. Wie bei vielem, ist es auch hier eine Frage der Dosierung, wie viel Entertainment oder Showelemente du in deine Konzerte einfließen lässt. Sobald die Show zum Selbstzweck verkommt und die musikalische Qualität nicht mehr unterstützt, sondern überlagert, wird sie unglaubwürdig.

Wenn du deine Songs mit großer Emotionalität und Intensität singst, musst du nicht unbedingt eine lange Geschichte dazu erzählen. Es reicht, wenn du dir ein paar Worte zu Entstehung oder Inhalt des Liedes zurechtlegst. Auch sehr versierte Musiker, die schon jahrelange Tourerfahrung haben, erzählen oft bei jedem Konzert die fast identische Story. Ist dir auch das zu viel, dann lass es weg. Viele hochgeschätzte Musiker verlieren auf der Bühne fast kein Wort oder spielen und singen sogar mit dem Rücken zum Publikum (wie der junge Jim Morrison von den Doors, Van Morrison oder Miles Davis).

Bei einem klassischen Konzert findet meist keinerlei Begrüßung oder Erläuterung statt – alles Wissenswerte steht im Programmheft. Im Bereich der nicht-klassischen Musik ist es auf jeden Fall ein Zeichen der Höflichkeit, die Menschen im Publikum zumindest zu begrüßen und ihnen für ihre Anwesenheit und ihren Applaus zu danken. Und es ist ein Zeichen deiner Wertschätzung, wenn du deine Mitmusiker mit verständlichen und freundlichen Worten vorstellst – ebenso die Ton- und Lichttechniker und Roadies, und dich beim Veranstalter für die Einladung bedankst. Was du auf offener Bühne und bei Gesprächen mit dem Publikum auf jeden Fall vermeiden solltest, sind beleidigende Dinge sowie Entschuldigungen und Schuldzuweisungen für Fehler während des Konzerts. Das macht dich angreifbar und unglaubwürdig in deiner Rolle als Künstler/in.

Bühnentechnik

Soundcheck

Der technische Teil eines Pop- oder Rockkonzerts und deiner Bühnenarbeit wird, wie schon im Proberaum, von Mikrofonen und elektrischen Geräten bestimmt. Ist alles aufgebaut, verkabelt und gestimmt, werden während des Soundchecks alle Instrumente und der Gesang aufeinander abgestimmt. Wenn ein Tontechniker (Mixer, Mischer, Soundmann) vor Ort ist (das kann der Haustechniker des Veranstalters, der bandeigene Techniker oder der einer Verleihfirma sein), so übernimmt er ab diesem Moment die Leitung und ruft nacheinander alle Instrumente und Mikrofone ab, um sie soundmäßig einzupegeln und ins richtige Lautstärkeverhältnis zu bringen. Ohne Soundmann müsst ihr diese Abstimmung bandintern und meist von der Bühne herunter vornehmen. Dann sollte ein Bandmitglied immer wieder im Zuhörerraum kontrollieren, ob der Sound und das Mischverhältnis in Ordnung ist.
Im Normalfall wird der Soundcheck mit dem Schlagzeugsound beginnen. Bass, Gitarren und Keyboards folgen, bis als letztes die Mikrofone für Gesang und Bläser an die Reihe kommen.

Mikrofone

Auf der Bühne benutzt du entweder das Mikrofon, das dir angeboten wird oder du bringst dein eigenes mit und besprichst mit dem Tontechniker, welche Art und Marke du verwenden möchtest. Die benötigte Phantomspeisung bei einem Kondensatormikrofon wird dabei ein Thema sein, ebenso wie die Länge des von dir bevorzugten Kabels. Benutzt du ein Sendermikrofon oder Headset, so muss die Platzierung des Senders und die Frequenzwahl abgesprochen werden.
Während des Soundchecks musst du Töne oder Songteile in verschiedener Lautstärke und Tonhöhe singen, damit der Techniker (oder ein Bandmitglied, das den Sound aussteuert) dein stimmliches Spektrum und die Leistung deines Mikrofons einschätzen kann und du im Raum immer klar und deutlich hörbar bist. Versuche dabei, dem „Ernstfall" des Konzerts so nahe wie möglich zu kommen und nicht nur vorsichtig zu flüstern!

Verstärkung

Wenn ihr eure eigene Anlage benutzt, erleichtert das die Sache nur bedingt, da jeder Raum komplett unterschiedliche akustische Gegebenheiten hat und deshalb die Positionierung und das Aussteuern immer wieder eine neue Herausforderung bedeutet. Bei manchen Live-Clubs ist eine feste PA installiert, die benutzt werden kann, oder manchmal auch muss. Damit soll verhindert werden, dass eine Band zu viel Equipment mitbringt und die Lautstärke zu heftig wird. Wird die Anlage von einem Haustechniker bedient, so ist die Handhabung einfacher, als wenn sich die Band damit auseinandersetzen muss.

Monitoring

Sehr wichtig für den Bühnensound ist das Vorhandensein von Monitoren, meist schräg stehende Boxen am Bühnenrand oder auf dem Boden vor den einzelnen Mikrofonen oder Musikern. Sie helfen dir, dich während des Konzerts differenziert hören zu können. Während der Gesamtsound der Band „front of house", also nach vorn in Richtung Publikum optimal zu hören sein muss, ist es für die einzelnen Instrumentalisten und vor allem Sänger/innen äußerst wichtig, sich selbst kontrollieren zu können. Hat man mehrere Monitorwege zur Verfügung, so kann der Monitorsound den jeweiligen Bedürfnissen angepasst werden. Ist nur ein Monitorweg vorhanden, und damit nur eine Soundabstimmung möglich, müsst ihr euch untereinander absprechen, welche Instrumente und Mikrofone in welchem Verhältnis im Monitorsound vertreten sein müssen.

Effektgeräte

Genügt im Proberaum meistens schon ein gutes Hallgerät, so wird für den Livesound oft ein ganzes Arsenal von Effektgeräten verwendet, um den Sound so transparent und brillant wie möglich zu gestalten.

Der **Hall** (Reverb) erweitert den Raumklang durch mehrmaliges Zurückwerfen des Originalsounds.

Das **Echo** erzeugt einen breiteren Sound durch Wiederholung des Signals.

Der **Equalizer** hebt bestimmte Frequenzen im Höhen-, Mitten- und Bassbereich an oder senkt sie ab, um den Sound transparenter, besser verständlich oder wärmer zu gestalten.

Der **Kompressor** komprimiert den Dynamikumfang und verhindert so, dass Signalspitzen zu Verzerrungen oder Übersteuerungen führen.

Der **Expander** kann sehr leise Klänge bei Bedarf anheben, wird aber, wie einige weitere Effektgeräte, wie Exciter, Noisegate, oder De-Esser eher im Studio als für den Bühnensound verwendet.

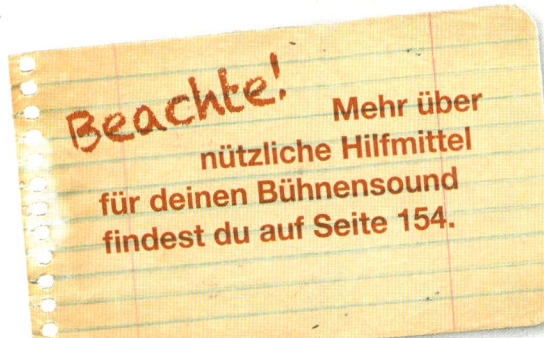

Beachte! Mehr über nützliche Hilfmittel für deinen Bühnensound findest du auf Seite 154.

Ein Gesangseffektpedal

3. Das Studio

Studioarbeit

War es in den letzten Jahrzehnten der Livemusik im Pop- und Rock-Bereich üblich, dass eine Band nur an gute „Jobs" oder „Gigs", also Auftrittsmöglichkeiten kommen konnte, wenn sie dem Veranstalter ein Demo, also eine Musik-Kassette oder später eine CD und Infomaterial zugesendet hatte, so haben sich die Bewerbungsmodalitäten in den letzten Jahren mit fortschreitender Digitalisierung und Internetpräsenz deutlich geändert. Heute ist es meist wirkungsvoller, wenn ein Künstler oder eine Band mit einem oder mehreren aussagekräftigen Videos auf der Homepage oder in den verschiedenen sozialen Netzwerken wie YouTube, Facebook oder MySpace vertreten ist, und die erste Frage der Veranstalter wird häufig sein: „Wo kann ich mir was anschauen/anhören?"

Demoaufnahmen in einem Studio sind aber trotzdem nicht überflüssig geworden, denn die Soundqualität dieser Internet-Videoclips ist häufig nicht besonders gut. Möchte man also seine Musik in entsprechend guter Qualität präsentieren, so steht auch heute noch eine gut produzierte CD-Aufnahme oder ein Video, hinterlegt mit der produzierten Musik, an allererster Stelle.

Zielsetzung, Planung und Songauswahl

Die Qualität und der Umfang der Studio-Aufnahmen richten sich in erster Linie danach, zu welchem Zweck du die CD einspielen und einsingen möchtest. Eine Demoaufnahme für reine Promotionzwecke wird meist mit einem geringeren Aufwand produziert als eine CD, die du in den Handel und Rundfunk bringen möchtest.

Von der Studiozeit und dem technischen Aufwand der Produktion hängt schließlich auch die Finanzierung des Ganzen ab. Studiozeit ist im allgemeinen recht teuer und die Wahrscheinlichkeit, dass eine Plattenfirma die Kosten der Produktion übernimmt, zunächst einmal eher gering. Doch auch dann kannst du nicht beliebig aus dem Vollen schöpfen, sondern musst dich nach den Vorgaben der Firma und des Produzenten richten.

Die Studioauswahl sollte sich natürlich nicht nur nach deinem Geldbeutel richten, sondern vor allem nach der Studioausrüstung und der von dir bevorzugten Stilrichtung. Dazu kannst du dir durchaus einmal Aufnahmen vorspielen lassen, die in diesem Studio gemacht wurden und dir überlegen, ob das Klangergebnis, vor allem der Vokalaufnahmen, deinen Vorstellungen entspricht.

Wenn du ein passendes Studio gefunden hast, geht es an die Musiker- und Songauswahl. Wird die ganze Band beteiligt sein oder wirst du mit Studiomusikern arbeiten? Wirst du Songs interpretieren, die dir vorgegeben werden oder willst du eigene Songs aufnehmen? Wird die komplette Musik neu eingespielt oder singst du zu vorproduzierten Playbacks? Nach diesen Fragen kannst du beurteilen, wie viel und welches Material du selbst zur Vorbereitung beitragen musst. Hier gelten die gleichen Regeln wie im Proberaum: Leadsheets, Noten oder die Aufnahmen einer Vorproduktion (Pre-Production) sollten allen Beteiligten rechtzeitig zur Verfügung stehen und die Tontechniker des Studios sollten die musikalische Ausrichtung und die beteiligten Musiker und Instrumente vor dem Aufnahmetermin kennen, damit sie sich und das Studio entsprechend vorbereiten können.

Die Auswahl der Songs für den geplanten Tonträger richtet sich einerseits danach, wie umfangreich dieser werden soll, andererseits nach seiner Zielsetzung.

Für eine Demo-CD reicht meistens eine EP (Extended Player) mit fünf bis sechs Songs. Dafür sollte man die stärksten Songs des Programms aussuchen, und die, bei denen musikalische Bandbreite oder stilistische Ausrichtung der Band oder des Sängers/der Sängerin am besten demonstriert werden. Eine Hochzeitssängerin wird garantiert eine komplett andere Songauswahl bevorzugen als ein Rockabilly-Quartett. Auch bei der Festlegung der Reihenfolge solltest du dir Gedanken machen, womit du wann dein Zielpublikum überzeugen möchtest. Die Rockabilly-CD muss mit einem echten Kracher beginnen, die Hochzeits-CD mit der ultimativen Schnulze, bei der die Braut mit Sicherheit zu Tränen gerührt sein wird.

Eine LP (Long Playing) enthält im allgemeinen Songs mit einer Spielzeit zwischen 45 und 60 Minuten – Tendenz steigend. Immer häufiger wird bei einer CD-Produktion inzwischen die komplette Speicherkapazität einer CD ausgereizt, allerdings nicht immer zu Gunsten der Qualität. Achte auch hier darauf, dass du bei allen Songs gleichermaßen überzeugen kannst und dass die Auswahl und Reihenfolge Lust darauf macht, die CD in einem Rutsch durchzuhören.

Rechte und Pflichten im Studio

Als Sänger oder Sängerin solltest du bestens konditioniert zu deiner Studiosession kommen, deine Songs beherrschen und wissen, in welcher Reihenfolge du sie aufnehmen möchtest. Das wird nicht automatisch die Reihenfolge der CD sein. Da von einem Song oder einem schwierigen Part oft mehrere „Takes" aufgenommen werden, solltest du deine Stärken und Schwächen kennen und wissen, was dir leicht fällt und wofür du mehr Zeit einplanen musst. Du solltest beurteilen können, wie lang deine Stimme die Anstrengung häufiger Wiederholungen durchhält und wann es sinnvoll ist, auch eine Aufnahme zu akzeptieren, die dir zunächst nicht unbedingt optimal erscheint.

Vielleicht kann der Tontechniker am Ende auch aus mehreren Takes eine großartige Version schneiden und zusammenfügen. Mit den Möglichkeiten der modernen Studio- und Computertechnik können auch gelegentliche Intonationsschwächen korrigiert werden (Autotune, Pitch Correct) – was dich aber keinesfalls in Versuchung führen sollte, nachlässig und unsauber zu singen.

Sprich die Vorgehensweise während der „Recording Session" und alle deine Wünsche und Bedürfnisse in jedem Fall immer wieder neu mit dem Tontechniker ab und arbeite nicht zu lang an einer kräftezehrenden oder aussichtslosen Variante. Scheue dich nicht, zu äußern, was dir gefällt und was dich stört oder hemmt. Bist du als Sängerin oder Sänger im Studio nicht wirklich locker und guter Stimmung, so wird auch die Aufnahme nicht optimal sein. Du hast das Recht, verschiedene Dinge auszuprobieren, um deiner Vorstellung von Sound und Interpretation möglichst nahe zu kommen, aber nur die Rücksprache mit dem Techniker und wiederholtes Abhören gibt dir die Garantie, dass letztendlich auch die Aufnahme so klingt, wie du dich und deine Musik hören möchtest.

Monitoring und Abhören

Während der Aufnahmen tragen für gewöhnlich alle Beteiligten Kopfhörer. Sitzt der Soundmann in einem abgetrennten Studioraum, dem Regieraum, hört er den Sound möglicherweise über Monitorboxen. Ob alle Instrumente gleichzeitig in einem oder in separaten Räumen aufgenommen werden, oder „track by track", also ein Instrument nach dem anderen, hängt von den Wünschen der Musiker und von den räumlichen Gegebenheiten des Studios ab.

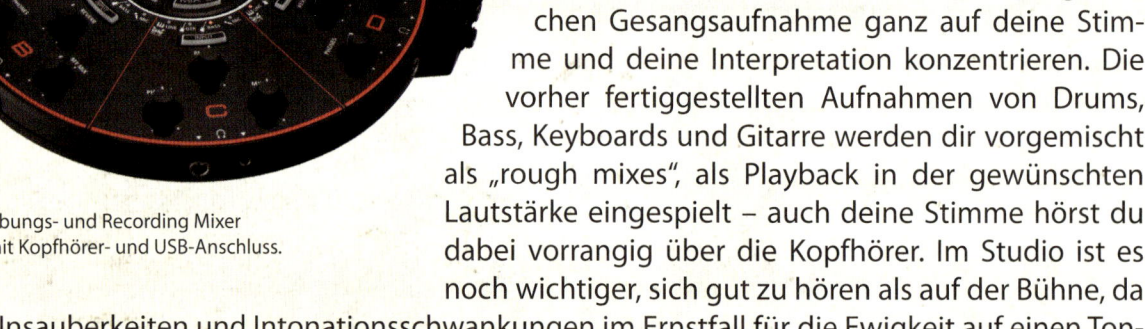

Übungs- und Recording Mixer
mit Kopfhörer- und USB-Anschluss.

Hast du während der Aufnahmen der Instrumente vielleicht in einem abgetrennten Raum eine sogenannte „Guideline" mitgesungen, um den Songablauf mit Strophen und Refrain zu skizzieren, so kannst du dich bei der eigentlichen Gesangsaufnahme ganz auf deine Stimme und deine Interpretation konzentrieren. Die vorher fertiggestellten Aufnahmen von Drums, Bass, Keyboards und Gitarre werden dir vorgemischt als „rough mixes", als Playback in der gewünschten Lautstärke eingespielt – auch deine Stimme hörst du dabei vorrangig über die Kopfhörer. Im Studio ist es noch wichtiger, sich gut zu hören als auf der Bühne, da Unsauberkeiten und Intonationsschwankungen im Ernstfall für die Ewigkeit auf einen Tonträger gebannt werden. Damit während der Aufnahmen möglichst keine unerwünschten Signale auf deiner Gesangsspur landen, musst du einen geschlossenen, relativ schalldichten Kopfhörer tragen.

Ob du den Song auf einmal durchsingst, oder ob du jeden Songpart in Einzelaufnahmen einsingst, bleibt dir, deinem Geschmack und deiner Sicherheit überlassen. Hin und wieder wird der Tontechniker mit dir die Aufnahmen durchhören, kontrollieren und entscheiden, was davon letztendlich genommen wird. Diese Kontrolle erfolgt entweder weiterhin über Kopfhörer oder über die Studiomonitore.

Mikrofonarbeit

Im Studio werden sehr hochwertige und empfindliche Mikrofone, wie Großmembran-, Kondensator- oder Bändchenmikrofone verwendet. Das unterscheidet die Mikrofonarbeit im Studio deutlich von der Bühnenarbeit. Da du wegen der möglichen Nebengeräusche das Mikro im Studio nicht in der Hand halten kannst, wird es, oft noch mit einem Plopp-Schutz versehen, im optimalen Abstand zu deinem Mund ausgerichtet. Diesen Abstand solltest du nicht allzu weit verlassen, weil sonst das Aufnahmesignal zu leise wird. Allerdings darfst du auch nicht zu plötzlich und heftig die Lautstärke und Intensität deiner Töne verändern, da es sonst zu Verzerrungen und „Peaks" in der Aufnahme kommt. Achte darauf, dass du den Atem nicht ins Mikrofon pustest und dass deine Konsonanten nicht explodieren. Die entstehende Übersteuerung kann eine ansonsten gute Aufnahme schnell zunichte machen. Um spätere Schnitte und die Kombination

mehrerer Takes überhaupt möglich zu machen, solltest du versuchen, bei jedem Aufnahmedurchgang immer in annähernd gleicher Lautstärke und mit gleicher Grundeinstellung zu singen.

Effektgeräte

Im Studio werden besonders hochwertige Effektgeräte eingesetzt, die aber in den meisten Fällen erst beim Abmischen der Aufnahmen im entsprechenden Mischungsverhältnis beigefügt werden.

Ein wenig **Hall** auf deinem Gesang, der bereits dem Kopfhörersound beigemischt wird, gibt dir möglicherweise ein besseres Stimmgefühl. Um sicher intonieren zu können, solltest du deine Stimme allerdings nicht darin ertränken. Manche Sänger/innen fühlen sich mit einem relativ trockenen Stimmklang bei Aufnahmen am wohlsten.

Noisegate, **Limiter** oder **Exciter** können bereits während der Aufnahme verwendet werden, um das Gesangssignal in einem ausgeglichenen Rahmen zu halten und Klangspitzen oder -schwächen auszugleichen. Sie müssen aber mit äußerster Vorsicht eingesetzt werden, um deinen Gesangssound nicht komplett zu verändern und unnatürlich klingen zu lassen.

Equalizer, **Kompressor** und **Expander** werden für ein gutes und durchsichtiges Klangverhältnis wiederum erst beim Abmischen verwendet.

4. Homerecording

Wenn du eigene Songs schreibst oder dich mit dem Aufnehmen deiner Musik und deiner Stimme auseinandersetzt, wirst du an diesem Thema wahrscheinlich nicht vorbeikommen. Sei es, um dein Songmaterial als Vorproduktion vor dem eigentlichen Gang ins Studio oder für deine Bandkollegen in Form zu bringen, sei es, um eine Demo-CD oder eine kleinere CD-Auflage mit wenig Aufwand und einigermaßen günstig zuhause aufzunehmen.

Der Trend zur heimischen Vorproduktion etablierte sich bereits Anfang der achtziger Jahre mit dem ersten 4-Spur-Kassettenrekorder mit eingebautem Mini-Mischpult. Über die sogenannten Hard-Disc-Recorder führte der Weg der Homestudios von analogen zu digitalen Aufnahmegeräten, und von sogenannten Stand-alone-Geräten zu Computern mit leistungsstarker Soundkarte und immer besserer Recording-Software. Von Aufnahmen über das Arrangieren, Mischen und Mastern bis zum Brennen der CD ist nun alles möglich – auf kleinstem Raum und mit gut planbarem Aufwand.

Solltest du deine Aufnahmen in Zukunft im eigenen Wohnzimmer machen wollen, so musst du natürlich über die entsprechende technische Ausstattung und vor allem über ausreichende Kenntnisse verfügen. „Learning by doing" wäre eine Möglichkeit – die dich aber auch ganz schnell in eine Sackgasse führen kann. Am besten ist es hier, die entsprechenden Fachbücher oder Internet-Tutorials zu konsultieren oder fundierte Workshops der Fachleute zu besuchen.

Aufnahmegeräte und Mikrofone

Für den Aufbau des eigenen Homerecording-Studios genügt meist schon ein stabiler, aber möglichst leiser Mittelklasse-PC oder Laptop mit schneller und großer Festplatte, guter Soundkarte, leistungsstarkem Arbeitsspeicher und CD/DVD-Brenner. Ob man lieber PC oder Mac verwendet, ist eine Frage der Gewohnheit und Vorliebe.

Der zweite unerlässliche Bestandteil für Recording ist ein gutes Audio-Interface, der Anschluss für Instrumente und Mikrofone, der am Computer nicht direkt möglich ist. Die Audiosignale der Instrumente und der Stimme müssen in digitale Signale umgewandelt werden (A/D-Wandler), und zur Wiedergabe wieder zurück in analoge Schwingungen (D/A-Wandler). Dieses Interface kann entweder eingebaut (bei Desktop-Geräten) oder per Firewire- oder USB-Anschluss (vor allem bei Laptops) angeschlossen werden.

Anstelle eines Interface kannst du auch einen Fieldrecorder, ein mobiles Aufnahmegerät, verwenden, das über alle nötigen Anschlüsse, und sogar über gute Mikrofone verfügt.

Mindestens ein gutes Mikrofon gehört ebenso zur Grundausstattung – du solltest dabei nicht sparen, aber auch nicht übertreiben. Für Gesang hervorragend geeignet ist ein Großmembran-Kondensatormikrofon, das durch seine Nierencharakteristik die Stimme gut abbildet.

Für Stereoaufnahmen, etwa von einem akustischen Klavier, oder anderen akustischen Instrumenten, verwendet man besser ein gut abgestimmtes Paar eher klangneutraler Kleinmembran-Kondensatormikrofone. Auch hier wieder die für Kondensatormikrofone nötige Phantomspeisung beachten!

Und natürlich solltest du deine Mikrofon-Aufnahmen nicht unbedingt in einem Raum mit Straßenlärm oder Hundegebell machen. Auch wenn das vielleicht ganz lustig wäre – deine Aufnahmen würden in diesem Fall nicht wirklich professionell klingen.

Recording-Software

Um auf deinem Computer selbst Aufnahmen machen zu können, benötigst du eine so-genannte DAW, eine Digital Audio Workstation. Diese Bezeichnung, früher für die ersten Stand-alone-HD-Geräte üblich, wird heute für alle Computer mit entsprechender Hardware und Recording-Software verwendet. Mit Hilfe dieser DAW kannst du nach Herzenslust aufnehmen, schneiden, bearbeiten, kopieren und vervielfältigen, wenn sie für diese Aufgaben entsprechend ausgerüstet ist.

Neben einigen freien und kostenlosen Open-Source-DAWs hast du die Qual der Wahl zwischen zahlreichen kommerziellen Programmen. Verwenden die Profis eher Pro Tools, Apple Logic oder Steinberg Cubase, so gibt es auch sehr gute Software von Ableton Live, Magix oder Cakewalk. Wenn du Glück hast, liegt deinem Audio-Interface bereits eine Lite-Version eines dieser Programme bei, mit dem du deine ersten Erfahrungen machen kannst.

Eine Vielzahl virtueller Instrumente kann bei diesen Programmen durch die Software-Synthesizer im Gerät selbst programmiert oder über die Midi-Daten mit Hilfe eines externen Masterkeyboards bequem eingespielt werden. Für Mac-Nutzer steht dafür zudem in jedem Gerät bereits das Programm Garage Band zur Verfügung, das mit vielen vorprogrammierten Sounds und Grooves die Arbeit sehr erleichtert.

Planst du größere und professionellere Produktionen, wirst du wahrscheinlich doch ein zugegebenermaßen nicht billiges Softwarepaket erwerben müssen, mit dem du auch mastern und deine Musik in verschiedenen Qualitätsstufen exportieren kannst.

Monitoring und Abhören

Um deine Aufnahmen und das spätere Abmischen und eventuelle Mastern zu erleichtern, sollten auch hochwertige Kopfhörer und gute Abhörmonitore zu deiner Homestudio-Grundausstattung gehören. Der Klang sollte möglichst unverfälscht und gut abstimmbar sein. Die meisten größeren Audio-Interfaces verfügen bereits über verschiedene Line-out- oder Kopfhörer-Ausgänge. Ein Kopfhörer-Verstärker mit mehreren Anschlüssen hilft, wenn mehrere Musiker einen getrennten Monitor-Mix benötigen.

5. Castings und andere Prüfungen

War mit dem Begriff „Casting" früher eher das „Vorsprechen" für eine Theater- oder Filmrolle gemeint, mit „Vorsingen" eine Aufnahmeprüfung für eine Gesangsrolle in einem etablierten Chor oder bei der Oper, so war eine „Audition" das Vorsingen oder Vorspielen für eine Band oder das Musiktheater. Spätestens seit der Zunahme der Casting-Shows im Fernsehen hat sich das geändert und die Bezeichnung wird für fast alles verwendet, was mit einer Prüfungssituation zu tun hat.

Wahrscheinlich hast du auch schon die eine oder andere Casting-Show im Fernsehen verfolgt und versucht, dir vorzustellen, wie es wäre, wenn du dort auf der Bühne stehen würdest. Vielleicht hast du sogar schon einmal einen Versuch gewagt? Dann weißt du, dass es im Normalfall dabei leider keine zweite Chance gibt und du dein ganzes Können gewissermaßen auf Knopfdruck abrufen können musst. Daher ist ein Casting, eine Audition oder eine Aufnahmeprüfung immer eine ganz besondere Vorsing-Situation und erfordert eine entsprechend gründliche Vorbereitung.

Die Bewerbung

Als erstes solltest du dich informieren, welche Voraussetzungen du erfüllen musst. Erkundige dich per Internet, oder wenn Unklarheiten bestehen, telefonisch nach den Anmeldebedingungen, dem musikalischen Hintergrund und erforderlichen Repertoire. Sende die Unterlagen entsprechend sorgfältig zusammengestellt rechtzeitig zu. Die Qualität des vielleicht geforderten Ton-, Video- oder Bildmaterials muss nicht überragend sein (du bist ja noch kein Star, sondern willst erst einer werden), aber aussagekräftig und authentisch. Sende nichts zu, was du bei einer Einladung nicht tatsächlich auch bieten kannst. Sei dir bewusst, wo deine Stärken sind und hebe sie entsprechend hervor.

Das Repertoire

Wenn du dich mit von dir ausgesuchten oder selbst komponierten Songs vorstellen kannst, solltest du diese im Schlaf beherrschen und bei Bedarf das richtige Notenmaterial in der richtigen Tonart für einen dir unbekannten Begleiter (Korrepetitor) dabei haben. Wenn du mit Playback singen sollst, bringe eine intakte und mit Namen und Titeln beschriftete CD oder einen Speicher-Stick (je nachdem, was gefordert ist) mit deinem gewohnten Playback in deiner Tonart mit. Auf dem Datenträger sollten sich nur die Playbacks für deine Prüfungs-Songs in der richtigen Reihenfolge befinden – keine Sampler benutzen!

Möglicherweise wird dir das Repertoire auch vorgegeben, dann solltest du dich darauf gut vorbereiten und dir sicher sein, dass du das geforderte Lied in genau dieser Tonart singen kannst. Eventuell erforderliche Tonartänderungen musst du vorher mit der Jury, dem Korrepetitor oder den Begleitmusikern absprechen. Bei einer Aufnahmeprüfung für eine Hochschule wirst du vielleicht auch ein unbekanntes Stück „vom Blatt", also nach Noten, singen müssen. Darauf und auf mögliche Musiktheorie-Themen musst du dich natürlich vorher ausgiebig vorbereiten und am besten schon mit einem Lehrer arbeiten, sonst hast du kaum eine Chance. Musikschulen bieten fast immer Theoriekurse an und an den Hochschulen kannst du meistens Prüfungs-Vorbereitungskurse belegen. Wenn du die Möglichkeit hast, unterhalte dich auch vorher mit ehemaligen Prüfungsteilnehmern, Coaches oder Dozenten über ihre Erfahrungen.

Die Audition

Am Casting- oder Prüfungstag selbst sei rechtzeitig vor Ort, so dass du dich noch ein wenig umsehen und dich auf die Prüfungssituation vorbereiten kannst. Sprich mit den Organisatoren oder Begleitmusikern und lasse dich von anderen Castingteilnehmern nicht aus der Ruhe bringen. Bleibe ganz bei dir selbst, bei deiner Stimme und deinen Songs. Versuche, dich in aller Ruhe in einem separaten Raum warm zu machen und einzusingen. Sorge dafür, genügend stimmfreundliche Getränke und einen leichten Snack bei dir zu haben, wenn du länger als geplant warten musst.

Wenn du schließlich deinen Bühnentermin hast, versuche locker und unverkrampft, aber nicht albern oder bewusst nervös mit deinem Publikum, der Jury, Kontakt aufzunehmen. Lächle freundlich, auch wenn wenig Reaktion von den Prüfern kommt, oder wenn du vielleicht sogar schon nach kurzer Zeit unterbrochen wirst. Gehe mit einer kleinen Einleitung zu deinem nächsten Stück über und verabschiede dich weiterhin freundlich, aber ohne große Nachfrage, wenn du nicht zum Bleiben aufgefordert wirst. Du wirst sicher alles Weitere im Anschluss erfahren.

Lasse dich nicht entmutigen, wenn du nicht sofort angenommen wirst. Solange du mit dir, deiner Stimme und deiner Musik im Einklang bist, werden sich dir noch viele Möglichkeiten bieten, deinen Weg zu beschreiten. Die nötige Gelassenheit auf der Bühne und bei Castings entwickelt sich meist erst nach vielen Anläufen und mit der oft frustrierenden Erfahrung sämtlicher Höhen und Tiefen des Musikerlebens.

6. Weitere nützliche Hilfsmittel für die Stimme

In den beiden Abschnitten zum Singen auf der Bühne oder im Studio wurden bereits mehrere hilfreiche und stimmunterstützende Effekte oder Programme wie Chorus, Reverb, Compressor und viele mehr erwähnt. Seit dem ersten Harmonizer werden in den letzten Jahren immer mehr speziell für Sänger, Sprecher und Beatboxer entwickelte Vocal-Effektgeräte auf den Markt gebracht. Sie geben dir die Möglichkeit, noch mehr mit deiner Stimme und manchmal recht extremen Klangeffekten wie Flanger, Verzerrer oder Roboterstimme zu experimentieren und die Sounds ganz nach Bedarf per Fußschalter oder Drehregler anzuwählen oder auszuschalten.

Mit Hilfe dieser Geräte kannst du deiner Stimme eine oder mehrere Harmoniestimmen hinzufügen, eine Männer- in eine Frauenstimme umwandeln (oder umgekehrt), die Stimme doppeln, oder mit Pitch-Correct kleinere Intonationsunsauberkeiten ausbügeln. Du kannst mehrere Loops übereinander legen und dein eigenes A-Capella-Ensemble aufbauen. Das macht Spaß und hat sich inzwischen zu einer ganz eigenen Kunstform entwickelt.

Federführend dabei sind die Geräte aus der VE-Reihe von Boss, von TC-Helicon oder Digitech, die sich in Handhabung, technischer Ausstattung und Speicherkapazität zum Teil deutlich unterscheiden, aber auch dadurch, ob sie per Hand oder Fuß bedient werden. Auch hier gilt wieder, ausprobieren und experimentieren, und schließlich das für dich passende Vocal-Effekt Gerät herauszufinden, das deine Stimme ergänzt und unterstützt. Die Effekte sind immer nur ein „Kann", nie ein „Muss" für gute Sängerinnen und Sänger, weil sie dein Können und deine Stimme selbst nicht verbessern – schlecht eingesetzt verschlechtern sie sogar manchmal eher die Qualität der Stimme. Du solltest dich also schon ziemlich gut damit auskennen, wenn du diese Geräte auf der Bühne oder für Aufnahmen einsetzen möchtest.

Kapitel 5

Die Gesundheit

Singen hält gesund, stärkt das Immunsystem, verlängert das Leben und macht klüger. Das haben Wissenschaftler verschiedener Universitäten und der Musikpsychologe Karl Adamek (*Singen als Lebenshilfe*) bei ihren Forschungen herausgefunden. Du kannst dir und deinem Körper also nichts Besseres tun, als so viel wie möglich zu singen.

Aber Sängerinnen und Sänger, sowohl im klassischen als auch im nicht-klassischen Bereich, die häufig und ausdauernd körperliche Hoch- und Höchstleistungen abrufen müssen, sollten sich bewusst sein, dass sie sich immer angemessen um die Pflege ihres Instruments kümmern müssen. Ist der Körper krank, so kann auch die Stimme nicht optimal funktionieren. Ist der Körper geschwächt oder müde, wirkt sich das immer auch auf den Klang und die Belastbarkeit der Stimme aus. Auch zu üppiges oder scharfes Essen, Alkohol, Rauchen und andere Drogen schaden der Stimme.

Da deine Gesundheit und deine körperliche und seelische Fitness für deine Tätigkeit als Sänger/in, egal ob Profi oder Amateur, von größter Bedeutung sind, ist es durchaus wichtig, sich über die Pflege der gesunden Stimme („Stimmhygiene") und die Heilungsmöglichkeiten bei angeschlagener oder kranker Stimme zu informieren.

1. Die gesunde Stimme

Ein bewusster Umgang mit deinen körperlichen und stimmlichen Ressourcen und ein gesundes, gleichmäßiges Konditionstraining helfen dir dabei, ständige Arztbesuche zu vermeiden und deinen Körper optimal auf die von ihm verlangten Höchstleistungen vorzubereiten. Vorbeugen ist in jedem Fall besser als kurieren.

Ruhephasen

Höre auf deinen Körper. Er wird dir deutlich signalisieren, wann und wie oft es sinnvoll ist, Ruhephasen einzulegen. Ein ausgedehnter Spaziergang, egal bei welchem Wetter, ein gutes Buch oder entspannende Musik bieten hervorragende Möglichkeiten für gesunde, kleine Auszeiten, um deinem Körper und deiner Seele, aber natürlich auch deiner Stimme die nötige Regeneration zu ermöglichen. Achte darauf, in dieser Zeit auch wirklich einmal zu schweigen und so deine Stimme zur Ruhe kommen zu lassen. Ein stundenlanges Telefonat mit der Freundin oder ein stimmungsvoller Abend mit den Kumpels in einer lauten Kneipe können deshalb nicht wirklich als Ruhephase bezeichnet werden. Besuche stattdessen doch einmal eine Sauna oder ein Dampf- oder Solebad, um die Feuchtigkeitsreserven von Körper und Stimme aufzufüllen.

Schlaf

Sänger/innen, und Musiker/innen im allgemeinen, haben oft ein sehr üppiges Probe- und Auftrittspensum, das sie bis tief in die Nacht hinein fordert. Von ermüdenden An- und Abreisen oder anstrengenden Flügen ganz zu schweigen. Ausreichender Schlaf sollte daher ein wichtiges Thema für dich sein. Wenn du müde bist, so ist auch deine Stimme müde und du kommst in Versuchung, beim Singen zu viel Kraft aufzuwenden und damit vielleicht deine Stimme zu schädigen.

Natürlich braucht man in jungen Jahren weniger Schlaf und macht vielleicht gern mal eine Nacht durch. Wenn du aber am nächsten Abend bereits wieder mit vollem Programm auf der Bühne stehen musst und deinem Publikum ein tolles Konzert bieten möchtest, solltest du auf deinen Körper hören und schlafen gehen, statt eine Party zu feiern.

Trinken

Bei dieser Party wird darüber hinaus möglicherweise auch einiges an Alkohol konsumiert. Natürlich ist gegen einen guten Wein oder ein Glas Bier in deiner singfreien Zeit nichts einzuwenden – immer vorausgesetzt, du bist alt genug dafür. Vor dem Singen oder sogar währenddessen solltest du allerdings möglichst darauf verzichten – vor allem auf die „harten Sachen". Alkohol trocknet deine Schleimhäute und damit auch die Stimmlippen aus, so dass deine Stimme unweigerlich irgendwann rau und angestrengt klingen wird.

Die berühmten „Reibeisen"-Stimmen von Joe Cocker, Janis Joplin oder Steven Tyler sind ein gutes Beispiel dafür. Cocker hätte mit über 70 Jahren sicher nicht mehr auf der Bühne stehen und CD-Aufnahmen machen können, wenn er es nicht irgendwann in den späten Achtzigern geschafft hätte, sich von Alkohol, Drogen und Exzessen loszusagen. Seine Stimme zeugt jedoch für immer von seinem vielfältigen Missbrauch. Tyler musste sich einer Operation und Stimmschulung unterziehen, um weiter singen zu können – und Janis Joplins unverwechselbare, vom Alkohol gezeichnete Stimme ist nach ihrem frühen Tod nur noch auf Aufnahmen zu hören.

Für deinen Körper und deine Stimme kannst du nichts besseres tun, als viel Wasser zu trinken – am besten ohne Kohlensäure, die dich vielleicht aufstoßen lässt. Wenn du über den Tag verteilt genügend Flüssigkeit zu dir nimmst, ist es auch nicht nötig, ständig eine Wasserflasche dabeizuhaben. Während eines Konzerts dringend zur Toilette zu müssen, ist auch nicht unbedingt wünschenswert.

Ein leichter Kräutertee ist ebenfalls zu empfehlen – direkt vor dem Singen allerdings besser keine Heilkräutertees mit ätherischen Ölen, wie etwa Pfefferminz-, Salbei- oder Kamilletee, die ebenfalls stark austrocknen können. Wie sehr deine Stimme auf Kaffee oder schwarzen Tee reagiert, musst du selbst ausprobieren. Auch sogenannte Soft Drinks, also Getränke, die extrem viel Zucker enthalten, wie Coca Cola, Fanta oder Eistee sind nicht geeignet, die Schleimhäute zu befeuchten. Milch und Milchprodukte dagegen können eher verschleimen, weshalb das beliebte Hausmittel Milch mit Honig – vor dem Singen getrunken – gar nicht sinnvoll ist.

Essen

Gern werden absonderliche Geschichten über die Ess- und Trinkgewohnheiten berühmter und weniger berühmter Sängerinnen und Sänger erzählt. Das morgendliche rohe Ei zum Schmieren der Stimme ist da nur eine der vielen leckeren Anekdoten. Tatsache ist, dass eine ausgewogene, gesunde Ernährung dazu beiträgt, den Körper fit und belastbar zu erhalten. Wer seine Energie jedoch ausschließlich aus Junkfood und Süßigkeiten bezieht, wird sich unweigerlich irgendwann mit den Konsequenzen dieser Art Ernährung auseinandersetzen müssen.

Aber nicht jedes gesunde Essen ist auch direkt vor dem Singen gesund. Noch Stunden später können die gut versteckten, winzigen Krümel frischer Brötchen, trockener Haferflocken, Kekse, Nüsse oder Apfelschalen dich im entscheidenden Augenblick irgendwo im Rachen kitzeln und auf der Bühne oder im Studio zum heftigen Husten bringen. Orangen und Zitronen sind wegen ihrer Säure mit Vorsicht zu genießen und sehr scharfe oder intensive Gewürze sollten vor dem Singen ebenfalls gemieden werden. Schokolade ist zwar gut für die Nerven, kann aber einen Schmierfilm über deine Mundschleimhaut legen. Ein leckeres Eis vor dem Singen kann wiederum verschleimen und zudem deinen Rachenraum unterkühlen.

Natürlich, und zum Glück, kommt keines dieser Nahrungsmittel unmittelbar mit deinen Stimmlippen in Kontakt, denn das wäre gefährlich. Aber die Qualität und Zusammensetzung deiner Ernährung wirkt sich mittelbar auf den Zustand deines Körpers und die Funktion deiner Schleimhäute aus. Du solltest also immer zuerst ausprobieren, was dir, deinem Körper und deiner Stimme gut tut, denn auch hier reagieren die Menschen sehr unterschiedlich. Eine leichte, eiweißreiche Kost, Suppen, Salate oder Gemüse und eine angemessene Kohlehydratmenge werden dich aber sicher immer mit der nötigen Energie versorgen.

Rauchen

War es lange Jahre in Sängerkreisen durchaus normal und üblich, zu rauchen, so geht die Tendenz inzwischen eindeutig in die andere Richtung. Es hat sich herumgesprochen, wie schädlich das Rauchen grundsätzlich und für die Stimme im Speziellen ist. Der Rauch strömt, im Gegensatz zum Essen und Trinken, tatsächlich beim Ein- und Ausatmen an den Stimmlippen vorbei und reizt sie dabei ständig. Die Stimmlippen reagieren darauf wie bei einer Entzündung und die ständige Reizung kann bereits in kurzer Zeit dazu führen, dass die Schleimproduktion massiv vermehrt wird. Wie unangenehm das Singen mit verschleimter Stimme ist, weiß wohl jeder.

Der Klang der Stimme wird durch diese Belastung und die Teerablagerungen tiefer, rauer und heiserer und lässt sich schlechter kontrollieren. Da die Schleimhaut wie bei einer Erkältung anschwillt, leiden die Schwingungsfähigkeit der Stimmlippen und die saubere Intonation darunter. Die Gefahr von Stimmlippen-Ödemen, chronischen Kehlkopfentzündungen (Laryngitis) und sogar Kehlkopfkrebs steigt. Lunge und Bronchien werden durch die zunehmende Verschmutzung natürlich ebenfalls belastet und die Atemkapazität wird deutlich eingeschränkt. Das merkt man spätestens bei lang ausgehaltenen Tönen oder langen Textpassagen.

All das gilt selbstverständlich auch für das Rauchen von Marihuana und Haschisch, die die Rachenschleimhäute sogar noch schneller als Tabak austrocknen, und einen heftigen Hustenreiz hervorrufen können. Und dass man, nicht nur wegen der Stimme, die Finger von allen anderen harten Drogen lassen sollte, versteht sich sicher von selbst.

Sport und mentale Trainingsmethoden

Außer einer guten und bewussten Ernährung und Lebensweise kannst du deiner Stimme langfristig Gutes tun, wenn du eine leichte sportliche Tätigkeit ausübst. Nur ein gesunder Körper beherbergt eine gesunde Stimme. Geeignet sind dafür fast alle Sportarten, außer ausgewiesenem Kraftsport, wie etwa Gewichtheben oder Kickboxen.

Walken, **Joggen**, **Radfahren**, **Tennis** oder **Golf** regen zum freien Bewegen des ganzen Körpers an und fördern die Atemtätigkeit.

Schwimmen trainiert den ganzen Körper, allerdings sollte man beim Tauchen und Turmspringen vorsichtig sein und Rücksicht auf Ohrendruck und Nasenschleimhäute nehmen. Außerdem verträgt nicht jeder die Chlorkonzentration des Schwimmbadwassers.

Tanzen fördert neben der geschmeidigen Bewegung des gesamten Körpers auch noch dein Gefühl für Rhythmus, vermittelt dir musikalische Lockerheit und unterstützt dich bei der Entwicklung deiner Bühnenpräsenz. Ob du klassischen Tanz, Standardtänze oder modernen Tanz und Hip-Hop bevorzugst, bleibt ganz deinem Geschmack überlassen.

Pilates ist eine bei vielen Sängern, Tänzern und Schauspielern sehr beliebte Trainingsmethode, die ebenfalls den ganzen Körper und die Atmung einbezieht. Besonderer Wert wird dabei auf das Training des „Powerhouse" gelegt, das in etwa dem beim Singen besonders geforderten Zwerchfellbereich entspricht. Aber vergiss nicht, auch immer wieder locker zu lassen, damit sich dein Unterbauch nicht verkrampft.

Kampf- bzw. Verteidigungs-Sportarten wie **Judo**, **Jiu Jitsu**, **Aikido**, **Kendo**, **Tai-Chi Chuan** oder **Qigong**, die sich mehr der körperlichen und mentalen Gesundheit verschrieben haben und von Würgegriffen und heftigen Blockaden absehen, sind dem Singen sogar in mancher Hinsicht sehr ähnlich. Der Aufbau und Fluss der Energie des Zwerchfellbereichs („Hara", „Chi" „Qi"), der gesunde Atemaustausch und die fließenden Bewegungen unterstützen und verdeutlichen auch die beim Singen bevorzugten Körperfunktionen.

Meditation und Yoga

Diese beiden eng verwobenen Trainingsmethoden haben ihre Schwerpunkte in der geistigen Konzentration, inneren Sammlung und intensiven Atmung. Yoga legt neben bewussten Atemübungen (Pranayama) besonderen Wert auf sich wiederholende körperliche Übungen und festgelegte Positionen, die Asanas. Durch die bewusste Körper- und Atemarbeit und die Möglichkeit, geistig zur Ruhe zu kommen, sind beide Wege für Sängerinnen und Sänger sehr empfehlenswert.

Feldenkrais und Alexander-Technik

Die Feldenkrais-Methode, benannt nach ihrem Begründer Moshé Feldenkrais, soll die Fähigkeit zur Selbstwahrnehmung fördern, dabei helfen, Schmerzen zu reduzieren, die Bewegungen geschmeidiger zu machen und das Lernen neuer Bewegungsabläufe auch im Erwachsenenalter möglich zu machen. Sie basiert auf den Grundlagen von Judo, Körperschulung und manueller Therapie.
Die Alexander-Technik, nach ihrem Begründer Frederick Matthias Alexander benannt, versucht die optimale Spannungsbalance des Körpers, die Eutonie, herzustellen und damit körperliche Fehlhaltungen und Beschwerden zu beeinflussen. Die Beziehung zwischen Nacken, Hals und Kopf ist dabei von besonderer Bedeutung.
Beide Techniken vermitteln Hilfe zur Selbsthilfe und sind besonders für Sportler, Tänzer und Musiker geeignet.

Musik-Kinesiologie

Diese noch relativ junge, speziell für Musiker entwickelte Therapieform versucht speziell deren Probleme zu behandeln, wie Lampenfieber, Verspannungen und die leider sehr häufigen Fehlhaltungen des Körpers beim Musizieren und Singen. Durch Auflösen der Blockaden soll das Zusammenspiel von Körper, Seele und Geist gefördert und die heilende Schwingungsenergie der Musik entwickelt und genutzt werden.

Psychotherapeutische Hilfen

Manchmal haben Stimmprobleme Ursachen, die sich hervorragend durch eine Kombination von Logopädie und Psychotherapie lösen lassen. Wenn also Sängerinnen und Sänger bei sich Veränderungen ihres körperlichen, seelischen oder emotionalen Wohlbefindens feststellen, die sich nicht durch ausreichend Schlaf, gesunde Nahrung oder Fitness-Training verbessern lassen, so stehen auf psychotherapeutischer Ebene weitere wertvolle Werkzeuge zur Verfügung. Durch Mentaltraining oder Verhaltenstherapie, Hypnose oder Selbsthypnose können Blockaden und Ängste abgebaut werden, die einem entspannten Singen und der Freude an der eigenen Stimme vielleicht im Weg stehen. Diese Therapieansätze sollten aber keinesfalls im Selbstversuch, sondern immer nur in Zusammenarbeit mit geschulten Fachleuten gestartet werden.

2. Die kranke Stimme

Trotz aller Vorsorgemaßnahmen und Sorgfalt kann es passieren, dass deine Stimme doch einmal Schaden genommen hat oder du dir eine Krankheit zugezogen hast, die sich deutlich hör- und spürbar auf deine Stimme auswirkt. Dann ist es wichtig, zu wissen, ob es sich um eine echte Schädigung oder um die vorübergehende Begleiterscheinung einer Erkältung oder sonstigen Erkrankung handelt. Beobachte dich selbst und stelle fest, wie sehr dich dieser Stimmschaden beeinträchtigt. Wenn du dir nicht sicher bist, suche in jedem Fall einen HNO-Arzt auf, noch besser jedoch einen ausgewiesenen Facharzt für Sprech- und Singstimme (Phoniater).
Die Adressen dieser Spezialisten in Deutschland findest du auf der Website der **Deutschen Gesellschaft für Phoniatrie und Pädaudiologie e.V.** (www.dgpp.de).

Welche Probleme können auftreten und was kannst du als „Erste Hilfe" tun?

Heiserkeit

Plötzlich oder allmählich auftretende Heiserkeit oder Rauheit der Stimme bis hin zur Stimmlosigkeit sind untrügliche Zeichen dafür, dass irgendetwas mit deinem Kehlkopf oder deinen Stimmlippen nicht in Ordnung ist. Dafür kann es die unterschiedlichsten Gründe geben.

 Erste Hilfe

Für alle Arten von **Heiserkeit** oder **Rauheit** und für das Gefühl der **Verschleimung** gilt:

Nicht räuspern und nicht ständig forciert husten
Die Stimmlippen trocknen beim Räuspern schlagartig aus und durch den Reiz wird die Schleimproduktion noch mehr gefördert. Stattdessen einmal richtig abhusten oder tief schlucken. Entspanntes, tiefes Brummeln (m-m-m-m) und leichtes Trommeln der Finger auf den oberen Brustkorb hilft, die Verschleimung der Stimmlippen und Bronchien gut abzuvibrieren. Auch ständiges, heftiges Husten oder nervöses Hüsteln reizt die Stimme zusätzlich und zerstört den wichtigen Schmierfilm auf deinen Stimmlippen.

Nicht flüstern
Wenn deine Stimme sich einmal komplett verabschiedet hat, dann versuche bitte niemals, die fehlende Stimmkraft durch verstärkten Druck zu kompensieren. Ständiges angestrengtes Flüstern reizt die Stimme sogar noch mehr als unangestrengtes Sprechen in tieferer Lage. Das Einzige, was wirklich hilft, ist Schweigen.

Medizinischen Stimmbefund einholen
Suche einen Phoniater auf und beginne keine Therapie ohne vorherigen Stimmbefund.

Erkältung

Diese geht meist mit Schnupfen und Husten, vielleicht auch mit einem Gefühl der Abgeschlagenheit und mit Kopf- und Gliederschmerzen einher. Eine schlichte Erkältung ohne Heiserkeit und Halsschmerzen ist nicht automatisch ein Grund, das Singen zu unterlassen. Über den Schönklang einer Schnupfenstimme kann man allerdings streiten und sobald Hustenanfälle dazukommen, solltest du definitiv eine Singpause einlegen.
Bronchitis, Nebenhöhlenentzündungen, sowie eine Kehlkopf- oder Lungenentzündung müssen ernst genommen und in jedem Fall ärztlich begleitet werden. Ob und wann du singen darfst, muss dann der Arzt abschätzen.

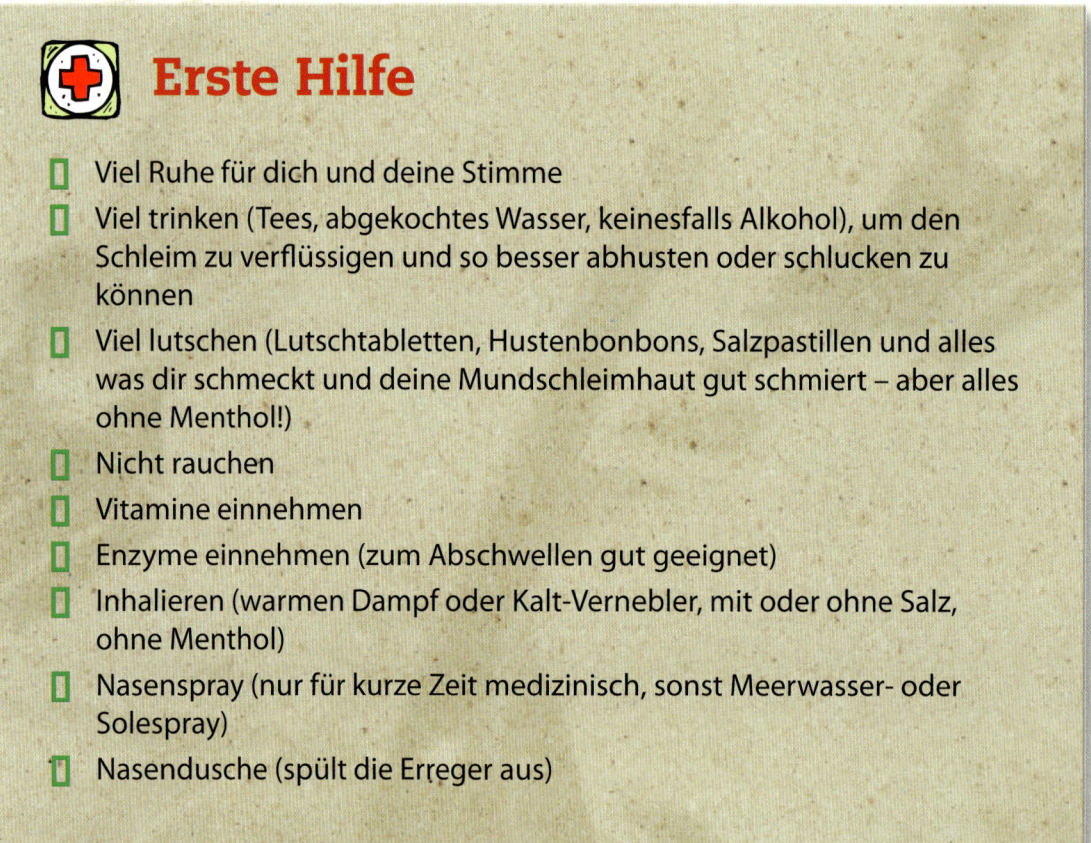

⊕ Erste Hilfe

- ☐ Viel Ruhe für dich und deine Stimme
- ☐ Viel trinken (Tees, abgekochtes Wasser, keinesfalls Alkohol), um den Schleim zu verflüssigen und so besser abhusten oder schlucken zu können
- ☐ Viel lutschen (Lutschtabletten, Hustenbonbons, Salzpastillen und alles was dir schmeckt und deine Mundschleimhaut gut schmiert – aber alles ohne Menthol!)
- ☐ Nicht rauchen
- ☐ Vitamine einnehmen
- ☐ Enzyme einnehmen (zum Abschwellen gut geeignet)
- ☐ Inhalieren (warmen Dampf oder Kalt-Vernebler, mit oder ohne Salz, ohne Menthol)
- ☐ Nasenspray (nur für kurze Zeit medizinisch, sonst Meerwasser- oder Solespray)
- ☐ Nasendusche (spült die Erreger aus)

Tipp! Eine isotonische Salzlösung zum Inhalieren und Spülen kann man gut selbst herstellen: Damit sie der Salzkonzentration im menschlichen Blut entspricht, und deshalb die Schleimhäute nicht reizt, löst man neun Gramm Kochsalz in einem Liter abgekochtem Wasser auf.

Kehlkopfentzündung

Eine Kehlkopfentzündung oder Laryngitis ist oft die Folge einer Erkältung und kann sowohl starke Verschleimung als auch eine Schwellung der Stimmlippen und sogar eine Muskelentzündung beinhalten und ebenfalls zu Stimmstörungen wie starker Heiserkeit und Schwellungen der Stimmlippen führen. Besonders Sprecher/innen, Schauspieler/innen, Sänger/innen und Lehrer/innen sind relativ häufig von dieser Erkrankung betroffen, die durchaus auch chronisch werden kann. Aus diesem Grund ist es für Menschen mit pädagogischen Berufen, Sprechberufen und für professionelle Sänger/innen wichtig, rechtzeitig einen Phoniater aufzusuchen und sich streng an die verordnete Stimmruhe und -pflege zu halten.

Überanstrengung der Stimme

Eine Stimme, die immer wieder zu heftig eingesetzt wird, nimmt über kurz oder lang Schaden. Achte darauf, dass dein Atemdruck deine Stimmlippen nicht mit Gewalt auseinander presst oder dass du deine Töne nicht durch zu viel Druck im Kehlkopfbereich zu erzeugen versuchst. Oft findet diese Überbeanspruchung auch durch zu lautes Sprechen oder unkontrolliertes Schreien statt (Kneipe, Sportplatz, Schulhof).
Bei häufigem Auftreten von Heiserkeit durch Überanstrengung solltest du unbedingt einen Phoniater konsultieren und eine Stimmtherapie anstreben. Im schlimmsten Fall entstehen durch die ständige Überlastung Phonationsverdickungen, Ödeme und die gefürchteten Stimmlippenknötchen. Diese müssen dann unter Umständen operativ behandelt und unbedingt von einer Stimmtherapie begleitet werden. Dauerhafte Ermüdung der Stimmmuskulatur, die meist über Jahre hinweg entsteht, ist nur sehr schwer zu behandeln.

Erste Hilfe

- Schweigen!
  Meist ist das Problem nach einem Tag Stimmruhe behoben.

Allergien

Wenn du allergisch auf Pollen, Hausstaub, Tierhaare oder bestimmte chemische Substanzen in der Atemluft reagierst, kann es passieren, dass durch die allergische Reaktion deines Körpers auch die Schleimhaut deines Rachenraums und des Kehlkopfs anschwillt. Das wiederum kann zu einer gewissen Heiserkeit führen, die aber meist mit Abklingen der Allergie zurückgeht.
Durch einen HNO-Arzt kann ein Allergietest gemacht, und eine entsprechende Behandlung oder Desensibilisierung durchgeführt werden.

Erste Hilfe

- Inhalieren (nur Wasserdampf oder Nebel ohne Zusätze)
- Antihistaminikum zum Abschwellen verwenden (Nasenspray, Tabletten, Tropfen), das aber seinerseits wieder Heiserkeit hervorrufen kann. Mit dem Arzt absprechen.

Reflux

Heiserkeit bei Sängern und Sängerinnen rührt erstaunlich oft vom
Rückfluss des sauren Mageninhalts
in die Speiseröhre und in den Rachenraum her. Neben Sodbrennen oder saurem Aufstossen kann
dabei der Kehlkopf und damit die
Stimmlippen gereizt werden. Das
kann zu Husten und vermehrtem
Räuspern führen und die Stimme
schnell rau und heiser klingen lassen.

Um die Refluxkrankheit zu behandeln, muss in jedem Fall ein Arzt
aufgesucht werden, der entsprechende Medikamente verordnet.

 **Erste Hilfe**

- Beim Schlafen das Kopfkissen erhöhen, um den Rückfluss zu unterbinden
- Medikamente gegen Reflux einnehmen
- Bestimmte Nahrungsmittel (Saures, Scharfes, Fettes, Kaffee, Alkohol) vermeiden
- Stressmanagement überdenken
- Säure-Basen-Haushalt des Körpers unterstützen

Belastung der Stimme durch Rauch, Schmutzpartikel oder chemische Dämpfe

Auch wenn du nicht allergieanfällig bist, hast
du sicher schon festgestellt, dass bestimmte
Rauch- oder Schmutzpartikel in der Atemluft
deine Stimme reizen. Auch chemische Dämpfe, zum Beispiel von Reinigungsmitteln und
bestimmten Sprays, bringen dich zum Husten
oder Niesen.

Ist dein Nasen- und Rachenraum diesen Stof-
fen oft oder ständig ausgesetzt, so kann auch
das zu einer Schwellung der Schleimhäute und
zu Heiserkeit führen.

 **Erste Hilfe**

- An die frische Luft gehen
- Inhalieren
- Nasendusche

Belastung der Stimme durch Medikamente

Auch die Einnahme mancher Medikamente kann Heiserkeit hervorrufen. Dazu
zählen einige Blutdrucksenker, Asthma-
Sprays mit Kortison, Antidepressiva und
Antihistaminika, sowie verschiedene Hor-
monpräparate (die „Pille").

 Erste Hilfe

- Vor Einnahme die Packungsbeilage lesen und Arzt und Apotheker fragen
- Das Präparat nur in Absprache mit dem behandelnden Arzt wechseln!

Erkrankungen der Schilddrüse

Eine Störung der Hormonproduktion in der Schilddrüse kann unter anderem auch für eine Veränderung des Stimmklangs und für Heiserkeit verantwortlich sein. Dies ist sowohl bei einer Schilddrüsenvergrößerung (Kropf) als auch bei einer Schilddrüsenunterfunktion der Fall. Zu Stimmstörungen und Heiserkeit kann es auch nach einer Schilddrüsenoperation kommen. Eine begleitende Stimmtherapie ist dabei in jedem Fall angezeigt.

 **Erste Hilfe**

- Mit dem Arzt sprechen, der die Schilddrüsenerkrankung behandelt
- Vor einer OP zusätzlich zum behandelnden Arzt noch einen Phoniater konsultieren

Psychisch bedingte Heiserkeit

„Da war ich aber sprachlos!" „Ich habe fast keinen Ton mehr herausgebracht"
„Und plötzlich war die Stimme weg!"

Diese Situation haben sicher fast alle Menschen schon einmal erlebt. Sänger und Sängerinnen im Besonderen kennen den gefürchteten Augenblick nur zu gut, wenn während eines Vorsingens, eines wichtigen Konzerts oder in einer Prüfungssituation plötzlich die Stimme versagt oder nur noch krächzt. Die Psyche spielt uns diesen bösen Streich, der aber zum Glück meist nur für eine kurze Zeit wirkt. Lässt der Stress, das Lampenfieber, die Angst oder Wut wieder nach, kehrt in der Regel auch die Stimme wieder zurück. Wenn sich solche Situationen allerdings häufiger wiederholen, solltest du mit einem Stimm- und/oder Psychotherapeuten deiner Wahl sprechen.

Oft sind alte, nicht verarbeitete Muster der Grund für Blockaden, die schließlich zu einer schwerwiegenderen Stimmstörung führen.

Können psychische Störungen sehr wohl die Ursache für Stimmstörungen sein, so kann aber auch der umgekehrte Fall eintreten. Stimmstörungen können durchaus auch zu psychischen Problemen führen, wenn der Zustand der Stimme nicht mehr der erwünschten oder benötigten Qualität entspricht – es entsteht also ein „Teufelskreis". Daher solltest du unbedingt mit Fachleuten deines Vertrauens sprechen und dir rechtzeitig Unterstützung holen.

 Erste Hilfe

- Gleichmäßig atmen und beruhigen, vielleicht langsam ein paar Schlucke trinken
- Abwarten und positiv konditionieren
- Lockerungsübungen für die Stimme machen, um wieder Vertrauen zu ihrem Klang zu bekommen.
- Einen Gang zurückschalten und dich in Geduld üben

Hormonelle Veränderungen und Störungen

Im Lauf des Lebens durchläuft die Stimme natürliche hormonelle Veränderungsphasen. Klingt die kindliche Stimme normalerweise zu Beginn noch sehr hell, so erweitert sich allmählich der Stimmumfang und die Stimmfärbung verändert sich.

Die erste hormonelle „Krise" der Stimme beginnt mit der **Pubertät**. Durch Geschlechts- und Wachstumshormone angeregt, beginnt der Kehlkopf zu wachsen und der Stimmklang wird allmählich tiefer. Das gilt, wenn auch in geringerem Maß, ebenfalls für Mädchen. Während der Pubertät kann die Stimme oft nur sehr schlecht kontrolliert werden und kippt zwischen den Lagen hin und her. Dieser Wechselprozess kann durchaus auch von einer gewissen Heiserkeit der Stimme begleitet sein und wird manchmal zunächst mit einer Erkältung verwechselt.

Die zweite Veränderung der Stimme betrifft ausschließlich die Frauen.
Während des monatlichen Zyklus kann es während oder vor der **Menstruation** zu einer Veränderung der Singstimme kommen. Manchmal bereits während oder nach einer **Schwangerschaft**, aber häufig während der **Wechseljahre**, ändert sich der Stimmklang durch den massiven hormonellen Einfluss, wird weicher oder tiefer. Bei der Einnahme von empfängnisverhütenden Mitteln kann abhängig von der Hormonkonzentration schon bei jungen Frauen die Stimme bleibend tiefer werden. Das passiert manchmal auch bei älteren Frauen durch die Einnahme von Hormonpräparaten zur Behandlung von Wechseljahresproblemen – die weibliche Stimme vermännlicht.

Wenn der Mensch alt wird, verändert sich die Stimme dann meist ein weiteres Mal. Die **Altersstimme** hat oft wenig Kraft und Klangtiefe und tendiert zum Krächzen oder Knarren. Die Muskulatur des Kehlkopfs wird im Alter schwächer, die Elastizität und Leistungsfähigkeit der Stimme lässt nach – oft auch durch mangelnden Gebrauch.

Krankhafte Veränderung und Operationen der Stimmlippen

Nicht optimaler Stimmlippenschluss oder Abnahme der Schleimhautschwingung durch eine Erkältung oder andauernden Stimm-Missbrauch führen oft zu einem Rückgang der Klangtiefe, was der Sänger oder die Sängerin durch Verstärkung der Lautstärke oder des Drucks zu kompensieren versucht. Die Stimmlippen ihrerseits wehren sich gegen diesen heftigen Einsatz und verdicken das Gewebe an manchen Stellen zum Schutz. So entstehen bei akuter Überlastung sogenannte Polpen, bei weiterhin unsachgemäßem Gebrauch schließlich die gefürchteten „Sängerknötchen" oder Ödeme.

Gehen diese Verdickungen nicht durch Schonung oder gezielte Schulung wieder zurück, ist unter Umständen ein operativer Eingriff angezeigt. Die Entwicklung der minimal-invasiven oder lasergesteuerten Operationstechniken hat diese Eingriffe inzwischen relativ einfach gemacht. Stimmschonung und eine anschließende Stimmtherapie sind in jedem Fall anschließend angezeigt.

Selbst in früher Jugend kann es bereits zu Phonationsverdickungen kommen. Die sogenannten „Schreiknötchen", die nicht nur durch Schreien, sondern auch durch forciertes Singen der Kinder in zu tiefer Lage entstehen können, werden aber nicht operativ entfernt, sondern therapeutisch und logopädisch begleitet und behandelt.

Kapitel 6

Der Vocal-Workout

Hier erfährst du, was du (wenn möglich) täglich tun und beachten kannst, um deine Stimme gesund, flexibel und belastbar zu erhalten. Die Übungen und Tipps der vorherigen Kapitel werden noch einmal für dein persönliches Trainings- und Einsingprogramm und zu einer Checkliste für die Stimmhygiene zusammengefasst, so dass du bei Bedarf schnell darauf zurückgreifen kannst.

Diese Übungen sind nicht nur für stimmliche „Hochleistungs-Sportler" wie Sänger/innen und Schauspieler/innen geeignet, sondern auch besonders hilfreich und wichtig für alle „Stimmarbeiter" wie Lehrer/innen, Kindergärtner/innen und Erzieher/innen, Pfarrer/innen, Verkäufer/innen und Mitarbeiter/innen im Callcenter – also alle, die von und mit ihrer Stimme leben.

Das Einsingen selbst sollte nicht länger als 10–15 Minuten dauern. Ist deine Stimme dann immer noch nicht warm und geschmeidig, wäre es sicher ratsam, einmal mit einem HNO-Arzt oder Phoniater deiner Wahl zu sprechen oder ein paar Stimmbildungsstunden bei einer Stimmtherapeutin oder Gesangspädagogin zu nehmen.

Tipp! Stell dir dein persönliches Trainingsprogramm für dein Smartphone oder den PC zusammen, indem du dir deine Lieblings-Übungen aus den Audiotracks kopierst.

1. Das tägliche Warm-up für die Stimme

Ankommen und Lockern

- **Stehen:** Stelle deine Füße hüftbreit parallel ausgerichtet und entspanne deine Knie.

- **Lockern der Basis:** Kreise nacheinander mit beiden Füßen, beiden Kniegelenken und beiden Hüftgelenken.

- **Lockern des Beckens:** Kippe dein Becken vor und zurück und kreise vorsichtig wie beim Bauchtanz in beide Richtungen.

- **Dehnen des Oberkörpers:** Strecke dich mit beiden Händen abwechselnd an die Decke, ziehe dabei den Oberkörper in die Länge und aus dem Becken heraus.

- **Lockern der Schultern:** Lasse die Schultern abwechselnd und anschließend gleichzeitig rückwärts und vorwärts kreisen.

- **Lockern des Halses:** Schaue vorsichtig über eine Schulter nach hinten, dann lasse den Kopf langsam in einer Halbkreisbewegung nach vorne unten zum Brustbein wandern, von dort hoch zur anderen Schulter und wieder zurück.

- **Lockern des Gesichts:** Knete deine Wangen und streiche sie nach unten in Richtung Kinn aus. Öffne deinen Unterkiefer dabei entspannt zu einem Oval.

- **Lockern der Lippen:** Lasse sie abwechselnd tonlos (Lippenflattern) und in verschiedenen Tonhöhen wie ein schnaubendes Pferd vibrieren.

- **Lockern der Zunge:** Mache Mund und Augen weit auf und strecke die Zunge heraus. Schließe den Mund wieder und erkunde mit deiner Zungenspitze jeden erreichbaren Winkel deines Mundraums, vor allem den Bereich zwischen Lippen und Zähnen.

- **Lockern von Gesicht, Lippen und Zunge:** Lasse ein weiches „Blobb" oder „Blubb" mit leicht aufgeblasenem und wieder zusammenfallendem Wangen- und Lippenbereich in verschiedenen Tonhöhen vorsichtig „explodieren".

Den Atem spüren

- **Gleichmäßiges Atmen:** Atme genüsslich durch die Nase ein und durch den Mund wieder aus. Spüre dabei, wie deine Lunge sich mit Atemluft füllt und wieder leert. Beobachte, wie dein Bauch sich beim Einatmen rundet, während sich dein Zwerchfell senkt und wie dein Bauch beim Ausatmen flach wird, während sich dein Zwerchfell wieder hebt.

- **Kurze Einatem-Portionen:** Schnüffle kleine Portionen Luft durch die Nase ein, als würdest du an einer Blume schnuppern und lasse die Luft mit einem Schwung durch den Mund wieder ausströmen.

- **Dosieren des Ausatemstroms:** Atme gleichmäßig und gut ein, so wie es sich für dich gut anfühlt, und lasse die Luft auf **ffff** oder **ssss** durch eine enge Mundöffnung so lange wie möglich wieder ausströmen.

AUDIO 1

- **Kurze Ausatem-Portionen <u>ohne</u> Zwischenatmen:** Atme gleichmäßig und gut ein und in kurzen Stößen auf **f-f-f-f** aus, bis du komplett leer bist.

AUDIO 2

- **Kurze Ausatem-Portionen <u>mit</u> Zwischenatmen:** Atme eine kleine Portion Luft ein und mit einem kurzen Stoß der Bauchdecke auf **s** aus. Lasse die verbrauchte Luft wieder schnell in dich hineinfallen und atme in einem kurzen Stoß auf **sch** wieder aus. Nun wechsle ständig ab: **s-sch-s-sch-s-sch**. Deine Bauchdecke schiebt dabei wie ein Blasebalg beim Ausatmen nach innen, und wenn die Luft einströmt, beim Einatmen wieder ein wenig nach außen.

AUDIO 3

Stimme und Artikulationswerkzeuge lockern

- **Die Stimme locker-vibrieren:** Atme genüsslich ein, lege die Lippen locker aufeinander und lasse ein tiefes, volltönendes und langes Summen auf **m** erklingen. Finde die Tonlage, in der deine Stimme am schönsten schwingt, aber zwinge dich nicht in die Tiefe.
Der Ton soll nur im vorderen Bereich deines Gesichts, um Mund und Nase ertönen, der Rachenraum ist dabei trotz geschlossener Lippen weit und entspannt geöffnet.

AUDIO 5

- **Den Klangraum öffnen:** Vom geschlossenen, gesummten **m** ausgehend, öffne den Mund langsam zur Mitte des Atemstroms zu einem ovalen, offenen **o** (wie im englischen „what"), schließe dann allmählich wieder zum Summen und lasse den Ton ausklingen.
Öffne und schließe während eines Ausatemstroms mehrmals hintereinander auf **m-o-m-o-m** und lockere damit Mundmuskulatur und Stimmlippen. Wiederhole diese Übung mit gesteigerter Geschwindigkeit.

AUDIO 6

AUDIO 7

AUDIO 8

170

Die Verbindung herstellen

- **Gleiten:** Forme den Laut **ng**, wie bei „Gong", und lasse den Klang aus angenehmer Höhe langsam und konzentriert in die Tiefe gleiten. Versuche den Klang im Nasenraum und in den Nasen-Nebenhöhlen zu stabilisieren. Der Kopf soll im tiefen Tonbereich nicht gesenkt werden.
Nun mache die gleiche Übung mit **u**, **i** oder mit schnaubenden Lippen.

AUDIO 4

- **Looping:** Beginne mit einem **o** in der Tiefe und ziehe den Ton, ohne abzusetzen, jaulend in die Höhe und anschließend wieder zum Ausgangspunkt zurück. Spüre dabei, wie sich der Ton immer weiter nach vorn ausdehnt. Lockere die Knie noch mehr, je höher der Ton wird, und halte den Kopf im tiefen Bereich gerade.

AUDIO 36

Den Stimmumfang erweitern

- **Dreisprung:** Springe mit einem geschmeidigen Bogen auf **ju** die Töne eines Dur-Dreiklangs hinauf und wieder abwärts und steige bei jedem Durchgang einen Halb- oder Ganztonschritt nach oben.

AUDIO 40

- **Schlangenlinien-Abstieg:** Beginne im höheren Tonbereich und wandere auf **mom** von der Quinte aus die ersten fünf Töne der Dur-Tonleiter abwärts, kehre beim tiefsten Ton wieder um nach oben. Dort machst du eine weitere Kehrtwendung und landest schließlich mit **mom-mom-mom** auf dem Grundton.

AUDIO 46

- **Zwerchfell-Taining im Dreiviertel-Takt:** Stupse mit der Bauchdecke (und damit dem Zwerchfell) auf **so-o** die ersten fünf Töne der Dur-Tonleiter nach oben und wieder zurück und lasse sofort einen **o**-Bogen über die Quinte hoch und zurück anschließen. Steige bei jedem Durchgang in Halb- oder Ganztonschritten nach oben.

AUDIO 50

- **Kauen abwärts:** Starte beim höchsten Ton der vorherigen Übung und steige im „2 vor, 1 zurück"-Muster auf **mü-jom-mü-jom-müh** in die Tiefe. Beginne jedes Mal einen Halb- oder Ganzton tiefer.

AUDIO 51

- **Vokalkette:** Beginne in deinem Wohlfühlbereich und hänge langsam die Vokale **i-e-a-o-u** auf einer Tonhöhe und in ihrer optimalen Ansatzform aneinander. Steige Ton für Ton nach oben.

AUDIO 15

- **Dreiklang-Oktav-Triolen:** Steige bei der Oktave beginnend auf den Tönen des Dur-Dreiklangs mit aneinandergehängten Dreierketten auf **ma-la-ga mo-lo-ko** wieder in die Tiefe. Achte dabei besonders auf die Zungenarbeit.

AUDIO 26

Die Obertöne erfahren

- **Oberton-Meditation:** Lasse in deinem tiefen Wohlfühlbereich langsam und ineinander übergehend die Vokale **u-ü-i-ü-u** erklingen und spüre die Obertonklänge, die sich gleichzeitig mit der Zungenposition verändern. Koste jeden Klang intensiv aus.

AUDIO 18

2. Die Stimmhygiene – Checkliste

Gut für die Stimme:

- Gleichmäßiges Atmen – bevorzugt durch die Nase ein, durch den Mund aus
- Bauch- und Flankenatmung nutzen
- Aufrechte, ausgewogene Steh- und Sitzposition (immer wieder ändern)
- Herzhaftes Gähnen
- Stimme anwärmen durch Summen in der Indifferenzlage (neutrale Sprechlage)
- Deutliche Artikulation (spart Kraft)
- Gestikulieren und lächeln beim Sprechen
- Ausreichend schlafen
- Frische Luft
- Ausreichende Luftfeuchtigkeit in den Räumen
- Körperlicher Ausgleich (Spaziergänge, Ruhepausen, Entspannungsübungen)
- Viel trinken (Wasser ohne Kohlensäure, Tees ohne ätherische Öle)
- Bei Erkältung: warm Inhalieren (einen Teelöffel Salz in das Wasser geben)
- Nasendusche mit Salzwasser
- Milde, zucker- und mentholfreie Lutschbonbons (Salbeibonbons, Salz-Pastillen oder Isländisch-Moos)
- Stimmschonung oder Stimmruhe bei angegriffener Stimme
- Bei Heiserkeit und Stimmverlust: Stimmruhe und baldiger Arztbesuch (Phoniater)

Schlecht für die Stimme:

- Schlechte Körperhaltung und Verspannungen im Sitzen und Stehen
- Flüstern – auch tonloses Mitsprechen oder Mitsingen strengt an (lieber leise, tief und deutlich sprechen)
- Räuspern (lieber abhusten, summen oder/und tief schlucken)
- Rauchen oder verrauchte Räume
- Schreien oder über hohen Lärmpegel hinweg sprechen (lieber rufen mit Flanken- und Bauchunterstützung)
- Alle Arten von Stress
- Trotz Erkältung oder Überanstrengung der Stimme weiter singen oder sprechen
- Alkohol (vor allem Hochprozentiges)
- Zu viel essen und auf vollem Magen singen oder lange sprechen
- Sehr scharfes, sehr heißes oder sehr kaltes Essen
- Sehr süße, klebrige, kohlensäurehaltige, sowie sehr heiße oder sehr kalte Getränke
- Saure Zitrusfrüchte oder verschleimende Milchprodukte (zumindest im Übermaß)
- Bonbons und Tees mit Menthol und ätherischen Ölen wie Pfefferminze oder Kamille
- Trockene Heizungsluft
- Verschmutzte Luft
- Chemische Dämpfe und Lacke
- Übersäuerung, Überproduktion von Magensäure (Sodbrennen) und „Reflux" (oft unbemerkt in der Speiseröhre aufsteigende Magensäure) immer von einem Arzt abklären lassen

Kapitel 7

Die Theorie

Die Musik – theoretisches und praktisches Handwerkszeug

Vielleicht hast du schon in den Kinderschuhen geträllert, deine Stimme geschult und mit den Übungen der vorangegangenen Kapitel auf Hochglanz poliert. Dann passt möglicherweise eine der folgenden Situationen momentan ganz besonders gut zu dir:

- Du hast bereits in verschiedenen Formationen gesungen und möchtest jetzt endlich den Schritt wagen, deine eigene Band zu gründen.
- Du möchtest mit anderen Sängerinnen und Sängern eine Vokalgruppe bilden und die Songs passend für eure Stimmen arrangieren.
- Wenn du mit einem Begleiter an der Gitarre oder am Klavier Duo-Songs einstudierst, möchtest du dir schon vorher im Klaren sein, in welcher Tonhöhe deine Stimme und das jeweilige Lied am besten klingen.
- Aus der Melodie, die dir ständig durch den Kopf geht, möchtest du gern einen Song machen und überlegst nun, welche Begleitharmonien dazu passen und wie du alles für deine Bandkollegen notieren kannst.

All diese Dinge sind bestimmt schon in deinem Kopf und du könntest deine Songs natürlich auch allen Beteiligten vorsingen – aber das würde doch viel Zeit in Anspruch nehmen und euch möglicherweise bei der kreativen Arbeit ziemlich ausbremsen.
Du kannst dir sicher vorstellen, worauf ich hinaus will?

Musiktheorie – Musikersprache

Musik ist nichts anderes als eine internationale Sprache, deren Wörter, Regeln, Strukturen und Zeichen man leicht und sogar mit Spaß lernen kann. Dann kannst du dich jederzeit und (fast) überall mit anderen Musikern unterhalten, bei jeder Session einsteigen und all deine Lieblingssongs auch vom Blatt (also nach Noten) singen, oder eine Tonart wählen, die besonders gut zu deiner Stimme passt.
Wenn du bereits Noten lesen kannst und der theoretische Teil der Musik dir keinerlei Probleme macht – dann herzlichen Glückwunsch!
Selbst berühmte Sängerinnen und Sänger müssen oder mussten tricksen, wenn es ums Notenlesen geht. Die fantastische Jazzsängerin Ella Fitzgerald etwa, die mit federleichten Improvisationen über drei Oktaven und ihrem ganz eigenen Scat-Stil Vorbild für unzählige Jazz-Vokalisten war, konnte zwar Hunderte von Songs auswendig singen, aber musste die Leitung ihrer eigenen Bigband wieder abgeben, weil sie keine Noten lesen konnte.
Du aber kannst, wenn du möchtest, gelassen dieses Kapitel überspringen, oder als kleinen Test sehen, ob du auch wirklich alles richtig gespeichert hast. Vielleicht verträgt der eine oder andere Bereich ja doch eine kleine Auffrischung?
Für alle anderen Leserinnen und Leser dieses Buches gilt: Noten, Notenlinien und Vorzeichen, Intervalle und Rhythmen sind nichts Bedrohliches. Lass dich also nicht erschrecken und nimm dir alle Zeit, die du brauchst, um das Einmaleins der Musik kennenzulernen.
Mit Geduld, Gründlichkeit und guter Laune kommst du sicher und entspannt ans Ziel.

1. Noten

Geschriebene Musik besteht zunächst einmal aus **Noten**. Diese setzen sich zusammen aus einem **Notenkopf** und (je nach Notendauer) einem unterschiedlich geformten **Notenhals**.

Die Noten unterscheiden sich durch ihre Position auf oder zwischen den **Notenlinien** und durch ihre **Dauer**, das heißt, wie viele Taktschläge sie ausgehalten werden.

Viertelnote   Halbe Note   Ganze Note

Wenn wir, je nach Taktangabe, die Viertelschläge zählen, dann heißt das, eine Viertelnote wird einen Schlag (beat) lang ausgehalten.

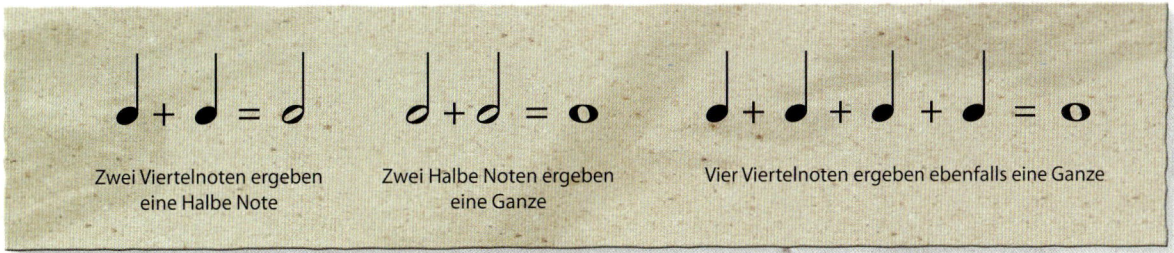

Zwei Viertelnoten ergeben eine Halbe Note

Zwei Halbe Noten ergeben eine Ganze

Vier Viertelnoten ergeben ebenfalls eine Ganze

Notenlinien
Die Noten werden jeweils **auf** oder **zwischen** fünf Notenlinien geschrieben. Dadurch wird ihre **Tonhöhe** bestimmt.

Hilfslinien
Noten, die zu hoch oder zu tief für diese fünf Linien sind, können auch auf Hilfslinien oberhalb oder unterhalb davon stehen. Das macht aber meistens nur bis zu einer bestimmten Anzahl von Hilfslinien wirklich Sinn.

Violinschlüssel
(G-Schlüssel)

Bass-Schlüssel
(F-Schlüssel)

Notenschlüssel
Notenschlüssel stehen immer am Beginn der Notenlinien und zeigen an, in welchem Tonbereich sich die Noten befinden. Es gibt verschiedene Schlüssel, aber die gebräuchlichsten sind der Violinschlüssel und der Bass-Schlüssel, die sich auf die Spielbereiche der rechten und der linken Hand am Klavier beziehen.

Gesangsnoten sind für die Frauenstimmen und die hohe Männerstimme (Tenor) im Violinschlüssel, für tiefe Männerstimmen im Bass-Schlüssel notiert. Bei einem Klaviersatz und Noten für Chor oder Vokalensemble werden beide Notensysteme mit einer Klammer zusammengehalten und alle Töne, die gleichzeitig gespielt oder gesungen werden, rhythmisch korrekt übereinander aufgeschrieben.

Je höher in den Notenlininen eine Note steht, desto höher erklingt der Ton. Jede Note bekommt einen Buchstaben als Namen zugewiesen. Nach sieben Tönen wiederholen sich die Tonnamen und werden mit Strichen oder einer Zahl versehen, um sie unterscheiden zu können.

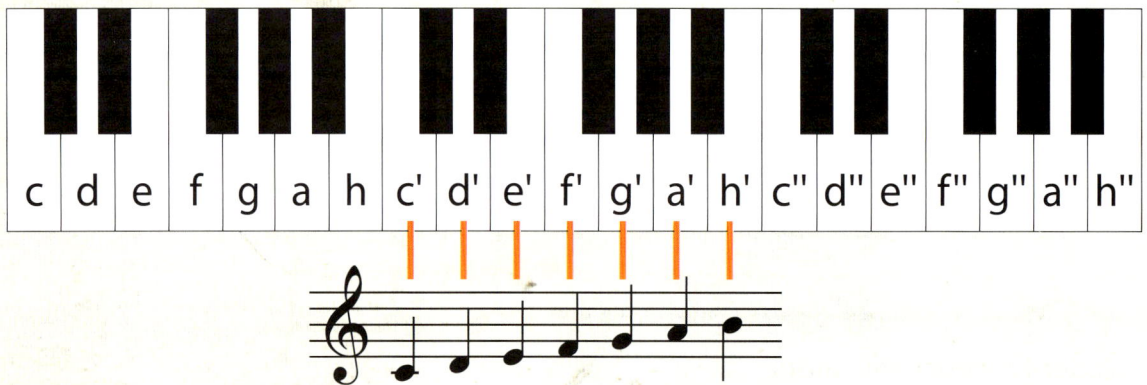

Takte und Taktstriche

Würde man die Noten einfach alle aneinanderreihen, könnte man sehr schnell den Überblick verlieren. Deshalb werden die Noten mit **Taktstrichen** in übersichtliche, dem Metrum entsprechende Abschnitte unterteilt, damit du immer weißt, welche Töne der Melodie du gerade singst. Die **Takte** selbst werden fortlaufend durchgezählt. Das Ende des Lieds wird mit einem Schluss-Strich gekennzeichnet.

Takt-
Strich

Schluss-
Strich

2. Rhythmik

Metrum und Takteinteilung

Als Metrum wird die rhythmische Grundeinteilung eines Liedes bezeichnet. Die Schläge des Metrums bestimmen, wie ein Song oder zumindest Teile eines Songs, gefühlt oder gezählt werden. Dabei sind nicht alle Schläge des Metrums gleich gewichtet – manche sind stark, andere weniger stark oder schwach betont.

Das Metrum besteht aus einer identischen, immer wiederkehrenden Anzahl an Zählzeiten (Schläge, Puls oder beats), verteilt auf unterschiedlich lange Noten. Diese wiederkehrende Anzahl der Schläge wird **Takt** genannt. Am gebräuchlichsten ist dabei eine Einteilung in zwei, drei oder vier Schläge, wovon der jeweils erste Schlag immer betont wird (Downbeat). Wie beim Bruchrechnen wird dabei mit **Halben**, **Vierteln** oder **Achteln** gezählt.

Die **Taktart** steht immer am Anfang des Lieds, direkt hinter dem Notenschlüssel.

Die untere Zahl der Taktangabe, der „Nenner" des Bruchs, sagt aus, welchen Grundpuls das Lied hat. Es wird also in unseren Beispielen in Vierteln gezählt.

Die obere Zahl, der „Zähler" des Bruchs, zeigt, wie oft der Grundpuls in einem Takt gezählt wird. Beim **Vier**-Vierteltakt also **viermal**, beim **Drei**-Vierteltakt (Walzer) **dreimal**.

Aber auch Songs mit anderen Metren wie 2/4 oder 2/2 (der sogenannte Alla-Breve-Takt), 6/8 oder 12/8 oder eher ausgefallene Taktarten wie 5/4 oder 7/7 sind üblich.

Manchmal wechseln die Taktarten sogar auch während eines Liedes mehrfach – ein gutes Beispiel dafür ist „Memory", der wohl bekannteste Song aus dem Musical „Cats". Hier wird ständig zwischen 12/8, 10/8 und 9/8 gewechselt – eine Spezialität des Komponisten Andrew Lloyd Webber, die auch in vielen anderen Musicalsongs auftaucht.

Um Musik lesen zu können und ein Gefühl für die verschiedenen Taktarten zu bekommen, solltest du dir eine für dich schlüssige Zählweise aneignen, damit du dir in Zukunft auch unbekannte Lieder nach Noten erarbeiten kannst, und deine Vorstellung eines Rhythmus auch deinen Mitmusikern verständlich machen kannst. Das kannst du am besten mit Hilfe von Zahlen und/oder Silben.

Um dir eine bessere Vorstellung davon machen zu können, schau dir einmal eine sogenannte „Rhythmus-Pyramide" an oder stelle dir einen Takt als Torte vor, die in immer kleinere Teile geschnitten wird.

Würden wir nun immer nur brav unsere viertel oder halben Noten nacheinander singen, so wäre das wahrscheinlich ziemlich schnell langweilig. Interessanter ist es natürlich, mit der Melodie spielen zu können und daraus etwas Eigenes zu machen.

Die Pausen

Ein besonders wichtiges Gestaltungselement für Sängerinnen und Sänger ist das Luftholen zwischen den Tönen und das Pause machen.
Die Pausen, die als Zeichen in den Noten vermerkt sind, haben den gleichen rhythmischen Wert wie die entsprechenden Noten. Dieser zeigt an, wie viele Taktschläge du pausieren musst.

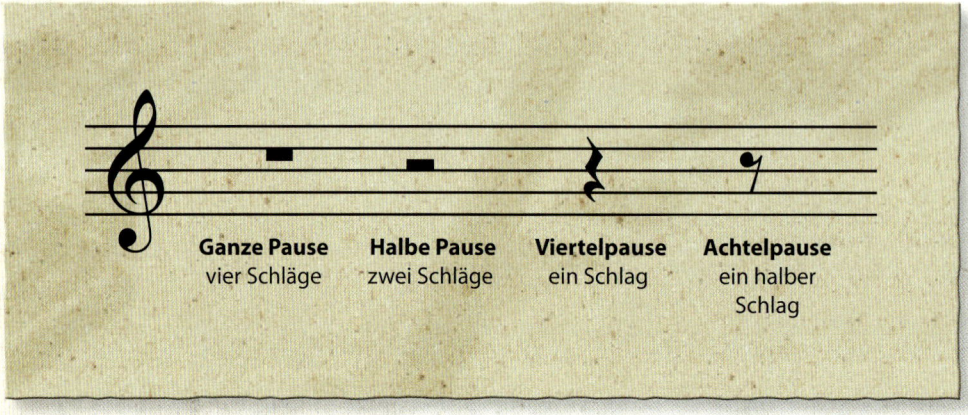

178

Synkopen

Um ein Lied interessanter zu gestalten, kann die rhythmische Anordnung der Noten auch durch Synkopen verändert werden,
Synkopen zu singen bedeutet, Noten zu singen, die nicht auf dem durchgezählten Schlag oder Beat liegen. Sie werden entweder vorgezogen oder mit einem Bogen übergebunden. Geläufige Muster könnten etwa so aussehen:

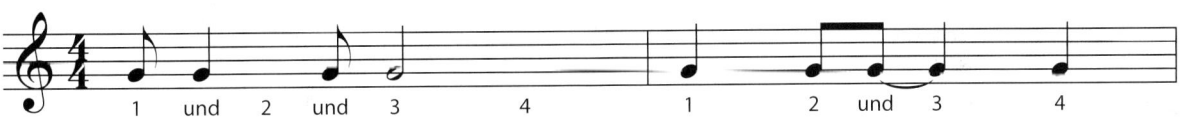

Punktierte Noten

Auch punktierte Noten tragen zur Gestaltung eines Songs bei. Steht hinter einer Note ein Punkt, so verlängert sich die Tondauer um die Hälfte ihres Wertes.

Auftakte

Beginnt ein Lied mit einem unvollständigen Takt, dann spricht man von einem „Auftakt". Der noch fehlende Takt-Rest steht dann am Schluss des Liedes. Auftakt und Schlusstakt ergänzen sich zu einem vollständigen Takt. Wenn wir dann wieder von vorne beginnen, zählen und singen wir gewissermaßen im Kreis.

Oh Susanna

Triolen

Noch spannender wird die Sache, wenn wir statt der punktierten oder synkopierten Noten sogenannte Triolen verwenden. Das sind **drei** aufeinanderfolgende, gleich lange Noten, die **zwei** Noten desselben Werts ersetzen.
Eine Vierteltriole ist also genauso lang wie zwei Viertelnoten – und muss beim Singen entsprechend in den rhythmischen Raum eingepasst werden, den die zwei Viertelnoten vorgeben.

Taktschwerpunkte und Betonungen

Jeder Takt hat ein wiederkehrendes System von starken (schweren), weniger starken und schwachen Betonungen. Im allgemeinen, und vor allem in der klassischen Rhythmik, wird der erste Schlag (Downbeat) stark betont, der dritte Schlag weniger stark, während Schlag 2 und 4 nur schwach betont werden.

Wenn du nun bei einem Pop- oder Rocksong rhythmisch mit dem Fuß tippst oder mit den Fingern schnippst, dann spürst du bei 1-2-3-4 wahrscheinlich ganz schnell die stärkste Betonung auf „1".

Skip to My Lou

Bei einem Walzer, also einem 3/4-Takt, bildet ebenfalls der erste Schlag den **Taktschwerpunkt**, also **1**-2-3.

My Bonnie Lies over the Ocean

Friends don't let friends clap on "one" and "three".

Freunde lassen nicht zu, dass Freunde auf „eins" und „drei" klatschen.

Was hat es denn nun mit diesem beliebten Jazz- oder Bluesmusiker-Ausspruch auf sich?

Um einen Bluessong, einen Slow-Rock, eine Jazz-Ballade oder einen Gospelsong fließend und groovend zu interpretieren, ist es üblich, von der Betonung auf „eins" und „drei" auf die Taktschwerpunkte „zwei" und „vier" zu wechseln.

Versuche das einmal mit unserem Beispielsong „Skip to my Lou" und du wirst entdecken, dass es weniger gerade oder „zickig" klingt, sondern schwingend und locker rollt.

Skip to My Lou

Eine hervorragende Übung für das eigene Rhythmusempfinden ist auch, einmal beim Laufen jeweils den zweiten und vierten Schritt zu betonen und dann dazu zu singen. Du wirst dabei ein völlig neues „Groove"-Gefühl kennenlernen und bist bereits auf dem Weg zum „Swing".

Swing und Shuffle – die binäre oder ternäre Phrasierung

Eine besondere Art, Noten triolisch zu interpretieren, ist das „Swingfeel" oder der „Shuffle". Ein Lied zum „swingen" zu bringen bedeutet immer eine besondere Herausforderung - vor allem für europäische Sängerinnen und Sänger, die mit der klassischen Rhythmik, wie wir sie bisher kennengelernt haben, aufgewachsen sind.

Versuche einmal herauszufinden, was den Unterschied zwischen den verschiedenen Interpretation eines Blues-, Jazz- oder Gospelsongs ausmacht, und wann das „Swingfeel" zu spüren ist. Was macht den speziellen Groove einer Bigband aus? Warum klingt Swing anders als Bossa Nova, und was unterscheidet den Rhythmus einer Rockband von dem einer Bluesband?

Bedingt wird das „Swingfeel" durch die Phrasierung der Achtelnoten – binär oder ternär.

Binär heißt in etwa „zweifach" – das bedeutet, die Achtel werden in einer geraden, klassischen Zweier-Unterteilung als sogenannte „straight eights" gefühlt und gespielt.
Diese Art der Phrasierung finden wir häufig im Metal, Latin, Funk, und traditionell bei Marschmusik und Polka.

Ternär bedeutet „dreifach" – also eine Dreier-Unterteilung der Zählzeit. Das wäre im Grunde das Gleiche wie die bereits behandelten Triolen, allerdings werden bei ternärer Spielweise die drei Triolenachtel **unterschiedlich betont**. Die ersten beiden Achtel werden verbunden und länger ausgehalten, das dritte Achtel wird zur + (und)-Zählzeit. Diese Achtelnote rückt auch ein wenig näher an die folgende Hauptzählzeit heran, so dass ein relativ ununterbrochenes, schwingendes oder schlurfendes Hörgefühl entsteht – der „Swing" oder „Shuffle". Dieses triolische Gefühl ist am deutlichsten zu spüren bei Songs langsameren bis mittleren Tempos.

Die ternäre oder Dreierunterteilung finden wir hauptsächlich in Swingmusik, Bigband Jazz, Blues, Bluesrock und Hardrock der 70er Jahre, aber auch im Reggae.

Oft findet man statt einer durchgehenden triolischen Notierung lediglich ein Symbol für ternäre Spielweise am Anfang der ersten Notenzeile. Das Notenbild bleibt dadurch übersichtlicher.

Das Tempo

Eine weitere wichtige Angabe, die grundsätzlich über einem Notenblatt oder „Leadsheet" stehen sollte, ist das Tempo, also die Geschwindigkeit, in der ein Lied gesungen und gespielt werden sollte. Anders als in der Klassik, in der diese Angaben innerhalb eines gewissen Rahmens relativ bindend sind, gibt es in der nicht-klassischen Musik einen ziemlich großen interpretatorischen Spielraum.

Hat man sich allerdings in Band oder Ensemble auf ein Tempo geeinigt, sollte dieses auch annähernd gleichbleibend durchgehalten werden. Das wichtigste, wenn auch für manche Sängerinnen und Sänger oft eher lästige, Kontrollmedium ist dafür ein Metronom, eine Drum Machine oder der Click-Track des Keyboards, Aufnahmegeräts oder Computerprogramms.

Eines dieser Hilfsmittel solltest du auf jeden Fall besitzen und benutzen, weil nicht jeder Mensch über ein wirklich unbestechliches Rhythmus- und Tempogefühl verfügt.

Da es inzwischen sogar kostenlose Metronom-Apps für das Smartphone gibt, dürfte auch der Preis für ein solches Gerät kein Hinderungsgrund mehr sein.

Die klassische Tempoangabe mit ihren italienischen Begriffen beschreibt eher einen Geschwindigkeitsbereich, in dessen Rahmen ein Stück interpretiert werden kann.

Die M.M.-Bezeichnung (Mälzelsches Metronom nach dessen Erfinder Johann Mälzel) oder die modernere bpm-Angabe definiert dagegen genau, wieviele Schläge pro Minute (beats per minute) gepielt werden sollen.

Eine exakte Tempoangabe, bezogen auf die Viertelnoten, sieht so aus:

♩=120   und bedeutet dann 120 Viertel-Schläge pro Minute

Klassische Tempoangaben

Klassische (italienische) Bezeichnung	Deutsche Bezeichnung	Schläge pro Minute
Larghissimo	sehr breit	19 und weniger
Grave	schwer	20 – 40
Largo	sehr ruhig, breit	40 – 60
Lento	langsam	40 – 60
Larghetto	sehr langsam bis langsam	60 – 66
Adagio	ruhig, langsam	66 – 76
Andante	gehend	76 – 108
Andantino	(etwas bewegter) gehend	
Moderato	gemäßigt schnell	108 – 120
Allegretto	munter, leicht bewegt	
Allegro	schnell	120 – 168
Vivace	lebhaft, schnell	132 – 140
Presto	sehr schnell	168 – 200
Prestissimo	so schnell wie möglich	200 – 220

3. Harmonielehre

Sängerinnen und Sänger benötigen natürlich nicht nur Angaben über Rhythmus und Tempo – also wie schnell oder wie langsam, wie kurz oder wie lang sie die Töne einer Melodie singen sollen, sondern sie müssen auch wissen, wie hoch oder tief und in welcher Reihenfolge. Die Kenntnis der Tonschritte, Intervalle und Tonleitern und das Wissen über deren harmonische Zusammenhänge helfen dabei.

Tonschritte und Tonleitern

Schreibt man die einfachste Tonleiter, die C-Dur-Tonleiter, in Noten auf, und betrachtet die einzelnen Tonschritte von einem Ton zum nächsten, dann könnte man glauben, dass sie alle den gleichen Abstand zueinander haben. Auch beim Singen fällt vielleicht zunächst nichts Außergewöhnliches auf. Schließlich trällern wir ja ständig irgendwelche Tonfolgen und auch Teile von Tonleitern vor uns hin.
Schaut man sich einmal die Tastatur eines Klaviers an, so sieht man, dass es neben den Tönen der C-Dur-Tonleiter noch weitere Töne gibt, die mit Hilfe der schwarzen Tasten gespielt werden.

Zwischen den Tönen c/d, d/e sowie f/g, g/a, und a/h liegt jeweils eine schwarze Taste. Der Tonschritt zwischen diesen Tönen ist also eigentlich aus jeweils **zwei halben Tonschritten** zusammengesetzt. Die Töne e und f, sowie h und c dagegen liegen direkt nebeneinander.
Die Tonschritte zwischen c-d, d-e sowie f-g, g-a, und a-h werden **Ganztonschritte** genannt und bestehen aus **2 Halbtönen**.
Die Tonschritte zwischen e-f und h-c sind **Halbtonschritte**.

> **Beachte** Die Abfolge der Halbtonschritte zwischen dem 3. und 4. sowie dem 7. und 8. Ton der Tonleiter kennzeichnet eine Dur-Tonleiter – egal von welchem Grundton gestartet wird.

Vorzeichen

Um auch die Töne auf den schwarzen Tasten der Klaviatur benennen zu können, werden Vorzeichen (b und #) verwendet. Mit einen Vorzeichen wird ein Ton um einen Halbton erniedrigt oder erhöht.

- Ein Ton, der um einen Halbtonschritt **erhöht** wird, bekommt als Vorzeichen ein **Kreuz**, die Namensendung wird **-is**.

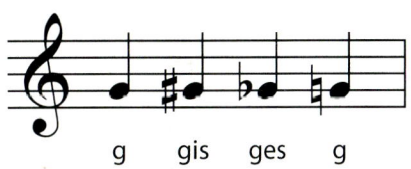

- Ein um einen Halbtonschritt **erniedrigter** Ton wird mit einem kleinen **b** versehen und erhält als Namensendung ein **-es** (Ausnahme: Aus h wird b).

- Um ein # oder b aufzuheben, benötigt man ein ♮ als Auflösungszeichen.

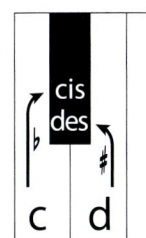

Die Töne können dadurch zwei verschiedene Namen haben.
Diese Doppelbezeichnung für den gleichen Ton nennt man **enharmonische Verwechslung**.

Wahrscheinlich hast du schon festgestellt, dass in vielen notierten Liedern am Anfang jeder Notenzeile Vorzeichen stehen. Warum sind sie so wichtig? Das sehen wir, wenn wir die Dur-Tonleiter mit dem Ton g beginnen:

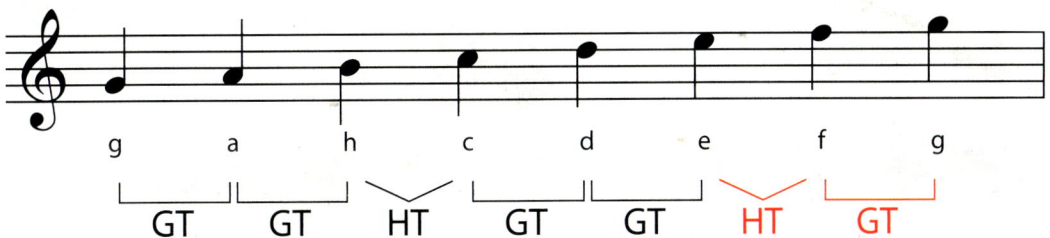

Dies ist keine Dur-Tonleiter, da der Abstand zwischen den letzten beiden Tönen kein Halbtonschritt ist. Erst durch ein Vorzeichen erhalten wir wieder den richtigen Abstand und damit eine **G-Dur-Tonleiter**:

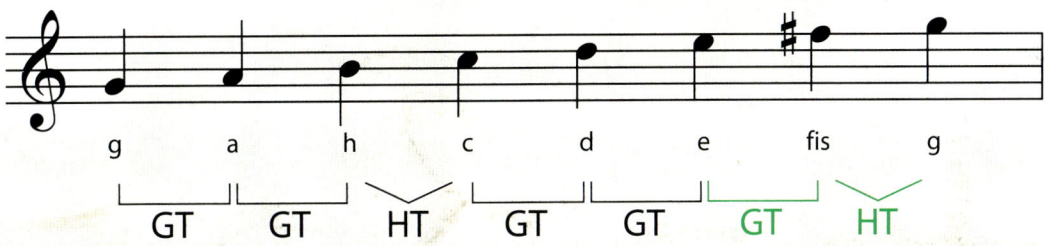

Nach diesem System können wir nun Dur-Tonleitern von jedem Ton aus beginnen. Jede Tonleiter hat ihre eigenen Vorzeichen, die für die richtigen Tonabstände benötigt werden.

Die Dur-Tonleitern

Die wichtigsten Dur-Tonleitern, nach der Anzahl der Vorzeichen geordnet.

Die Kreuz-Tonleitern

C-Dur
kein Vorzeichen

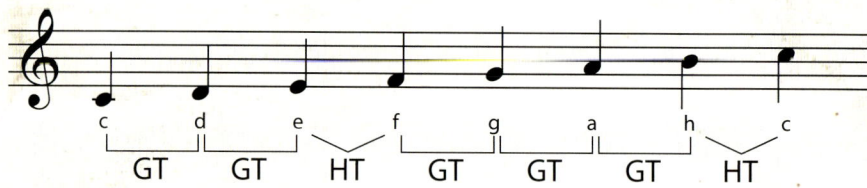

G-Dur
1 #

D-Dur
2 #

A-Dur
3 #

E-Dur
4 #

H-Dur
5 #

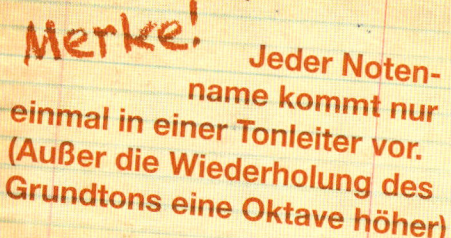

Die b-Tonleitern

C-Dur
kein Vorzeichen

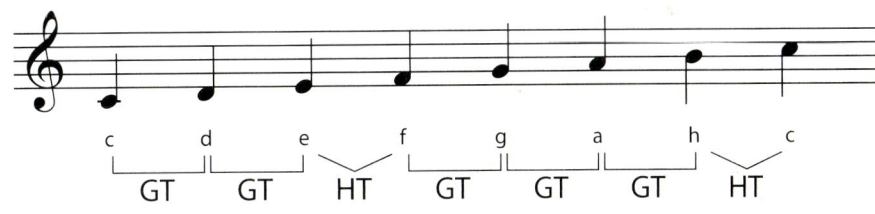

c · d · e · f · g · a · h · c
GT · GT · HT · GT · GT · GT · HT

F-Dur
1 b

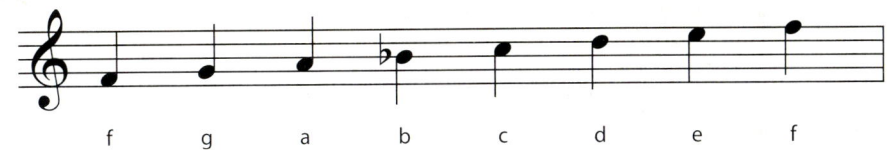

f · g · a · b · c · d · e · f

B-Dur
2 b

b · c · d · es · f · g · a · b

Es-Dur
3 b

es · f · g · as · b · c · d · es

As-Dur
4 b

as · b · c · des · es · f · g · as

Des-Dur
5 b

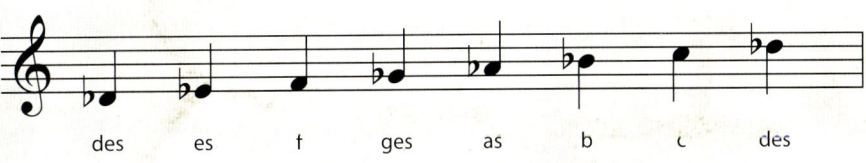

des · es · f · ges · as · b · c · des

Die Moll-Tonleitern

Die natürliche Moll-Tonleiter
Zu jeder Durtonleiter gibt es eine sogenannte **parallele Molltonleiter**. Diese besteht
aus den gleichen Tönen wie die Durtonleiter
– hat aber einen anderen Grundton.

Beachte! Ausgehend von der „Mutter"-Tonleiter C-Dur starten wir die zugehörige Moll-Tonleiter auf dem 6. Tonleiterton a. Noch schneller zu finden ist der Startpunkt, wenn wir vom Grundton aus 3 Halbtöne nach unten zählen.

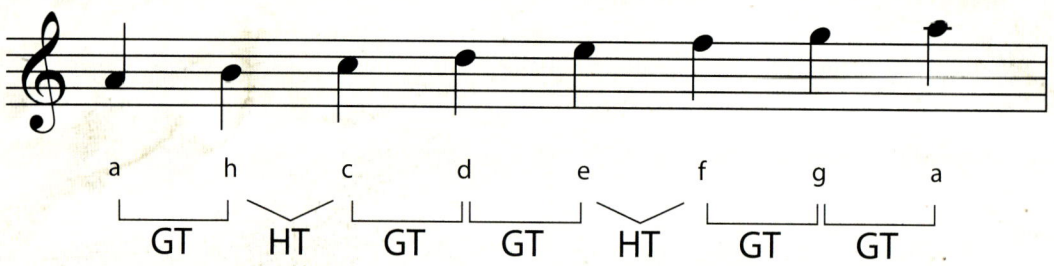

Die Halb- und Ganztonschritte der jeweiligen Dur-Tonleiter bleiben dabei erhalten – allerdings in einer geänderten Abfolge. Für die natürliche Moll-Tonleiter gelten die gleichen
Vorzeichen wie für die Ursprungs-Dur-Tonleiter. **Die Halbtonschritte findest du bei allen
natürlichen Moll-Tonleitern zwischen dem 2. und 3. und dem 5. und 6. Ton.**
Mit dem speziellen Bauplan kannst du sie von jedem Ton aus beginnen.

Harmonische Moll-Tonleiter

Neben der natürlichen oder reinen Molltonleiter gibt es auch die häufig verwendete **harmonische Moll-Tonleiter**:

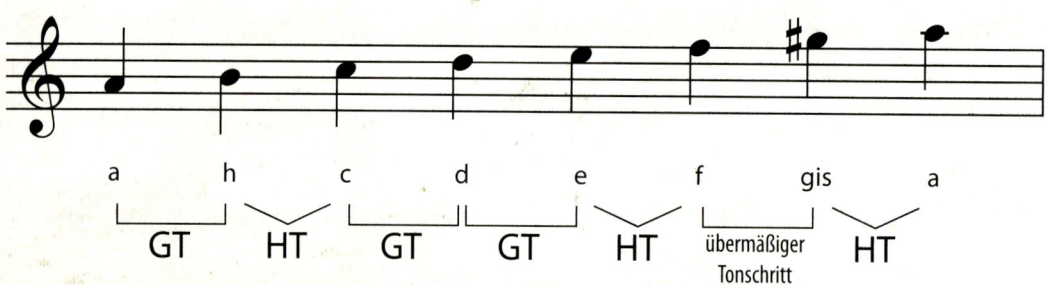

Der Unterschied zur natürlichen Moll-Tonleiter besteht dabei im **erhöhten 7. Ton.**
Wenn du diese Tonleiter einmal gehört hast, wirst du sie in vielen klassischen, aber auch in
vielen Liedern der Jazz-, Pop- und Rockmusik erkennen.

Melodische Moll-Tonleiter

Die dritte Moll-Tonleiter ist eine Besonderheit, die im unteren Teil der Tonleiter den Charakter einer Moll-Tonleiter, ab dem 5. Ton den Charakter einer Dur-Tonleiter zeigt. Da nur noch die kleine Terz der ursprünglichen natürlichen Moll-Tonleiter erhalten bleibt, verändert sich ihr Klangcharakter völlig und ähnelt mehr einer Dur-Tonleiter.
In der klassischen Musik wird sie in dieser Weise nur in der Aufwärtsbewegung verwendet, abwärts nimmt man die natürliche Moll-Tonleiter.

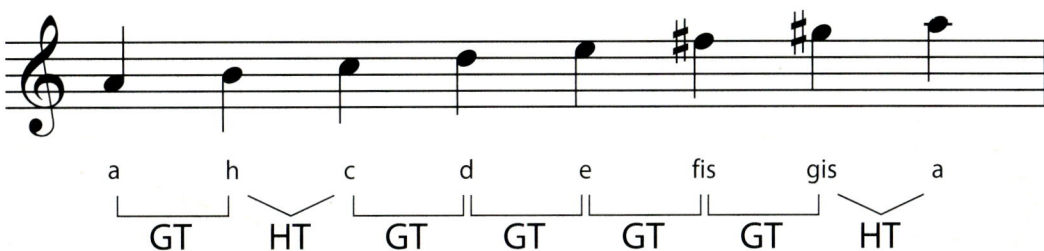

Weitere Skalen

In der Pop- und Rockmusik werden besonders häufig die beiden folgenden Skalen für Melodien und Improvisation benutzt.

Pentatonik
Die Pentatonik ist wahrscheinlich eines der ältesten existierenden Skalensysteme. Man findet sie in fast allen Kulturen und Epochen, in der keltisch-europäischen Folkmusik ebenso wie in Afrika und Asien. Dabei unterscheidet man zwischen Dur- und Moll-Pentatonik.

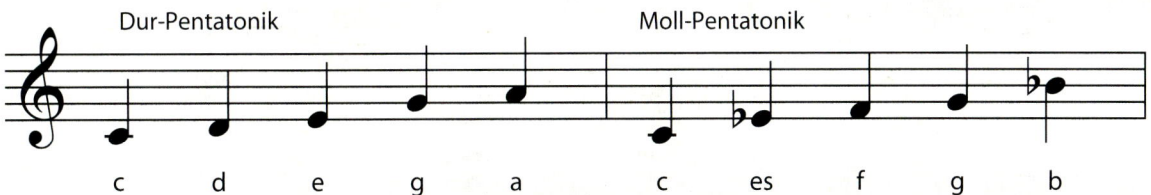

Bluestonleiter
Die Bluestonleiter ist eine Abwandlung der Moll-Pentatonik und eine Mischform aus Dur- und Molltonleiter. Die charakteristischen Töne **kleine Terz**, **verminderte Quinte** und **kleine Septime** geben den bluesigen Sound und werden „blue notes" genannt.

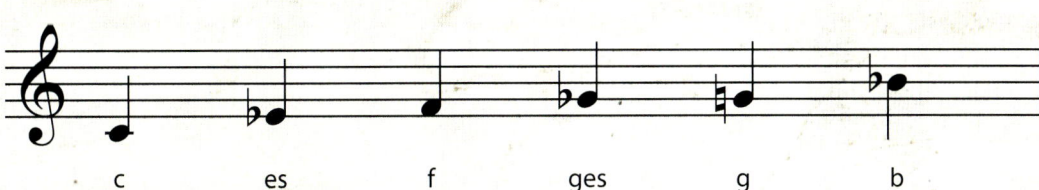

Die Intervalle

Ein Intervall ist der Abstand zwischen zwei Tönen und damit das wichtigste Handwerkszeug, das wir beim Singen benötigen. Jede Melodie entsteht ja schließlich durch Aneinanderreihen von Tönen in verschiedenen Abständen. Intervalle definieren und singen zu können gehört zur Grundausbildung in allen sängerischen Berufen und auch wer Singen „nur" als Hobby sieht, möchte gern die Tonsprünge eines Lieds gut treffen und sauber intonieren. Die Intervalle erklingen entweder gleichzeitig (harmonisch) oder nacheinander (melodisch). Es gibt reine, große, kleine, verminderte und übermäßige Intervalle innerhalb des Oktavraums und darüber hinaus. Jedes Intervall wird mit Hilfe der darin enthaltenen Halbtonschritte berechnet. Ein wenig Zählarbeit ist manchmal dafür erforderlich.

Der Tonabstand wird beginnend vom Grundton der jeweiligen Tonleiter oder, in einer Melodie, im Verhältnis zum vorhergehenden Ton, bestimmt. Die Klaviertastatur hilft uns wieder bei der Arbeit.

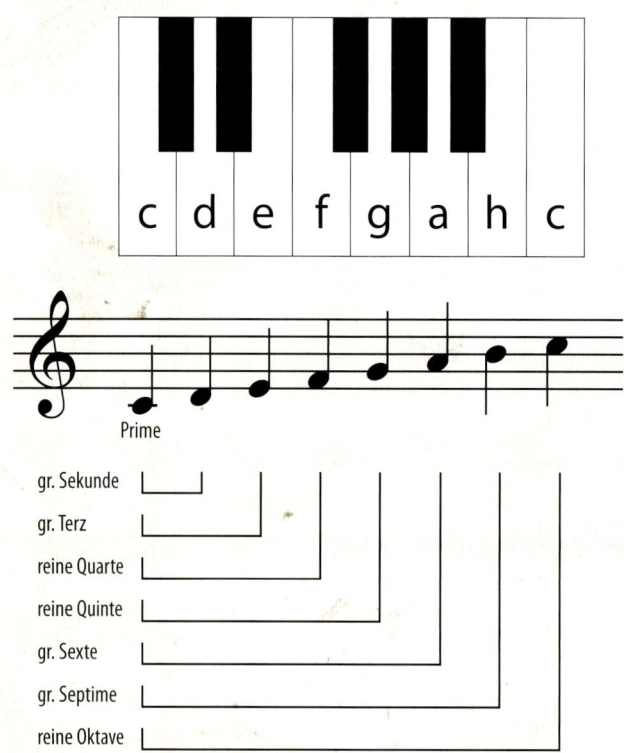

Über den Oktavraum hinaus gibt es noch weitere Intervalle, die vor allem für die Bildung von erweiterten Akkorden wichtig sind: Die kleine (b9) und große (9) None, kleine und große Dezime, reine (11) und übermäßige (#11) Undezime, verminderte, reine und übermäßige Duodezime, sowie kleine (b13) und große (13) Tredezime. Im modernen Sprachgebrauch werden sie meist vereinfacht „die Neun", „Kreuz 11" oder „b13" genannt.

Wenn du dich in das Singen und Bestimmen der Intervalle erst einmal eingehört hast, wirst du merken, dass die Musik voll ist von Tonsprüngen, die ganz besonders charakteristisch für einen Song sind und die deshalb gern im Ohr hängen bleiben. In jedem Fall ist es ein wunderbares Hörtraining und wird dich musikalisch weiterbringen.

Außerdem sind die Intervalle wichtiger Bestandteil unseres nächsten Kapitels über die Akkorde. Es lohnt sich also, die Zusammenhänge zu verstehen und anwenden zu können.

Hier die wichtigsten Intervalle mit der Anzahl der enthaltenen Halbtonschritte. Für (fast) jedes Intervall gibt es Liedanfänge, mit deren Hilfe man sich den Tonsprung leicht merken kann.

Prim (rein)
Kurzbezeichnung: 1, Halbtöne: 0
Liedanfang: *Bei gleichen Tönen eigentlich nicht nötig, aber zum Beispiel der Refrain von Jingle Bells oder What Shall We Do With a Drunken Sailor*

Kleine Sekunde
Kurzbezeichnung: b2, Halbtöne: 1
Liedanfang, aufwärts: *White Christmas, Michelle, With a Little Help from My Friends*
Liedanfang, abwärts: *Puff the Magic Dragon, Fly Me to the Moon, Something*

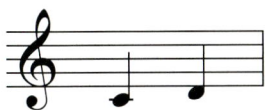

Große Sekunde
Kurzbezeichnung: 2, Halbtöne: 2
Liedanfang, aufwärts: *Happy Birthday, Stairway to Heaven, My Funny Valentine*
Liedanfang, abwärts: *Swanee River, Yesterday, Satin Doll*

Kleine Terz
Kurzbezeichnung: b3, Halbtöne: 3
Liedanfang, aufwärts: *Hello Dolly, Proud Mary, (I can't get no) Satisfaction*
Liedanfang, abwärts: *Star Spangled Banner, Girl from Ipanema, Hey Jude*

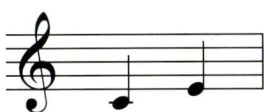

Große Terz
Kurzbezeichnung: 3, Halbtöne: 4
Liedanfang, aufwärts: *When the Saints, Can't Buy Me Love, On Top of Old Smokey*
Liedanfang, abwärts: *Summertime, Bad Moon Rising, Good Night Ladies*

Quarte (rein)
Kurzbezeichnung: 4, Halbtöne: 5
Liedanfang, aufwärts: *Amazing Grace, How High the Moon, Auld Lang Syne*
Liedanfang, abwärts: *Clementine, All of Me, O Come All Ye Faithful*

Übermäßige Quarte (Tritonus)
Kurzbezeichnung: #4, Halbtöne: 6
Liedanfang aufwärts: *Maria (Westside Story)*

Verminderte Quinte
Kurzbezeichnung: b5, Halbtöne: 6
siehe: übermäßige Quarte

Quinte (rein)
Kurzbezeichnung: 5, Halbtöne: 7
Liedanfang aufwärts: *Moon River, God Rest Ye Merry Gentlemen, Scarborough Fair*
Liedanfang abwärts: *Feelings*

Übermäßige Quinte
Kurzbezeichnung: #5, Halbtöne: 8
siehe: kleine Sexte

Kleine Sexte
Kurzbezeichnung: b6, Halbtöne: 8
Liedanfang aufwärts: *Because, When Israel Was In Egypt's Land*
Liedanfang abwärts: *Where Do I Begin (Schicksalsmelodie, Theme from Lovestory)*

Große Sexte
Kurzbezeichnung: 6, Halbtöne: 9
Liedanfang aufwärts: *My Bonnie, Take the A-Train, Jingle Bells*
Liedanfang abwärts: *Nobody Knows the Trouble I've Seen, Down by the Riverside*

Kleine Septime
Kurzbezeichnung: b7, Halbtöne: 10
Liedanfang aufwärts: *Somewhere (Westside Story), The Winner Takes It All*

Große Septime
Kurzbezeichnung: 7, Halbtöne: 11
Liedanfang abwärts: *I Love You (Cole Porter)*

Oktave (rein)
Kurzbezeichnung: 8, Halbtöne: 12
Liedanfang aufwärts: *Over the Rainbow, Singing In the Rain*
Liedanfang abwärts: *Willow Weep for Me*

Die Akkorde

Wenn du dich beim Singen gern selbst begleiten möchtest, dir die Melodie eines Lieds oder eine Improvisation anhand der Begleitharmonien erarbeiten möchtest, oder einen Song, der nicht optimal zu deiner Stimmlage passt, höher oder tiefer ausprobieren möchtest, musst du zusätzlich zu den verschiedenen Tonarten und ihren Vorzeichen auch ein wenig mehr über Akkorde und ihre Funktion in der Musik erfahren.

Ein Akkord ist ein Zusammenklang von mindestens zwei, meist drei oder vier Tönen und wird in seiner ursprünglichen Form zunächst durch das Übereinanderlegen von Terzen gebildet, die in der Tonleiter aufeinander folgen.

Dreiklänge

Ein Dreiklang besteht aus Grundton (1), Terz (3) und Quinte (5). In dieser Reihenfolge übereinandergestapelt sprechen wir von der **Grundstellung** des Akkordes. Es gibt Dur-, Moll-, übermäßige oder verminderte Dreiklänge.

Von der C-Dur-Tonleiter ausgehend werden über jedem Ton der Tonleiter die sogenannten Stufendreiklänge gebildet, auf jeder Stufe der Tonleiter im Abstand einer Terz (Terzschichtung) übereinandergesetzt. Da dazu auschließlich die Töne verwendet werden, die in der Tonleiter enthalten sind, sprechen wir von „leitereigenen Dreiklängen".

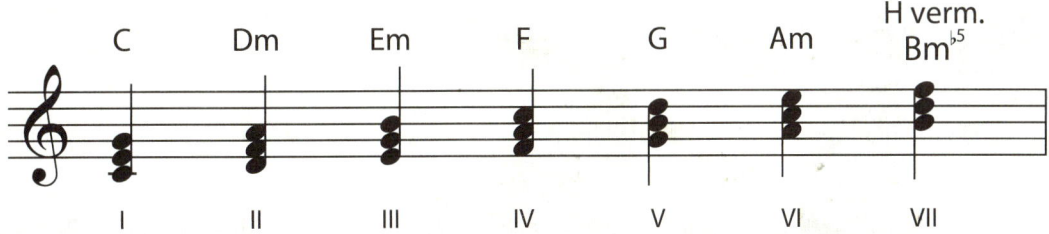

Dur-Dreiklänge

Dur-Dreiklänge bestehen aus Grundton (1), großer Terz (3) und der reinen Quinte (5).
Die Abstände zwischen den drei Tönen bilden also einmal eine große Terz unten und eine kleine Terz (b3) oben.
Das trifft bei den Dur-Tonarten auf die Dreiklänge der Stufen **I**, **IV** und **V** zu.
Stufe I nennt man auch **Tonika**, Stufe IV **Subdominante**, Stufe V **Dominante**.
Diese Dreiklänge nennen wir auch **Haupt-Dreiklänge**. Dur-Dreiklänge klingen hell, fröhlich und ein wenig hart (lat. durus).

Moll-Dreiklänge

Moll-Dreiklänge bestehen aus Grundton (1), kleiner Terz (b3) und der reinen Quinte (5).
Die Abstände zwischen den drei Tönen bilden also einmal eine kleine Terz (b3) unten und eine große Terz oben. Der Rahmen der Quinte bleibt gleich – Dur und Moll unterscheidet sich nur durch den Wechsel von großer zu kleiner Terz.
Das trifft bei den Dreiklängen auf **Stufe II, III** und **VI** zu.
Diese Dreiklänge nennen wir auch **Neben-Dreiklänge**. Moll-Dreiklänge klingen eher etwas traurig, dunkel und weich (lat. mollis).

Verminderter Dreiklang

Der verminderte Dreiklang nimmt als Stufendreiklang eine Sonderstellung ein. Er besteht auf Grund seiner Lage auf der 7. Stufe der Dur-Tonleiter aus zwei kleinen Terzen – ist also ein Moll-Dreiklang mit verminderter Quinte (b5).
Deshalb wird er auch als Moll-b5-Dreiklang bezeichnet.

Übermäßiger Dreiklang

Dieser Dreiklang ist nicht leitereigen, da er einen Ton enthält, der nicht in der Tonleiter vertreten ist: die übermäßige Quinte (#5).

Der sus4-Akkord

Ebenfalls eher außergewöhnlich durch seinen Aufbau ist der in der Popmusik relativ häufig vorkommende Sus-Akkord, der keine Terz enthält. Er besteht aus Grundton (1), Quarte (4) und Quinte (5) und dient meist als Vorhaltakkord um zur Grundstellung zurückzuführen.

Der Power-Chord

Die Akkordbezeichnung C5 bedeutet einen sogenannten „Powerchord", der gänzlich auf die Terz verzichtet und nur aus Grundton und Quinte besteht. Das hat bei Improvisationen in der Pop- und Rockmusik den Vorteil, beliebig zwischen Moll- oder Dur-Phrasen wechseln zu können.

Die Kadenz

Die drei Haupt-Dreiklänge einer Dur- oder Moll-Tonleiter reichen meist bereits aus, um ein einfaches Lied begleiten zu können. Die Begleitakkorde sind oft nach einem wiederkehrenden Schema angeordnet.

Das System der Aneinanderreihung von Stufenakkorden auf verschiedenen Spannungsstufen zur Begleitung nennt man Kadenz. Die Tonika ist dabei das Tonzentrum der Anordnung – auf sie bewegt sich alles zu.

Kadenzen werden oft in Kurzform aufschrieben, z. B. II-V-I oder VI-IV-V-I.

Die einfachsten und am meisten verwendeten Kadenzen sind V-I (Dominante-Tonika) und IV-V-I (Subdominante-Dominante-Tonika).

Umkehrungen

Wenn du ein Lied mit den Instrumenten Gitarre oder Klavier/Keyboard begleiten möchtest und dafür die Dreiklänge der Kadenzen verwendest, wirst du möglicherweise feststellen, dass die Sprünge zwischen den Stufenakkorden in der Grundstellung relativ weit auseinander liegen und nicht immer sehr homogen klingen. Um die Dreiklänge besser aneinanderhängen zu können, spielt man sie daher oft nicht in der Grundstellung, sondern in einer Umkehrung.

- Wird dabei der jeweils unterste Ton eines Akkords eine Oktave höher gelegt, so erhält man die 1. Umkehrung.
- Nimmt man von dieser wieder den untersten Ton und oktaviert ihn, erhält man die 2. Umkehrung.
- Die 3. Umkehrung wäre dann schließlich wieder der Ursprungs-Dreiklang in der Grundstellung, jedoch eine Oktave höher notiert.

Die Anordnung der Töne im Akkord nennt man auch „Voicing".

Vierklänge

Manchmal reichen die drei übereinander gelegten Terzen eines Dreiklangs nicht aus, um den speziellen Charakter eines Akkords herauszuarbeiten. Dann wird über der Quinte noch eine weitere Terz hinzugefügt. Dieser Ton wird dann, je nach seiner Lage im diatonischen System, als Septime mit einem speziellen Symbol gekennzeichnet. Die Akkorde nennt man entsprechend **Septakkorde**.

Bei einer kleinen Septime werden die Akkordnamen mit einer „7" ergänzt, bei einer großen Septime mit „maj7" (major = engl. groß).

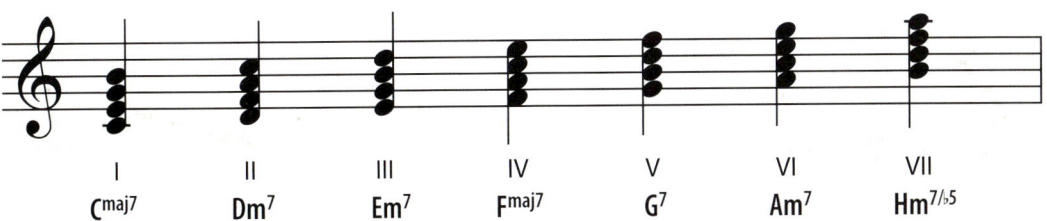

I	II	III	IV	V	VI	VII
C^{maj7}	Dm^7	Em^7	F^{maj7}	G^7	Am^7	Hm$^{7/b5}$

Natürlich kann ich dir im Rahmen dieses Buchs nur einen kleinen Einstieg in die Musiktheorie zeigen, es ist ja schließlich ein Buch über das Singen. Wenn du tiefer einsteigen möchtest, solltest du dir eine elementare Musiklehre oder ein Buch über Musiktheorie besorgen.

4. Der Songaufbau

Fast alle Songs in der Pop- und Rockmusik sind nach einem bestimmten Schema aufgebaut, nach dem sich alle Musiker richten müssen. Sonst würde ziemlich schnell ziemlich großes Chaos herrschen.

Auch wenn du das Lied nicht selbst komponiert oder getextet hast, solltest du dich als Sängerin und Sänger immer um folgende, wesentliche Elemente kümmern.

1. Die Melodie

Das Hauptelement jedes Lieds ist und bleibt die Melodie.

Du solltest die Melodie beherrschen, fühlen und interpretieren können – ganz gleich, ob es sich um deinen eigenen Song oder ein Cover handelt.

Die Melodie besteht aus verschiedenen Motiven und Themen, die sich zum Teil wiederholen, und bewegt sich immer in bestimmten melodischen Kurven (Phrasen), um ein ausgewogenes Verhältnis zwischen Spannung und Entspannung zu ermöglichen. (vgl. auch „Dein Song" auf Seite 128ff.)

2. Die Tonart

Durch die Definition der Tonart, erkennbar an den Vorzeichen am Anfang des Notenblatts, erfährst du, in welcher Lage du das Lied singen sollst. Außerdem sagt dir die Tonart auch, mit welchen tonleitereigenen Stufenakkorden das Lied begleitet werden kann. Sei es durch dich selbst oder eine Begleitband.

Die Melodietöne bestehen entweder aus Tönen dieser Tonart, oder aus Durchgangs-, Annäherungs- und Optionstönen, die dann aber meist nicht sehr lang ausgehalten werden. Dieses Tonmaterial ist auch die Grundlage für alle improvisierten Elemente des Songs.

3. Die Rhythmik

Wenn du ein Leadsheet zu einem Song bekommst, achte auf folgende Angaben, die dir einige grundlegenden Eigenschaften des Songs angeben:

- die Angabe der Taktart gleich am Anfang der ersten Notenzeile
- eine stilistische Angabe wie „Ballad", „Jazz-Waltz", „Bossa", „Funk" oder ähnliches. Der Grundrhythmus soll dann zur jeweiligen Stilistik passend interpretiert werden.
- die Tempoangabe
- ein Hinweis auf binäre oder ternäre Spielweise

4. Die Songform und der Songablauf

In einer Partitur, in der die Noten aller beteiligten Instrumente aufgeschrieben sind oder einem Leadsheet, das nur die wichtigsten Elemente mit Melodiestimme und Text aufzeigt, solltest du immer auch klare Hinweise auf Songform und Songablauf finden können.
Die Songform besteht im einfachsten Fall aus ein oder zwei Teilen, so wie wir das bereits von Kinderliedern kennen – Strophe und Refrain.

Folgende Song-Bausteine sind möglich:

Intro, Einleitung, Vorspiel
Eine instrumentale Einführung in die Harmonik und Rhythmik des Songs, manchmal mit eigenem Motiv, manchmal eine Vorwegnahme der Chorusmelodie.

A-Teil, Vers (engl. Verse) oder Strophe
Im Vers wird die Geschichte des Liedes erzählt, meist gibt es mehrere Verse. Oft wird der Gesang in der Strophe nur von einem Instrument oder mit reduziertem Schlagzeug begleitet.

B-Teil, Refrain oder Chorus
Der Refrain wurde früher auch „Kehrvers" genannt, weil er oft und mit gleichem Text und gleichbleibender Melodie wiederkehrt. Meist gibt es hier eine Steigerung in der Instrumentierung und Lautstärke.

C-Teil, Bridge
Ein optionaler 3.Teil, die „Bridge", kommt meist nur einmal im Lied vor und soll mit neuer Rhythmik oder Harmonik Abwechslung in das Schema bringen.

Pre-Chorus, (Transitional) Bridge
Dieser Teil steht optional vor dem Chorus und baut eine gewisse Spannung auf, die sich dann im Chorus auflöst.

Interlude, Zwischenspiel
Ein instrumentales Zwischenspiel, in dem ein Instrument die Melodie übernimmt – meist nach einem Chorus.

Solo
Ein instrumentaler Teil über die Harmonien von Vers oder/und Chorus, in dem das Instrument frei improvisiert.

Outro, Ending
Der letzte Teil des Liedes mit oft mehrfacher Choruswiederholung, einer neuen Melodiewendung, manchmal auch instrumental oder als „fade out" – immer leiser werdend.

Ein Song könnte also zum Beispiel folgenden Aufbau haben:

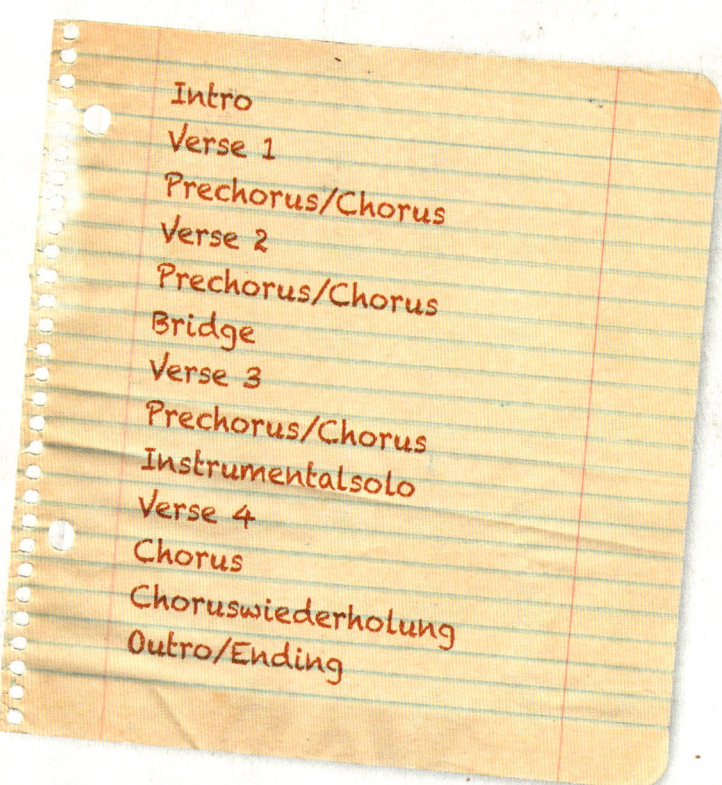

Intro
Verse 1
Prechorus/Chorus
Verse 2
Prechorus/Chorus
Bridge
Verse 3
Prechorus/Chorus
Instrumentalsolo
Verse 4
Chorus
Choruswiederholung
Outro/Ending

5. Der Text

Der Text, den du singst, sollte ebenfalls in dieses Schema passen. Während in Intro, Outro, Interlude und Solo meist die Instrumentalisten die Hauptrolle spielen, sind die Songteile Vers/Strophe, Prechorus und Chorus/Refrain um den Text aufgebaut.

Deine Aufgabe beim Singen ist es also, die Worte des Texts dem Rhythmus und dem Ablauf der Musik anzupassen.

Entsprechend dem Songschema wird in den Strophen der Fortgang der Geschichte erzählt, der Prechorus bildet den Übergang zum Chorus, der mit in jedem Durchgang wiederholtem Text und gleichbleibender Melodie eine Steigerung im Song bringt.

Hier ist alles auf die melodische und textliche „Hook Line" fokussiert, die den Zuhörer einfängt und die meistens auch den Titel des Songs enthält.

Die Bridge ist, auch den Text betreffend, einmalig im Song und bringt noch einmal eine unerwartete Wendung.

In einem Songbook oder in einer Partitur sind die Worte im Allgemeinen in einer speziellen Textzeile unter der Gesangsnotenlinie geschrieben und durch Bindestriche in die Silben aufgeteilt, die auf die jeweiligen Noten gesungen werden sollen.

Text und Noten der Gesangsstimme in einem klassischen Lied oder einer Arie sollen exakt wiedergegeben werden und sind meist auch noch mit Artikulations- und Dynamikzeichen versehen. Im Leadsheet eines Popsongs dienen die Noten in der Regel eher als Annäherungswerte, die entsprechend frei interpretiert werden können. Die Texte, die auch hier unter die Gesangsnoten geschrieben sind, können nach eigenem Empfinden auch passend zur Melodielinie abgeändert werden.

Darüber hinaus gehört es zur Aufgabe der Sängerinnen und Sänger aller musikalischen Stilrichtungen, die Worte und den Inhalt des Texts zu interpretieren und durch ihre Emotionen und eigenen Erfahrungen zum Leben zu erwecken. (Vergleiche auch Seite 130.)

Transponieren

Was ist das?

Unter Transponieren versteht man, Töne um ein bestimmtes Intervall höher oder tiefer zu singen, zu spielen oder zu schreiben. Jeder Ton eines Liedes wird gleichmäßig um die gleiche Anzahl von Halbtonschritten verschoben. Gleichzeitig verändern sich damit auch die Tonart und die Vorzeichen. Wenn du dich mit diesem Thema noch einmal beschäftigen möchtest, dann schau doch noch einmal auf Seite 184 unter dem Titel „Harmonielehre" nach.

Besonderheit: Bei einer Transposition um eine Oktave bleibt die Tonart gleich, aber alle Töne werden um eine Oktave verschoben.

Wann muss ich transponieren?

Wenn du ein Lied singen möchtest, dessen Tonhöhe für deine Stimmlage nicht optimal geeignet ist, dann wirst du automatisch verschiedene Tonhöhen ausprobieren und schließlich von einem für dich passenden Anfangston die Melodie in der neuen Tonhöhe und Tonart starten. Für Sängerinnen und Sänger macht es dabei zunächst überhaupt keinen Unterschied, in welcher Tonart sie sich befinden. Sie müssen keine Rücksicht auf Tasten, Ventile oder Bünde nehmen.

Singst du nun aber in einer Band oder mit einem Klavier- oder Gitarrenbegleiter, musst du natürlich deinen Musikerkolleg/innen die für dich geeignete neue Tonhöhe vermitteln, so dass alle in der gleichen Tonart spielen können. Idealerweise solltest du in der Lage sein, in der Musikersprache Tonnamen, Intervalle oder Tonarten benennen oder aufschreiben zu können. Diese Sprache ist international und erleichtert die Zusammenarbeit in der Musikwelt ganz erheblich.

Am Keyboard ist die einfachste Lösung die Pitch-Shift-Taste, um das Lied ohne größere Probleme höher oder tiefer zu spielen. Bei einem akustischen Klavier funktioniert das leider nicht.

Bei einer Gitarre kann man zunächst ebenfalls die bequemste Methode probieren und einen Kapodaster verwenden, um dadurch die Gitarre um die benötigte Anzahl der Halbtöne hochzustimmen. Wenn das nicht möglich ist, weil die Gitarre dann nicht mehr optimal klingt, hilft, wie bei allen anderen Instrumenten, nur noch eins:

Du musst die Songs transponieren!

Wie transponiere ich?

Da man, ohne die Originaltonart oder den Anfangston zu kennen und benennen zu können, auch nicht transponieren kann, brauchst du in jedem Fall ein Hilfsmittel zur Bestimmung der Tonhöhe. Du kannst dazu ein Keyboard/Klavier oder jedes andere Instrument deiner Wahl verwenden, bei dem du die Töne bestimmen kannst.

Tipp Auch ohne Instrument, nur mit deiner Stimme, kannst du die jeweiligen Anfangstöne mit Hilfe eines Stimmgeräts mit Mikrofon oder des VT-12 von Roland bestimmen.
Ganz einfach findest du die Töne auch mit deinem Smartphone und einer Stimmgeräte- oder Piano App.
Besonders leicht lässt sich mit einem Recording- oder Notenschreib-Programm transponieren. (Siehe Empfehlungen Seite 127)

Am besten gehst du beim Transponieren folgendermaßen vor:

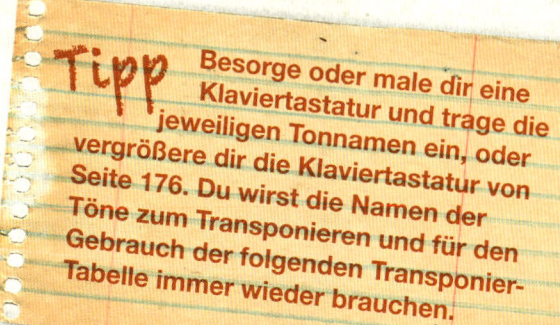

Tipp Besorge oder male dir eine Klaviertastatur und trage die jeweiligen Tonnamen ein, oder vergrößere dir die Klaviertastatur von Seite 176. Du wirst die Namen der Töne zum Transponieren und für den Gebrauch der folgenden Transponier-Tabelle immer wieder brauchen.

1. Anfangston oder Tonart des Originals benennen

Wenn du Noten oder ein Chord-Sheet des Originalsongs hast, ist das wahrscheinlich kein großes Problem. Wenn nicht, versuche, den jeweiligen Anfangston des Songs oder des Refrains mit deinem Lieblings-Tool zu finden und zu benennen.

2. Deine bevorzugte Tonlage feststellen

Um herauszufinden, welche Tonlage oder Tonart dir am meisten liegt, versuche zunächst, das Lied immer wieder vor dich hin zu singen, bis du bei deiner entspannten, natürlichen Lage gelandet bist.

3. Deinen persönlichen Anfangston bestimmen

Nun singe die Anfangstöne des Songs oder den Refrain in der Tonlage, in der es für dich ohne Probleme möglich ist, und versuche, den jeweiligen Anfangston mit Hilfe eines der vorgeschlagenen Hilfsmittel zu finden und zu bestimmen. Merke dir diesen Ton.

4. Die Transponiertabelle befragen

Nun kommt die chromatische Transponiertabelle zum Einsatz:
- Wähle die Zeile mit der Original-Anfangston des Songs
- Nun suche deinen neuen Anfangston auf der gleichen Position, indem du die gewünschte Anzahl der Halbtonschritte entweder nach unten oder nach oben zählst.

5. Das Intervall zwischen den beiden Anfangstönen (alt – neu) bestimmen

Nun weißt du, wie weit dein persönlicher Anfangston von dem der Originaltonart entfernt ist. Die Anzahl der Halbtonschritte, oder das dadurch gebildete Intervall, kannst du deinen Bandkolleg/innen mitteilen, damit sie wissen, wie hoch oder tief sie den Song transponieren sollen, wenn du selbst kein Instrument spielst oder (noch) keine Noten aufschreiben kannst.

6. Neue Tonart bestimmen

Da dieses Intervall dir auch sagt, wie weit die neue Tonart von der Originaltonart entfernt ist, kannst du mit Hilfe der Transponier-Tabelle auch die neue Tonart festlegen, indem du von der Originialtonart die entsprechende Anzahl der Halbtonschritte nach oben zählst.

Chromatische Transponier-Tabelle

Halbtöne	Prim	Sekunde	Terz	Quarte	Quinte	Sexte	Septime	Halbtöne
+11	B (H)	C# / Db	D# / Eb	E	F# / Gb	G# / Ab	A# / Bb	+11
+10	A# / Bb	C	D	D# / Eb	F	G	A	+10
+9	A	B (H)	C# / Db	D	E	F# / Gb	G# / Ab	+9
+8	G# / Ab	A# / Bb	C	C# / Db	D# / Eb	F	G	+8
+7	G	A	B (H)	C	D	E	F# / Gb	+7
+6	F# / Gb	G# / Ab	A# / Bb	B (H)	C# / Db	D# / Eb	F	+6
+5	F	G	A	A# / Bb	C	D	E	+5
+4	E	F# / Gb	G# / Ab	A	B (H)	C# / Db	D# / Eb	+4
+3	D# / Eb	F	G	G# / Ab	A# / Bb	C	D	+3
+2	D	E	F# / Gb	G	A	B (H)	C# / Db	+2
+1	C# / Db	D# / Eb	F	F# / Gb	G# / Ab	A# / Bb	C	+1
0	**C**	**D**	**E**	**F**	**G**	**A**	**B (H)**	**0**
-1	B (H)	C# / Db	D# / Eb	E	F# / Gb	G# / Ab	A# / Bb	-1
-2	A# / Bb	C	D	D# / Eb	F	G	A	-2
-3	A	B (H)	C# / Db	D	E	F# / Gb	G# / Ab	-3
-4	G# / Ab	A# / Bb	C	C# / Db	D# / Eb	F	G	-4
-5	G	A	B (H)	C	D	E	F# / Gb	-5
-6	F# / Gb	G# / Ab	A# / Bb	B (H)	C# / Db	D# / Eb	F	-6
-7	F	G	A	A# / Bb	C	D	E	-7
-8	E	F# / Gb	G# / Ab	A	B (H)	C# / Db	D# / Eb	-8
-9	D# / Eb	F	G	G# / Ab	A# / Bb	C	D	-9
-10	D	E	F# / Gb	G	A	B (H)	C# / Db	-10
-11	C# / Db	D# / Eb	F	F# / Gb	G# / Ab	A# / Bb	C	-11

▮ = Ausgangston für die Transposition
▮ = Tonleitereigene Töne (Dur)

Anhang

Neue Lehrmethoden und gesangspädagogische Strömungen

Seit den Zeiten der „Meistersinger" und der Blütezeit des klassischen Operngesangs, seit Garcia und Lohmann hat sich viel verändert, was das Wissen über die Stimme, deren Anforderungen und Ausbildung anbetrifft. Die Wissenschaft von der Stimme ist spätestens seit den Veröffentlichungen von Johan Sundberg in der Gesangspädagogik angekommen.

Auch die sogenannte U-Musik, Unterhaltungs- oder populäre Musik, ist in der Wahrnehmung der Zuhörer und der Musiker deutlich weiter in den Vordergrund geraten und bestimmt den Musikmarkt inzwischen fast ausschließlich. Klassische Musik ist eher ein „Nischen"-Produkt geworden. Daher bedeutet Singen und Singenlernen heute auch nicht mehr länger automatisch, eine klassische Gesangsausbildung anzustreben.

Die Stimme in der Pop-, Rock-, Jazz-Musik und allen artverwandten Bereichen muss unverwechselbar, authentisch und individuell sein. Es werden keine legendären Koloraturen, wie bei den Virtuosen des Belcanto erwartet, aber dennoch werden diese Elemente im Gesang der modernen Pop-Diven wie Whitney Houston, Rihanna, Mariah Carey oder Christina Aguilera weiterhin geliebt und geschätzt.

Funktionale Stimmbildung

Vorreiter dieser Rückbesinnung auf die Gesangstechnik des Belcanto in der modernen Stimmbildung war **Cornelius L. Reid**, dessen Bücher *Bel Canto: Principles and Practices* (1950), *The Free Voice: A Guide to Free Singing* (1965) und *Voice: Psyche and Soma* (1975) großes Aufsehen erregten und für viele kontroverse Diskussionen in der klassischen Gesangspädagogik sorgten. Er selbst hatte in seiner Ausbildung zum Sänger durch die gegensätzlichen Lehrmeinungen seiner Gesangslehrer seine Stimme permanent überbeansprucht und musste schließlich seine Gesangskarriere aufgeben.

Seine Kritik an den zeitgenössischen Gesangsmethoden und die Beschäftigung mit den alten Meistern des Belcanto mündeten schließlich in die Entwicklung seines eigenen Wegs der wissenschaftlich begründeten und auf natürlichen Stimmfunktionen aufbauenden Gesangspädagogik, der **funktionalen Stimmbildung** oder **Stimmentwicklung**.

Seine Lehre basiert auf den natürlichen und unwillkürlichen Mechanismen der Stimme und entwickelt die bewusste Kontrolle der unbewussten Funktionen von Tonhöhe, Lautstärke und Vokalen, sowie der Anwendung des „Funktionalen Hörens" und der Balance zwischen den zwei Registern Bruststimme und Kopf- oder Falsettstimme. Diesem Weg blieb Reid bis ins hohe Alter von 97 Jahren treu, bis er 2008 nach 75 Jahren Lehr- und Forschungstätigkeit starb.

Weitere Lern- und Lehrkonzepte

Fast alle aktuellen Stimmbildungs- und Gesangstechnik-Konzepte, die inzwischen außerhalb der Musikschulen und Hochschulen sehr zahlreich angeboten werden, arbeiten nach dem System des Franchising über Workshops und Seminare – die Vermittlung der Lerninhalte und die Ausbildung zum lizensierten Lehrer sind kostenpflichtig.
Da die unterschiedlichen, durchweg kommerziellen Lehrmethoden zwar nicht wirklich komplett neue, aber zum Teil sehr interessante und fundierte Ansätze anbieten, möchte ich hier die wichtigsten nennen:

Die Rabine-Methode
Der funktionale Ansatz von Cornelius L. Reid wurde in Deutschland von **Prof. Eugen H. Rabine** in seinem Buch *Die Grundzüge zum funktionalen Stimmtraining* (1982) zur „Rabine-Methode" weiterentwickelt.

Speech Level Singing
In den USA entwickelte **Seth Riggs** seine Methode, nach der die Stimme völlig unangestrengt und ohne großen stimmtechnischen Aufwand, wie eben in der Sprechstimmlage (Speech Level), selbst in höchste Höhen kommen soll. Dabei soll sich der Kehlkopf auch beim Registerwechsel weiterhin in einer entspannten, stabilen Lage befinden, während die Kontrolle über die Stimme von den sogenannten „falschen" äußeren Muskeln auf die „richtigen" Kehlkopfmuskeln übertragen wird. Viele aktuelle Topstars der amerikanischen Non-Classical Music arbeiten nach diesem System.

Estill Voice Training (EVT)
Das von der amerikanischen Stimmforscherin Jo Estill entwickelte EVT geht vom physiologischen Verständnis des gesamten Gesangsapparats aus. Es isoliert, analysiert und trainiert die verschiedenen Bereiche, die zum Singen benötigt werden, und setzt sie schließlich wieder zu bestimmten gewünschten Klangeinstellungen zusammen. Bewusste Atmung und Atemunterstützung werden nicht separat gelehrt, da angenommen wird, dass sich diese bei optimaler Kehlkopfeinstellung von selbst ergeben.

Complete Vocal Technique (CVT)
Ursprünglich aus dem EVT heraus entwickelte die Dänin Cathrine Sadolin ihre Methode, die von vier fest vorgegebenen „Modi" der Stimmgebung ausgeht. Diese können mit verschiedenen Effekten klanglich verändert werden. Grundvoraussetzung für die richtige Anwendung dieses Systems sind die bewusste Atemunterstützung, der Vordersitz der Stimme und die Entspannung von Kiefer und Lippen.

Powervoice
Als einer der ersten deutschen, nicht-klassischen Gesangspädagogen versuchte Andrés Balhorn den Brückenschlag zwischen Ansatz und Übungen der klassischen Gesangspädagogik und den Bedürfnissen des modernen Pop- und Rockgesangs. Ursprünglich nur als Buch veröffentlicht, wird die „Powervoice"-Lehrmethode inzwischen auch in Workshop-Programmen und einer Akademie angeboten.

Atemtypenlehre oder Terlusollogie®
Aus der Atemtypenlehre des deutschen Geigers Erich Wilk entwickelt, wurde dieses System von den beiden Ärzten Charlotte und Christian Hagena weiterentwickelt und inzwischen

als Marke registriert. In Gesangskreisen führte dieser Ansatz nach der Veröffentlichung des Buchs *Sonne, Mond und Stimme* (1996) von Romeo Alavi Kia und Renate Schulze-Schindler zu sehr kontroversen Reaktionen. Obwohl die Methode inzwischen Einzug in Musikpädagogik, Medizin und Business-Coaching gehalten hat, wird sie wegen ihrer „Unwissenschaftlichkeit" immer noch gern eher der Esoterik zugerechnet.

The Zen of Screaming

Auch wenn, oder gerade weil in manchen Bereichen der Rockmusik die Stimme kratzen, krächzen und kreischen darf, oder sogar muss, ist es wichtig, sich mit diesen Anforderung auseinanderzusetzen und die Stimme so auszubilden, dass sie belastbar, gesund und durchsetzungsfähig ist und bleibt. Dieser Aufgabe hat sich die amerikanische Gesangspädagogin Melissa Cross verschrieben, die zahlreiche namhafte „Screamer" und „Growler" der Heavy-Szene unterrichtet hat und ihr Lernkonzept für extremes Singen in zwei DVDs *The Zen of Screaming, Vol.1* und *Vol. 2* veröffentlicht hat.

Empfehlenswerte Literatur für alle, die es noch genauer wissen wollen

Wenn du nach der Lektüre dieses Buchs dein Wissen über das Singen, die Anatomie und Physiologie der Stimme oder die Musik in Theorie und Praxis noch erweitern und deine Kenntnisse in die eine oder andere Richtung vertiefen möchtest, dann kannst du dich von der folgenden Literaturauswahl inspirieren lassen.
Der besseren Übersichtlichkeit wegen sind die Bücher und Autoren in alphabetischer Reihenfolge aufgelistet.

- Adamek, Karl: Singen als Lebenshilfe, Waxmann Verlag GmbH, Münster/New York 1996
- Alavi Kia, Romeo und Schulze-Schindler, Renate: Sonne, Mond und Stimme, Aurum Verlag, Braunschweig 1996
- Alavi Kia, Romeo: Die Musik des Körpers, Aurum Verlag, Bielefeld 2009
- Berendt, Joachim-Ernst: Das Dritte Ohr, Rowohlt Verlag, Hamburg 1988
- Berendt, Joachim-Ernst: Nada Brahma, Insel-Verlag, Frankfurt 1983
- Bunch Dayme, Meribeth: Dynamics of the Singing Voice, Springer-Verlag, Wien 2009
- Freytag, Martina: Stimmausbildung in der Popularmusik, Henschel Verlag, Berlin 2003
- Hagena, Charlotte und Hagena, Christian: Konstitution und Bipolarität, Karl F. Haug Verlag, Heidelberg 1996
- Haunschild, Frank: Die neue Harmonielehre, AMA Verlag, Brühl 1988
- Kraus, Herb: Das große Buch der Musiktheorie, Voggenreiter Verlag, Bonn 2012
- Ploog, Karin: Voicecoaching, Voggenreiter Verlag, Bonn 1999
- Richter, Bernhard: Die Stimme, Henschel Verlag, Leipzig 2013
- Sadolin, Cathrine: Complete Vocal Technique, Shout Publications, Kopenhagen 2013
- Seidner, Wolfram und Wendler, Jürgen: Die Sängerstimme, Henschel Verlag, Leipzig 2010
- Sundberg, Johan: The Science of the Singing Voice, Northern Illinois Press, Dekalb, Illinois 1987
- Wendler, Jürgen, Seidner, Wolfram und Eysholdt, Ulrich: Lehrbuch der Phoniatrie und Pädaudiologie, Thieme Verlag, Stuttgart 2005.

DANKESCHÖN

- Meinen Verlegern Ralph und Charles Voggenreiter für das große Vertrauen, das sie in mich gesetzt haben, und dafür, dass sie dieses Buch möglich gemacht haben.
- Meinen Lektoren Jerry Bessler und Norbert Opgenoorth für das wunderbare Layout des Buches, und dafür, dass sie mir stets freundlich aber bestimmt geholfen haben, mich auf das Wesentliche zu konzentrieren.
- Meinem Fachlektor Prof. Dr. Eberhard Seifert, dem Leitenden Arzt der Abteilung Phoniatrie der Universitäts-HNO-Klinik Inselspital in Bern/CH, für die Kontrolle des Manuskripts und viele wertvolle Anregungen und ungeahnte Einblicke in das Fach Phoniatrie und das Innenleben der menschlichen Stimme.
- Nina Grunder und allen Dozent/innen des Fachbereichs CAS Singstimme an der Hochschule der Künste Bern, allen voran Marianne Kohler und den Logopädinnen des Inselspitals Bern für die wichtigen Einsichten in ihre Fachgebiete und und ihre stetigen Bemühungen um die Stimmgesundheit.
- Christian Herbst für die Einblicke in seine Forschungen über die Physik der Singstimme.
- Meinem Klaviermentor Philipp Moehrke für seine Geduld und Freundschaft.
- Prof. Udo Dahmen von der Popakademie Mannheim für beeindruckende Erkenntnisse über die Psyche und Denkweise von Musikern und seine unvergesslichen Groove-Lessons.
- Der geschätzten Kollegin Annette Marquard von der Popakademie Mannheim für den freundschaftlichen Austausch.
- Dem Fotografen Markus Gauß für seine phantastischen Fotos.
- Meinen Töchtern und „Models" Sarah und Melissa Braun, sowie Manuel Brunnenkant für ein großartiges Foto-Shooting.
- Franco und Pascal Parisi und Jonas Kaminski von den Opposition Studios für das gelungene Video.
- Der ROLAND Germany GmbH für die inspirierende Zusammenarbeit und tollen Geräte.
- Meinen Schülerinnen und Schülern, die ich in all den Jahren auf ihrem musikalischen Weg begleiten durfte, und von denen ich unendlich viel lernen durfte, allen voran Sabine Wiediger für ihr Interesse und immer konstruktive Kritik.
- Gaia Born für ihr Networking.

Das größte DANKESCHÖN geht an meinen Mann und musikalischen Partner Jochen Braun für seine unendliche Geduld, Unterstützung und Zuversicht, sowie für sein großartiges Mixing und Mastering – ohne ihn und unsere wunderbare Familie wäre dieses Buch und meine musikalische Arbeit der letzten Jahre nie machbar gewesen.

Film-Verzeichnis

Verzeichnis

Die Pop-Stimme:

Die Songs: